CHINA TRANSPORT STATISTICAL YEARBOOK 2020

2020 中国交通运输统计年鉴

中华人民共和国交通运输部 编
Compiled by Ministry of Transport of the People's Republic of China

人民交通出版社股份有限公司

图书在版编目(CIP)数据

2020中国交通运输统计年鉴/中华人民共和国交通运输部编. — 北京：人民交通出版社股份有限公司，2022.6
ISBN 978-7-114-17774-3

Ⅰ.①2… Ⅱ.①中… Ⅲ.①交通运输业—统计资料—中国—2020—年鉴 Ⅳ.①F512.3-66

中国版本图书馆CIP数据核字(2022)第268781号

2020 Zhongguo Jiaotong Yunshu Tongji Nianjian

书　名：	2020中国交通运输统计年鉴
著　作　者：	中华人民共和国交通运输部
责任编辑：	张征宇　陈　鹏
责任校对：	席少楠
责任印制：	刘高彤
出版发行：	人民交通出版社股份有限公司
地　　址：	（100011）北京市朝阳区安定门外外馆斜街3号
网　　址：	http://www.ccpcl.com.cn
销售电话：	（010）59757973
总 经 销：	人民交通出版社股份有限公司发行部
经　　销：	各地新华书店
印　　刷：	北京印匠彩色印刷有限公司
开　　本：	880×1230　1/16
印　　张：	17.75
字　　数：	484千
版　　次：	2022年6月　第1版
印　　次：	2022年6月　第1次印刷
书　　号：	ISBN 978-7-114-17774-3
定　　价：	300.00元

（有印刷、装订质量问题的图书由本公司负责调换
本书附同版本CD-ROM一张，光盘内容以书面文字为准）

《2020 中国交通运输统计年鉴》
编委会和编辑工作人员

编 委 会

主　　　任：	李小鹏	交通运输部	部　　长
副 主 任：	徐成光	交通运输部	副 部 长
编　　　委：	李国平	中国海上搜救中心	安全总监
	蔡团结	交通运输部运输服务司	司　　长
	岑晏青	交通运输部科技司	司　　长
	王松波	交通运输部综合规划司	副 司 长
	王　雷	交通运输部救捞局	局　　长
	石宝林	交通运输部科学研究院	院　　长
	刘　昕	交通运输部规划研究院	院　　长

编辑工作人员

总　编　辑：徐成光

副 总 编 辑：王松波　潘凤明

编 辑 部 主 任：王广民

编辑部副主任：余高潮　狄　月

编 辑 人 员：高　博　林小平　刘秀华　张　慧　尚赞娣　周　健
　　　　　　武瑞利　王望雄　王　涛　张雨希　徐瑞光　宋晓丽
　　　　　　张皖杉　张若旗　周梦婕　王　园　李鹏起　陈　岩
　　　　　　陈　捷　齐亚丽　张子晗　张　赫　张　杰　张怡君
　　　　　　林成功　李贺华　撒　蕾　王英平

编 者 说 明

一、为全面反映我国公路、水路交通运输业发展状况，方便各界了解中国交通运输建设与发展现状，交通运输部组织编辑了《2020中国交通运输统计年鉴》，供社会广大读者作为资料性书籍使用。

二、《2020中国交通运输统计年鉴》收录了2020年交通运输主要指标数据，正文内容具体分为交通运输综合指标、公路运输、水路运输、城市客运、港口吞吐量、交通固定资产投资、交通运输科技、救助打捞8篇。各篇前设简要说明，概述本部分的主要内容、资料来源、统计范围、统计方法以及历史变动情况等；各篇末附主要统计指标解释；附录简要列示了1978年以来的交通运输主要指标。

三、本年鉴中公路运输、水路运输、城市客运、港口吞吐量、交通固定资产投资、交通运输科技、救助打捞数据来源于交通运输部综合规划司、运输服务司、科技司、救捞局、中国海上搜救中心、各省（自治区、直辖市）交通运输厅（局、委）、交通运输部所属单位、全国港口和有关运输企业；铁路运输相关指标来源于国家铁路局；航空运输主要指标来源于中国民用航空局；邮政行业主要指标来源于国家邮政局；个别指标数据引自国家统计局的统计资料。统计数据由交通运输部科学研究院信息中心负责整理和汇总。

四、本年鉴中所涉及的全国性统计资料，除国土面积外，均未包括香港、澳门特别行政区以及台湾省的数据。

五、本年鉴部分数据对因计算单位取舍不同或计算时四舍五入而产生的计算误差未做调整。

六、本年鉴的符号使用说明：

"-"表示该项数据因口径调整或变化幅度较大而不宜比较；

"…"表示该项数据不足最小单位数；

"#"表示其中的主要项；

"*"或"①、②……"表示有注解。

中华人民共和国交通运输部

二〇二一年九月

目 录
CONTENTS

一、交通运输综合指标

  简要说明···（2）
  1-1 国民经济主要指标···（3）
  1-2 交通运输主要指标···（4）

二、公路运输

  简要说明···（8）
  2-1 全国公路里程（按行政等级分）···（9）
  2-2 全国公路里程（按技术等级分）···（10）
  2-3 国道里程（按技术等级分）··（11）
  2-4 省道里程（按技术等级分）··（12）
  2-5 县道里程（按技术等级分）··（13）
  2-6 乡道里程（按技术等级分）··（14）
  2-7 专用公路里程（按技术等级分）···（15）
  2-8 村道里程（按技术等级分）··（16）
  2-9 全国公路里程（按路面类型分）···（17）
  2-10 国道里程（按路面类型分）··（18）
  2-11 省道里程（按路面类型分）··（19）
  2-12 县道里程（按路面类型分）··（20）
  2-13 乡道里程（按路面类型分）··（21）
  2-14 专用公路里程（按路面类型分）···（22）
  2-15 村道里程（按路面类型分）··（23）
  2-16 全国公路养护里程···（24）
  2-17 全国公路绿化里程···（25）
  2-18 全国高速公路里程···（26）
  2-19 公路桥梁（按使用年限分）··（27）
  2-20 公路桥梁（按跨径分）···（28）
  2-21 公路隧道、渡口··（30）
  2-22 全国公路营运车辆拥有量··（32）
  2-23 公路客、货运输量···（34）
  2-24 公路交通拥挤度情况··（35）

2-25	道路运输经营业户数	(36)
2-26	道路运输相关业务经营业户数	(38)
2-27	道路客运线路班次	(39)
2-28	道路运输及相关行业从业人员数	(40)
2-29	机动车维修业及汽车综合性能检测站	(41)
2-30	2020年、2019年出入境汽车运输对比表	(44)
2-31	出入境汽车运输——分国家及香港、澳门特别行政区运输完成情况	(46)
2-32	出入境汽车运输——中方及内地完成运输情况	(48)
	主要统计指标解释	(50)

三、水路运输

	简要说明	(52)
3-1	全国内河航道通航里程（按技术等级分）	(53)
3-2	全国内河航道通航里程（按水系分）	(54)
3-3	全国内河航道通航里程（按水域类型分）	(55)
3-4	各水系内河航道通航里程（按技术等级分）	(56)
3-5	各水域类型内河航道通航里程（按技术等级分）	(56)
3-6	全国内河航道枢纽及通航建筑物（按行政区域分）	(57)
3-7	全国水路运输工具拥有量	(58)
3-8	远洋运输工具拥有量	(62)
3-9	沿海运输工具拥有量	(66)
3-10	内河运输工具拥有量	(70)
3-11	水路客、货运输量	(74)
3-12	水路旅客运输量（按航区分）	(75)
3-13	水路货物运输量（按航区分）	(76)
3-14	海上险情及搜救活动	(77)
	主要统计指标解释	(78)

四、城市客运

	简要说明	(80)
4-1	全国城市客运经营业户	(81)
4-2	全国城市客运设施	(83)
4-3	全国公共汽电车数量	(84)
4-4	全国公共汽电车数量（按长度分）	(85)
4-5	全国公共汽电车数量（按燃料类型分）	(86)
4-6	全国公共汽电车数量（按排放标准分）	(87)
4-7	全国公共汽电车线路	(88)
4-8	全国公共汽电车客运量	(89)
4-9	全国巡游出租汽车车辆数	(90)
4-10	全国巡游出租汽车运量	(91)
4-11	全国城市轨道交通配属车辆数	(92)
4-12	全国城市轨道交通运营线路条数	(93)

4-13	全国城市轨道交通运营里程	(94)
4-14	全国城市轨道交通运量	(95)
4-15	全国城市客运轮渡船舶及航线数	(96)
4-16	全国城市客运轮渡运量	(97)
4-17	中心城市城市客运经营业户	(98)
4-18	中心城市城市客运设施	(100)
4-19	中心城市公共汽电车数量	(101)
4-20	中心城市公共汽电车数量（按长度分）	(102)
4-21	中心城市公共汽电车数量（按燃料类型分）	(103)
4-22	中心城市公共汽电车数量（按排放标准分）	(104)
4-23	中心城市公共汽电车线路	(105)
4-24	中心城市公共汽电车客运量	(106)
4-25	中心城市巡游出租汽车车辆数	(107)
4-26	中心城市巡游出租汽车客运量	(108)
4-27	中心城市轨道交通配属车辆数	(109)
4-28	中心城市轨道交通运营线路条数	(110)
4-29	中心城市轨道交通运营里程	(111)
4-30	中心城市轨道交通运量	(112)
4-31	中心城市客运轮渡船舶及航线数	(113)
4-32	中心城市客运轮渡运量	(114)
	主要统计指标解释	(115)

五、港口吞吐量

	简要说明	(118)
5-1	全国港口生产用码头泊位拥有量（分省）	(119)
5-2	全国港口吞吐量（分省）	(120)
5-3	全国港口货物吞吐量（分省）	(121)
5-4	全国港口旅客吞吐量（分港口）	(122)
5-5	全国港口货物吞吐量（分港口）	(127)
5-6	全国港口分货类吞吐量	(132)
5-7	沿海港口分货类吞吐量	(133)
5-8	内河港口分货类吞吐量	(134)
5-9	全国港口煤炭及制品吞吐量	(135)
5-10	全国港口石油、天然气及制品吞吐量	(140)
5-11	全国港口原油吞吐量	(145)
5-12	全国港口金属矿石吞吐量	(150)
5-13	全国港口钢铁吞吐量	(155)
5-14	全国港口矿建材料吞吐量	(160)
5-15	全国港口水泥吞吐量	(165)
5-16	全国港口木材吞吐量	(170)
5-17	全国港口非金属矿石吞吐量	(175)
5-18	全国港口化学肥料及农药吞吐量	(180)
5-19	全国港口盐吞吐量	(185)

5-20	全国港口粮食吞吐量	(190)
5-21	全国港口机械、设备、电器吞吐量	(195)
5-22	全国港口化工原料及制品吞吐量	(200)
5-23	全国港口有色金属吞吐量	(205)
5-24	全国港口轻工、医药产品吞吐量	(210)
5-25	全国港口农、林、牧、渔业产品吞吐量	(215)
5-26	全国港口其他吞吐量	(220)
5-27	全国港口集装箱吞吐量	(225)
5-28	全国港口集装箱吞吐量（重箱）	(230)
	主要统计指标解释	(235)

六、交通固定资产投资

	简要说明	(238)
6-1	交通固定资产投资额（按地区和使用方向分）	(239)
6-2	公路建设投资完成额	(240)
6-3	公路建设投资完成额（按设施分）	(242)
	主要统计指标解释	(244)

七、交通运输科技

	简要说明	(246)
7-1	交通运输科技机构数量（按地区分）	(247)
7-2	交通运输人员结构	(248)
7-3	交通运输研发（R&D）经费内部支出	(249)
7-4	交通运输科技项目	(250)
7-5	交通运输科技成果、效益及影响情况	(251)
	主要统计指标解释	(252)

八、救助打捞

	简要说明	(254)
8-1	救助任务执行情况	(255)
8-2	救捞系统船舶拥有量	(256)
8-3	救助航空器飞行情况	(257)
8-4	捞、拖完成情况	(257)
	主要统计指标解释	(258)

附录　交通运输历年主要指标

	简要说明	(260)
附录1-1	全国公路总里程（按行政等级分）	(261)
附录1-2	全国公路总里程（按技术等级分）	(262)
附录1-3	全国内河航道里程及构筑物数量	(263)

附录1-4　公路客、货运输量 ··· (264)
附录1-5　水路客、货运输量 ··· (265)
附录2-1　全国沿海港口泊位及吞吐量 ·· (267)
附录2-2　全国内河港口泊位及吞吐量 ·· (268)
附录3-1　交通固定资产投资（按使用方向分）·· (269)

一、交通运输综合指标

简 要 说 明

本篇资料反映我国国民经济和交通运输的主要指标。

国民经济主要指标包括：国内生产总值、全社会固定资产投资额、全国人口数等。

交通运输主要指标包括：公路水路基础设施、港口设施、公路水路运输装备、公路水路运输量、城市客运、港口生产、交通固定资产投资等各专项指标。

1-1 国民经济主要指标

指　　标	单　位	2017年	2018年	2019年	2020年
一、国内生产总值（按当年价格计算）	亿元	832 036	919 281	986 515	1 015 986
第一产业	亿元	62 100	64 745	70 474	77 754
第二产业	亿元	331 581	364 835	380 671	384 255
第三产业	亿元	438 356	489 701	535 371	553 977
二、全社会固定资产投资额（不含农户）	亿元	631 684	635 636	551 478	518 907
第一产业	亿元	20 892	22 413	12 633	13 302
第二产业	亿元	235 751	237 899	163 070	149 154
第三产业	亿元	375 040	375 324	375 775	356 451
三、货物进出口总额	亿元	278 099	305 008	315 627	321 557
其中：出口	亿元	153 309	164 128	172 374	179 326
进口	亿元	124 790	140 880	143 254	142 231
四、社会消费品零售总额	亿元	347 327	377 783	408 017	391 981
五、全国一般公共预算收入	亿元	172 593	183 360	190 390	182 895
其中：税收收入	亿元	144 370	156 403	158 000	154 310
六、广义货币供应量（M2）余额	万亿元	169.0	182.7	198.6	218.7
七、全国总人口	万人	139 008	139 538	140 005	141 178
其中：城镇	万人	81 347	83 137	84 843	90 199
乡村	万人	57 661	56 401	55 162	50 979
八、社会物流总费用	万亿元	12.1	13.3	14.6	14.9
其中：运输	万亿元	6.6	6.9	7.7	7.8
全国社会物流总额	万亿元	252.8	283.1	298.0	300.1

注：1. 社会物流总费用源自中国物流与采购联合会。
　　2. 其他数据源自国家统计局，其中2020年数据为初步数据。

1-2 交通运输主要指标

指标名称	计算单位	2020年	2019年	2020年比2019年增减	2020年为2019年 %
一、交通设施及运输线路拥有量					
1. 铁路营业里程	万公里	14.63	13.90	0.73	105.3
其中：高铁营业里程	万公里	3.80	3.50	0.30	108.6
2. 公路线路里程	万公里	519.81	501.25	18.56	103.7
其中：高速公路里程	万公里	16.10	14.96	1.14	107.6
高速公路车道里程	万公里	72.31	66.94	5.36	108.0
二级及以上公路里程	万公里	70.24	67.20	3.04	104.5
等级公路里程	万公里	494.45	469.87	24.58	105.2
3. 公路桥梁　数量	万座	91.28	87.83	3.45	103.9
长度	万米	6 628.55	6 063.46	565.10	109.3
4. 公路隧道　数量	万处	2.13	1.91	0.22	111.8
长度	万米	2 199.93	1 896.66	303.27	116.0
5. 公共汽电车运营线路总长度	万公里	148.21	133.62	14.60	110.9
其中：无轨电车运营线路总长度	公里	1 284	1 163	121	110.4
6. 公交专用车道长度	公里	16 552	14 952	1 600	110.7
7. 轨道交通运营里程	公里	7 355	6 172	1 183	119.2
8. 内河航道通航里程	万公里	12.77	12.73	0.04	100.3
其中：等级航道	万公里	6.73	6.67	0.05	100.8
9. 港口生产用码头泊位	个	22 142	22 893	-751	96.7
其中：沿海	个	5 461	5 562	-101	98.2
内河	个	16 681	17 331	-650	96.2
其中：万吨级及以上码头泊位	个	2 592	2 520	72	102.9
10. 颁证运输机场	个	241	238	3	101.3
其中：定期航班通航机场	个	240	237	3	101.3
年旅客吞吐量达到1000万人次以上的机场	个	27	39	-12	69.2
11. 邮路总长度	万公里	1 187.44	1 222.70	-35.26	97.1
其中：航空邮路	万公里	825.80	872.45	-46.66	94.7
铁路邮路	万公里	24.09	20.79	3.30	115.9
汽车邮路	万公里	336.46	328.22	8.24	102.5
12. 邮政行业营业网点	处	349 075	318 516	30 559	109.6
二、交通运输工具拥有量					
1. 铁路					
客车	万辆	7.60	7.60	0.00	100.0
货车	万辆	91.20	87.80	3.40	103.9
机车	万台	2.20	2.20	0.00	100.0
2. 公路					
公路营运汽车	万辆	1 171.54	1 165.49	6.05	100.5
载客汽车	万辆	61.26	77.67	-16.41	78.9
	万客位	1 840.89	2 002.53	-161.64	91.9
载货汽车	万辆	1 110.28	1 087.82	22.46	102.1
	万吨位	15 784.17	13 587.00	2 197.17	116.2
私人汽车	万辆	24 291.19	22 508.99	1 782.20	107.9
载客汽车	万辆	22 333.81	20 710.58	1 623.23	107.8
其中：私人小轿车	万辆	13 992.93	12 744.69	1 248.24	109.8
载货汽车	万辆	1 907.28	1 753.66	153.63	108.8

1-2（续表一）

指 标 名 称	计算单位	2020年	2019年	2020年比2019年增减	2020年为2019年%
其他汽车	万辆	50.10	44.76	5.34	111.9
3.城市客运					
公共汽电车	万辆	70.44	69.33	1.11	101.6
	万标台	80.15	79.15	1.00	101.3
其中：无轨电车	辆	2 618	2 582	36	101.4
轨道交通配属车辆数	辆	49 424	40 998	8 426	120.6
巡游出租汽车	万辆	139.40	139.16	0.24	100.2
客运轮渡营运船舶	艘	194	224	−30	86.6
4.营业性民用运输轮驳船					
艘数	万艘	12.68	13.16	−0.48	96.4
净载重量	万吨	27 060.16	25 684.97	1 375.18	105.4
载客量	万客位	85.99	88.58	−2.59	97.1
集装箱箱位	万TEU	293.03	223.85	69.18	130.9
总功率	万千瓦	7 174.62	6 849.13	325.50	104.8
（1）机动船					
艘数	万艘	11.79	12.14	−0.35	97.1
净载重量	万吨	26 313.84	24 862.64	1 451.20	105.8
载客量	万客位	85.71	88.28	−2.57	97.1
集装箱箱位	万TEU	292.94	223.61	69.33	131.0
总功率	万千瓦	7 174.62	6 849.13	325.50	104.8
（2）驳船					
艘数	万艘	0.89	1.01	−0.12	87.7
净载重量	万吨	746.32	822.34	−76.02	90.8
载客量	万客位	0.28	0.30	−0.02	93.5
集装箱箱位	万TEU	0.09	0.24	−0.15	35.7
三、客货运输量					
营业性客运量	亿人	96.65	176.05	−79.40	54.9
营业性旅客周转量	亿人公里	19 251.47	35 347.59	−16 096.12	54.5
营业性货运量	亿吨	464.40	466.50	−2.10	99.5
营业性货物周转量	亿吨公里	196 760.95	198 654.98	−1 894.03	99.0
1.铁路运输					
（1）客运量	亿人	22.03	36.60	−14.57	60.2
其中：国家铁路	亿人	21.67	35.79	−14.12	60.6
（2）旅客周转量	亿人公里	8 266.19	14 706.64	−6 440.45	56.2
其中：国家铁路	亿人公里	8 258.10	14 529.55	−6 271.45	56.8
（3）货运总量	亿吨	45.52	44.12	1.40	103.2
其中：国家铁路	亿吨	35.81	34.40	1.41	104.1
（4）货物总周转量	亿吨公里	30 514.46	30 217.36	297.10	101.0
其中：国家铁路	亿吨公里	27 397.83	27 009.55	388.28	101.4
2.公路运输					
（1）营业性公路客运量	亿人	68.94	130.12	−61.17	53.0
（2）营业性公路旅客周转量	亿人公里	4 641.01	8 857.08	−4 216.07	52.4
（3）营业性公路货运量	亿吨	342.64	343.55	−0.91	99.7
（4）营业性公路货物周转量	亿吨公里	60 171.85	59 636.39	535.45	100.9
3.城市客运					
公共交通客运量	亿人次	871.92	1 279.17	−407.24	68.2

1-2（续表二）

指 标 名 称	计算单位	2020年	2019年	2020年比2019年增减	2020年为2019年%
其中：公共汽电车客运总量	亿人次	442.36	691.76	−249.40	63.9
轨道交通客运总量	亿人次	175.90	238.78	−62.88	73.7
巡游出租汽车客运总量	亿人次	253.27	347.89	−94.62	72.8
客运轮渡客运总量	亿人次	0.39	0.73	−0.34	52.9
4.水路运输					
（1）营业性水路客运量	亿人	1.50	2.74	−1.24	54.8
（2）营业性水路旅客周转量	亿人公里	32.99	78.57	−45.59	42.0
（3）营业性水路货运量	亿吨	76.16	78.75	−2.59	96.7
（4）营业性水路货物周转量	亿吨公里	105 834.44	108 538.03	−2 703.59	97.5
5.港口生产					
（1）港口货物吞吐量	亿吨	145.50	139.51	5.99	104.3
（2）港口外贸货物吞吐量	亿吨	44.96	43.21	1.75	104.0
（3）港口集装箱吞吐量	亿TEU	2.64	2.61	0.03	101.2
（4）港口旅客吞吐量	亿人	0.44	0.87	−0.43	50.7
6.民航运输					
（1）旅客运输量	亿人次	4.18	6.60	−2.42	63.3
（2）旅客周转量	亿人公里	6 311.28	11 705.30	−5 394.02	53.9
（3）货邮运输量	亿吨	0.07	0.08	−0.01	89.8
（4）货邮周转量	亿吨公里	240.20	263.20	−23.00	91.3
7.邮政					
（1）邮政业务总量	亿元	21 053.16	16 229.63	4 823.53	129.7
（2）邮政函件业务	亿件	14.18	21.67	−7.49	65.4
（3）包裹业务	亿件	0.20	0.22	−0.01	94.2
（4）快递业务量	亿件	833.58	635.23	198.35	131.2
四、交通固定资产投资					
1.铁路固定资产投资	亿元	7 819.00	8 029.00	−210.00	97.4
2.公路、水路固定资产投资	亿元	25 882.86	23 452.33	2 430.53	110.4
公路	亿元	24 311.57	21 895.04	2 416.53	111.0
其中：高速公路	亿元	13 479.40	11 503.53	1 975.87	117.2
普通国省道	亿元	5 298.05	4 923.86	374.19	107.6
农村公路	亿元	4 702.75	4 663.42	39.33	100.8
水路	亿元	1 330.46	1 137.44	193.02	117.0
其中：内河	亿元	704.29	613.64	90.65	114.8
沿海	亿元	626.17	523.81	102.37	119.5
公路水路其他	亿元	240.83	419.85	−179.02	57.4
3.民航固定资产投资	亿元	1 050.00	969.40	80.60	108.3
五、新增生产能力					
1.铁路新增生产能力					
新线投产里程	公里	4 933	8 489	−3 556	58.1
其中：高速铁路	公里	2 521	5 474	−2 953	46.1
2.公路、水路新增生产能力					
新建公路	公里	80 090	63 897	16 192	125.3
改建公路	公里	225 462	254 346	−28 884	88.6
新增及改善内河航道	公里	1 071	803	268	133.3
新、改（扩）建码头泊位	个	584	361	223	161.8

注：1.铁路运输数据为确报数据，其余数据为速报数据，国家铁路含国铁集团及其控股合资铁路。
　　2.民航运输数据为快报数据。
　　3.城市客运统计范围指全国设市城区和县城。

二、公路运输

简 要 说 明

一、本篇资料反映我国公路基础设施、运输装备和公路运输发展的基本情况。主要包括：公路里程、民用汽车、营运车辆拥有量、公路客货运输量、交通量、道路运输以及全国道路交通事故统计资料。

二、公路里程为年末通车里程，不含在建和未正式投入使用的公路里程。从2006年起，村道正式纳入公路里程统计。农村公路（县、乡、村道）的行政等级依据《全国农村公路统计标准》确定。

三、按照《国家公路网规划（2013年—2030年）》，结合各省（自治区、直辖市）路网调整情况，本资料中国道、省道、县道、乡道、村道里程的统计口径做了部分调整。

四、从2010年起，由交通运输部门管理的公共汽电车、巡游出租汽车，不再纳入公路载客汽车统计。该部分数据纳入城市客运运力统计。

五、从2013年起，公路营运载货汽车包括货车、牵引车和挂车。

六、全国民用车辆拥有量由国家统计局提供。全国公路营运车辆拥有量根据各省运输管理部门登记的车辆资料整理，由各省（自治区、直辖市）交通运输厅（局、委）提供。

七、公路运输量范围为在道路运输管理部门注册登记从事公路运输的营业性运输工具产生的运输量，包括营业性客运车辆运输量和营业性货运车辆运输量。在公路上进行旅客运输的公共汽电车、巡游出租汽车运输量不纳入公路运输量的统计范围。

八、出入境汽车运输量统计的是由中、外双方承运者完成的，通过我国已开通汽车运输边境口岸公路的旅客、货物运输量。

九、各地区年平均日交通量是根据各观测路段年平均日交通量加权平均计算得出。目前，各路段年平均日交通量是根据抽样调查方法取得。当观测里程发生变化时，将对年平均日交通量的计算结果产生一定影响。

十、从2014年起，行驶量计算方法由"机动车当量数"与"公路总里程"的乘积调整为"机动车当量数"与"公路总观测里程"的乘积。

十一、根据《"十三五"交通扶贫规划》，贫困地区包括集中连片特困地区、国家扶贫开发重点县，以及上述范围之外的一批革命老区县、少数民族县和边境县。

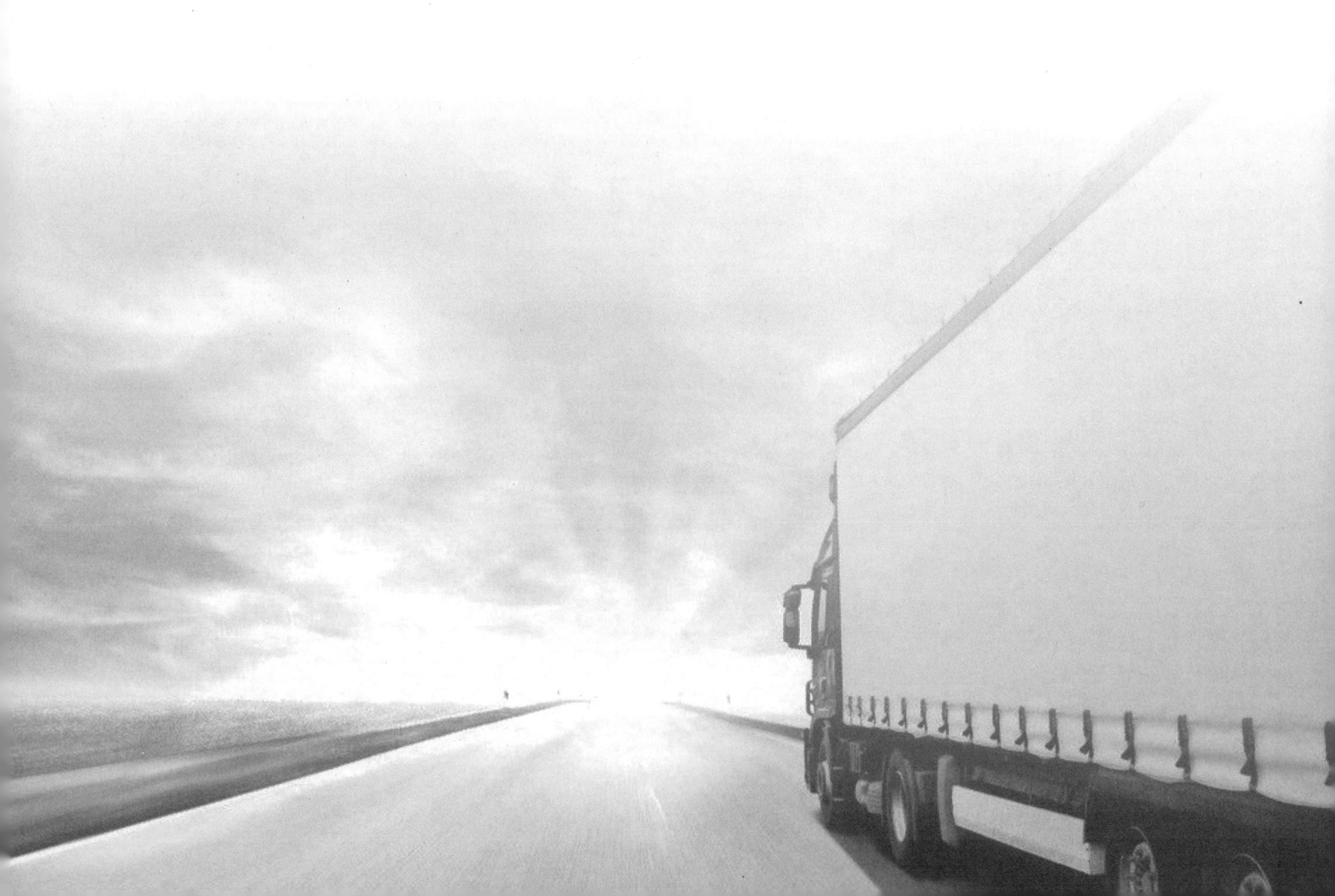

2-1　全国公路里程（按行政等级分）

单位：公里

地区	总计	国道	国家高速公路	省道	县道	乡道	专用公路	村道
全国总计	5 198 120	370 719	112 986	382 747	661 384	1 238 528	62 317	2 482 426
北京	22 264	1 921	683	2 094	3 885	7 408	1 387	5 569
天津	16 411	1 509	559	2 554	1 325	3 670	968	6 386
河北	204 737	15 968	5 585	11 751	11 866	46 356	1 501	117 296
山西	144 323	11 399	3 508	6 898	20 383	47 620	362	57 661
内蒙古	210 217	22 440	5 913	17 582	39 706	40 428	941	89 120
辽宁	130 899	10 663	3 561	10 462	8 702	29 999	814	70 259
吉林	107 848	10 891	3 654	4 909	10 710	28 295	1 505	51 537
黑龙江	168 119	14 720	3 382	13 169	19 555	36 622	17 386	66 667
上海	12 917	729	477	1 092	3 237	6 451		1 407
江苏	158 101	8 383	3 448	9 102	25 207	57 099		58 310
浙江	123 080	8 050	3 549	5 076	29 536	19 856	600	59 963
安徽	236 483	11 143	3 673	16 804	32 571	42 769	66	133 130
福建	110 118	10 982	3 833	5 722	14 889	41 525	122	36 878
江西	210 641	12 018	4 320	12 822	21 184	40 622	16	123 979
山东	286 814	13 463	5 053	13 768	28 456	38 465	2 052	190 611
河南	270 271	14 011	4 270	23 961	27 480	59 249		145 570
湖北	289 612	14 267	4 930	20 295	28 029	84 628	539	141 854
湖南	241 138	13 780	4 953	24 322	36 186	57 300	1 001	108 548
广东	221 873	15 250	6 043	23 464	11 094	85 507		86 558
广西	131 642	15 522	4 580	11 021	17 979	28 581	11	58 527
海南	40 163	2 518	1 136	2 301	2 233	6 813	19	26 280
重庆	180 796	8 125	2 697	10 408	7 048	13 027	342	141 846
四川	394 371	22 678	5 217	24 318	61 915	103 531		181 928
贵州	206 693	12 069	3 647	21 657	36 729	49 117		87 122
云南	292 479	20 439	5 302	15 091	63 263	106 680	1 883	85 123
西藏	118 238	14 089	106	15 183	19 274	12 581	16 703	40 409
陕西	180 660	14 291	5 397	11 999	19 229	25 474	344	109 324
甘肃	155 957	13 681	4 183	17 180	23 867	27 282	169	73 778
青海	85 131	13 130	3 221	8 659	9 148	21 887	1 543	30 764
宁夏	36 901	3 928	1 561	2 940	824	9 079	1 543	18 587
新疆	209 220	18 662	4 544	16 144	25 870	60 608	10 500	77 435

2-2　全国公路里程（按技术等级分）

单位：公里

地区	总计	等级公路						等外公路
		合计	高速	一级	二级	三级	四级	
全国总计	5 198 120	4 944 489	160 980	123 101	418 300	457 375	3 784 732	253 632
北京	22 264	22 264	1 173	1 369	3 996	4 119	11 608	
天津	16 411	16 411	1 325	1 425	2 815	1 122	9 724	
河北	204 737	204 549	7 809	7 175	22 152	21 682	145 732	188
山西	144 323	143 226	5 745	2 877	16 011	20 624	97 968	1 097
内蒙古	210 217	205 313	6 985	8 785	19 912	30 945	138 687	4 903
辽宁	130 899	124 548	4 331	4 255	18 608	30 897	66 457	6 352
吉林	107 848	103 670	4 306	2 222	9 770	9 359	78 013	4 178
黑龙江	168 119	144 868	4 512	3 140	12 583	33 237	91 397	23 250
上海	12 917	12 917	845	470	3 792	2 603	5 207	
江苏	158 101	158 101	4 925	15 819	24 252	16 600	96 506	
浙江	123 080	123 080	5 096	7 760	10 680	9 504	90 040	
安徽	236 483	236 424	4 904	5 773	13 188	20 884	191 675	59
福建	110 118	95 316	5 635	1 481	11 459	9 251	67 490	14 802
江西	210 641	205 122	6 234	3 070	12 320	17 638	165 859	5 520
山东	286 814	286 590	7 473	12 251	26 579	34 933	205 354	224
河南	270 271	254 004	7 100	4 501	28 602	21 352	192 450	16 267
湖北	289 612	282 705	7 230	7 060	24 625	11 351	232 440	6 907
湖南	241 138	229 192	6 951	2 723	15 749	5 610	198 158	11 946
广东	221 873	221 651	10 488	12 021	19 636	22 403	157 103	222
广西	131 642	124 235	6 803	1 743	14 682	9 145	91 862	7 408
海南	40 163	39 972	1 254	494	1 945	1 629	34 649	192
重庆	180 796	164 865	3 402	1 047	9 439	6 186	144 790	15 931
四川	394 371	379 260	8 140	4 252	17 045	15 418	334 405	15 111
贵州	206 693	183 245	7 607	1 438	10 283	6 727	157 190	23 448
云南	292 479	272 273	8 406	1 649	13 021	9 779	239 418	20 206
西藏	118 238	98 677	106	582	1 060	13 231	83 698	19 561
陕西	180 660	167 476	6 171	2 114	10 037	15 416	133 738	13 184
甘肃	155 957	151 596	5 072	951	10 872	14 220	120 481	4 361
青海	85 131	73 639	3 451	618	9 035	5 141	55 393	11 492
宁夏	36 901	36 874	1 946	1 954	4 155	5 511	23 307	27
新疆	209 220	182 425	5 555	2 085	19 997	30 858	123 931	26 795

2-3 国道里程（按技术等级分）

单位：公里

地 区	总 计	等级公路						等外公路
		合 计	高 速	一 级	二 级	三 级	四 级	
全国总计	370 719	369 733	113 470	55 348	147 063	40 213	13 638	986
北 京	1 921	1 921	768	450	543	161		
天 津	1 509	1 509	559	613	312	20	4	
河 北	15 968	15 968	5 585	3 765	5 742	860	16	
山 西	11 399	11 396	3 508	1 333	5 718	709	128	3
内蒙古	22 440	22 440	5 913	4 641	7 912	3 010	964	
辽 宁	10 663	10 663	3 561	1 914	5 051	138		
吉 林	10 891	10 891	3 654	1 408	5 123	579	128	
黑龙江	14 720	14 690	3 386	2 273	6 801	1 941	288	31
上 海	729	729	477	83	169			
江 苏	8 383	8 383	3 453	4 306	620	4		
浙 江	8 050	8 050	3 549	2 569	1 635	111	186	
安 徽	11 143	11 143	3 673	3 281	3 620	431	138	
福 建	10 982	10 982	3 840	647	5 343	793	359	
江 西	12 018	12 015	4 320	1 857	5 285	412	141	3
山 东	13 463	13 463	5 053	5 620	2 691	99		
河 南	14 011	13 999	4 270	2 971	6 134	477	147	12
湖 北	14 267	14 261	4 930	2 735	6 054	227	315	6
湖 南	13 780	13 780	4 953	1 285	6 184	699	659	
广 东	15 250	15 250	6 068	3 960	4 303	683	237	
广 西	15 522	15 507	4 580	1 353	8 115	1 044	415	16
海 南	2 518	2 518	1 136	176	1 150	56		
重 庆	8 125	8 125	2 697	439	4 464	369	156	
四 川	22 678	22 543	5 220	2 048	9 450	4 346	1 480	135
贵 州	12 069	12 059	3 647	943	5 838	1 012	619	9
云 南	20 439	20 433	5 302	1 110	7 807	3 342	2 872	7
西 藏	14 089	13 824	106	532	993	9 944	2 250	265
陕 西	14 291	14 270	5 397	1 116	5 059	2 255	444	20
甘 肃	13 681	13 609	4 383	362	6 967	1 464	431	72
青 海	13 130	12 861	3 262	256	6 994	1 264	1 085	269
宁 夏	3 928	3 928	1 561	421	1 844	100	…	
新 疆	18 662	18 524	4 659	882	9 143	3 664	176	139

2-4 省道里程（按技术等级分）

单位：公里

地区	总计	等级公路						等外公路
		合计	高速	一级	二级	三级	四级	
全国总计	382 747	376 789	47 231	36 662	126 209	76 296	90 391	5 958
北 京	2 094	2 094	406	508	1 031	150		
天 津	2 554	2 554	765	627	1 040	121		
河 北	11 751	11 751	2 224	2 557	5 959	1 011		
山 西	6 898	6 898	2 237	584	3 361	555	162	
内蒙古	17 582	17 566	1 072	2 844	5 523	5 939	2 187	16
辽 宁	10 462	10 441	770	1 344	7 426	855	46	21
吉 林	4 909	4 896	653	465	2 075	1 281	422	14
黑龙江	13 169	13 055	1 072	445	4 119	5 323	2 096	114
上 海	1 092	1 092	368	218	487	20		
江 苏	9 102	9 102	1 460	5 550	1 967	125		
浙 江	5 076	5 076	1 546	1 385	1 496	454	195	
安 徽	16 804	16 775	1 232	2 138	5 296	5 442	2 668	29
福 建	5 722	5 722	1 769	336	2 065	920	631	
江 西	12 822	12 718	1 898	840	5 604	2 747	1 629	104
山 东	13 768	13 768	2 421	4 255	6 453	618	21	
河 南	23 961	23 782	2 829	1 525	10 896	4 444	4 087	179
湖 北	20 295	20 273	2 210	1 895	12 710	1 328	2 130	22
湖 南	24 322	24 260	1 999	708	6 934	2 100	12 519	62
广 东	23 464	23 441	4 420	3 354	7 091	5 312	3 264	23
广 西	11 021	10 968	2 224	185	4 584	1 563	2 414	52
海 南	2 301	2 301	118	304	677	593	609	
重 庆	10 408	10 397	705	199	3 416	3 214	2 864	11
四 川	24 318	23 711	2 848	1 107	4 670	4 995	10 092	607
贵 州	21 657	21 155	3 960	448	3 533	3 182	10 032	502
云 南	15 091	15 004	3 104	230	3 739	2 144	5 787	87
西 藏	15 183	13 223		45	65	2 620	10 493	1 960
陕 西	11 999	11 987	775	544	2 509	4 387	3 773	12
甘 肃	17 180	16 837	689	392	2 535	6 212	7 009	343
青 海	8 659	7 993	188	360	1 492	2 286	3 667	666
宁 夏	2 940	2 940	385	331	729	1 396	100	
新 疆	16 144	15 011	886	939	6 728	4 964	1 495	1 133

2-5 县道里程（按技术等级分）

单位：公里

地区	总计	等级公路						等外公路
		合计	高速	一级	二级	三级	四级	
全国总计	661 384	649 090	105	17 107	84 025	166 860	380 994	12 294
北京	3 885	3 885		393	1 233	2 127	132	
天津	1 325	1 325		127	437	519	241	
河北	11 866	11 863		186	4 792	5 751	1 134	3
山西	20 383	20 360		396	4 564	10 644	4 756	23
内蒙古	39 706	38 985		770	3 909	13 819	20 488	721
辽宁	8 702	8 702		824	5 010	2 848	21	
吉林	10 710	10 581		134	1 780	4 887	3 780	129
黑龙江	19 555	18 989		104	668	9 758	8 459	566
上海	3 237	3 237		170	2 005	1 057	5	
江苏	25 207	25 207	7	4 099	11 913	7 776	1 411	
浙江	29 536	29 536		3 628	5 837	5 213	14 858	
安徽	32 571	32 571		153	2 605	11 001	18 811	
福建	14 889	14 249	26	356	2 596	4 800	6 471	640
江西	21 184	20 943		173	845	10 693	9 232	241
山东	28 456	28 456		1 436	9 605	13 049	4 367	
河南	27 480	26 935		4	7 188	8 645	11 098	544
湖北	28 029	27 890		746	3 428	5 332	18 384	140
湖南	36 186	35 946		440	2 074	2 263	31 168	241
广东	11 094	11 093		1 109	2 562	4 720	2 702	2
广西	17 979	17 765		153	1 604	5 061	10 947	214
海南	2 233	2 231		9	46	754	1 421	3
重庆	7 048	7 020		80	613	1 300	5 028	28
四川	61 915	59 962	72	753	2 163	4 393	52 581	1 954
贵州	36 729	35 618		33	608	2 053	32 924	1 110
云南	63 263	62 550		254	1 294	3 683	57 318	714
西藏	19 274	18 269				227	18 041	1 006
陕西	19 229	18 909		225	1 370	5 399	11 915	320
甘肃	23 867	23 215		145	785	5 132	17 153	652
青海	9 148	8 274			194	1 048	7 032	875
宁夏	824	824		111	114	543	56	
新疆	25 870	23 703		98	2 180	12 364	9 062	2 167

2-6 乡道里程（按技术等级分）

单位：公里

地区	总计	等级公路						等外公路
		合计	高速	一级	二级	三级	四级	
全国总计	1 238 528	1 189 784	5	7 458	31 545	111 729	1 039 047	48 744
北京	7 408	7 408		15	453	1 126	5 813	
天津	3 670	3 670			227	187	3 256	
河北	46 356	46 239		430	3 518	10 820	31 470	117
山西	47 620	47 406		370	1 438	5 720	39 879	214
内蒙古	40 428	40 088		374	1 252	4 340	34 123	339
辽宁	29 999	29 995		51	752	22 627	6 566	4
吉林	28 295	27 656		108	394	1 988	25 166	639
黑龙江	36 622	33 794		62	353	7 439	25 939	2 828
上海	6 451	6 451			1 102	1 426	3 923	
江苏	57 099	57 099	5	1 217	5 613	5 584	44 681	
浙江	19 856	19 856		88	710	1 897	17 161	
安徽	42 769	42 762		34	608	1 921	40 199	7
福建	41 525	37 430		141	1 150	2 231	33 908	4 095
江西	40 622	39 391		121	241	2 098	36 931	1 231
山东	38 465	38 465		334	3 149	10 784	24 197	
河南	59 249	56 950			2 670	5 765	48 515	2 299
湖北	84 628	83 019		496	938	3 108	78 477	1 609
湖南	57 300	56 376		228	372	381	55 395	924
广东	85 507	85 443		2 723	3 522	7 885	71 314	64
广西	28 581	27 957		33	314	1 111	26 500	624
海南	6 813	6 717		3	53	115	6 547	95
重庆	13 027	12 490		11	108	427	11 944	537
四川	103 531	97 948		87	295	984	96 581	5 583
贵州	49 117	45 849		1	157	280	45 411	3 268
云南	106 680	98 666		27	99	437	98 104	8 013
西藏	12 581	11 779		6		68	11 706	801
陕西	25 474	24 426		34	345	2 114	21 933	1 048
甘肃	27 282	25 838		23	302	904	24 609	1 445
青海	21 887	18 816			13	269	18 534	3 071
宁夏	9 079	9 061		403	675	2 628	5 354	19
新疆	60 608	50 739		40	721	5 065	44 912	9 869

2-7 专用公路里程（按技术等级分）

单位：公里

地区	总计	等级公路						等外公路
		合计	高速	一级	二级	三级	四级	
全国总计	62 317	43 992	162	1 162	3 957	7 902	30 809	18 325
北 京	1 387	1 387			643	259	485	
天 津	968	968		58	583	146	180	
河 北	1 501	1 482		66	283	254	879	19
山 西	362	362		7	37	215	102	
内蒙古	941	940		26	157	198	558	1
辽 宁	814	798		11	69	351	367	16
吉 林	1 505	1 421		16	3	46	1 356	83
黑龙江	17 386	8 661	45	180	237	2 249	5 950	8 725
上 海								
江 苏								
浙 江	600	600		7	51	111	431	
安 徽	66	66			4	38	24	
福 建	122	116			11	5	100	6
江 西	16	16	16					
山 东	2 052	2 052		36	92	323	1 601	
河 南								
湖 北	539	520	90		23	20	387	19
湖 南	1 001	811		7	6	7	791	191
广 东								
广 西	11	11		11				
海 南	19	19					19	
重 庆	342	307		3	20	28	256	35
四 川								
贵 州								
云 南	1 883	1 353			12	75	1 266	530
西 藏	16 703	10 662			3	298	10 361	6 041
陕 西	344	300		53	163	4	80	43
甘 肃	169	123			9	1	114	46
青 海	1 543	1 085		2	204	138	740	458
宁 夏	1 543	1 543		561	381	116	485	
新 疆	10 500	8 389	10	117	966	3 019	4 277	2 111

2-8 村道里程（按技术等级分）

单位：公里

地区	总计	等级公路 合计	高速	一级	二级	三级	四级	等外公路
全国总计	2 482 426	2 315 101	8	5 365	25 501	54 374	2 229 854	167 325
北京	5 569	5 569		2	93	296	5 177	
天津	6 386	6 386			216	128	6 042	
河北	117 296	117 247		171	1 857	2 986	112 234	48
山西	57 661	56 803		187	894	2 781	52 942	857
内蒙古	89 120	85 294		130	1 158	3 639	80 368	3 826
辽宁	70 259	63 948		110	301	4 079	59 458	6 311
吉林	51 537	48 224		91	394	578	47 162	3 313
黑龙江	66 667	55 680	8	77	404	6 526	48 665	10 987
上海	1 407	1 407			29	99	1 278	
江苏	58 310	58 310		647	4 138	3 110	50 414	
浙江	59 963	59 963		83	952	1 718	57 210	
安徽	133 130	133 108		167	1 055	2 052	129 834	23
福建	36 878	26 817		1	293	502	26 021	10 062
江西	123 979	120 039		79	345	1 688	117 927	3 941
山东	190 611	190 387		570	4 588	10 060	175 169	224
河南	145 570	132 338			1 714	2 020	128 604	13 232
湖北	141 854	136 742		1 188	1 471	1 337	132 747	5 112
湖南	108 548	98 020		54	180	161	97 626	10 528
广东	86 558	86 424		875	2 159	3 804	79 586	133
广西	58 527	52 026		8	65	367	51 587	6 501
海南	26 280	26 186		3	19	111	26 053	94
重庆	141 846	126 527		316	818	850	124 543	15 319
四川	181 928	175 097		257	466	701	173 672	6 831
贵州	87 122	68 564		13	148	199	68 203	18 558
云南	85 123	74 268		28	70	98	74 072	10 855
西藏	40 409	30 921				74	30 847	9 487
陕西	109 324	97 583		143	591	1 256	95 593	11 740
甘肃	73 778	71 975		29	274	506	71 165	1 804
青海	30 764	24 610			138	137	24 335	6 153
宁夏	18 587	18 578		126	412	728	17 312	9
新疆	77 435	66 059		9	259	1 782	64 009	11 376

2-9 全国公路里程（按路面类型分）

单位：公里

地区	总计	有铺装路面（高级）			简易铺装路面（次高级）	未铺装路面（中级、低级、无路面）
		合计	沥青混凝土	水泥混凝土		
全国总计	5 198 120	4 315 620	1 217 450	3 098 170	300 028	582 472
北　京	22 264	22 264	17 850	4 414		
天　津	16 411	16 411	12 486	3 925		
河　北	204 737	192 213	71 249	120 964	7 067	5 457
山　西	144 323	124 572	48 727	75 845	11 579	8 171
内蒙古	210 217	155 866	82 011	73 855	8 844	45 506
辽　宁	130 899	84 577	61 754	22 823	20 344	25 978
吉　林	107 848	92 666	29 183	63 483	30	15 152
黑龙江	168 119	125 932	16 506	109 426	550	41 636
上　海	12 917	12 917	7 572	5 344		
江　苏	158 101	158 101	61 168	96 934		
浙　江	123 080	120 442	45 866	74 576	2 037	600
安　徽	236 483	234 300	38 548	195 752	1 038	1 145
福　建	110 118	93 957	9 493	84 465	1 237	14 924
江　西	210 641	204 667	28 548	176 119	636	5 338
山　东	286 814	229 049	105 596	123 453	48 866	8 899
河　南	270 271	237 678	54 510	183 168	12 913	19 680
湖　北	289 612	256 943	33 671	223 272	10 855	21 815
湖　南	241 138	223 188	26 600	196 589	1 235	16 714
广　东	221 873	221 024	24 830	196 193	685	164
广　西	131 642	103 957	15 046	88 911	11 321	16 364
海　南	40 163	39 908	4 381	35 527	62	193
重　庆	180 796	136 683	24 282	112 401	6 359	37 754
四　川	394 371	360 240	61 250	298 991	5 770	28 360
贵　州	206 693	161 353	30 817	130 536	27 903	17 437
云　南	292 479	229 563	70 154	159 409	2 897	60 019
西　藏	118 238	44 878	31 451	13 427	673	72 687
陕　西	180 660	146 748	44 569	102 179	9 633	24 279
甘　肃	155 957	112 812	36 244	76 567	26 296	16 849
青　海	85 131	49 938	16 755	33 183	2 503	32 690
宁　夏	36 901	31 711	19 097	12 613	1 984	3 207
新　疆	209 220	91 059	87 234	3 825	76 709	41 452

2-10 国道里程（按路面类型分）

单位：公里

地 区	总 计	有铺装路面（高级）			简易铺装路面（次高级）	未铺装路面（中级、低级、无路面）
		合 计	沥青混凝土	水泥混凝土		
全国总计	370 719	355 902	319 554	36 348	9 917	4 900
北 京	1 921	1 921	1 921			
天 津	1 509	1 509	1 502	7		
河 北	15 968	15 786	15 559	227	182	
山 西	11 399	11 225	10 744	480	168	6
内蒙古	22 440	21 161	20 677	484	782	498
辽 宁	10 663	10 505	10 501	4	158	
吉 林	10 891	10 806	9 871	936		85
黑龙江	14 720	14 309	7 931	6 378	79	332
上 海	729	729	729	0		
江 苏	8 383	8 383	8 356	28		
浙 江	8 050	8 050	7 844	206		
安 徽	11 143	11 133	10 536	598	9	
福 建	10 982	10 966	5 794	5 172	16	
江 西	12 018	11 973	10 956	1 017	43	2
山 东	13 463	13 462	13 296	166	1	
河 南	14 011	13 912	13 141	771	87	12
湖 北	14 267	13 721	12 178	1 544	518	28
湖 南	13 780	13 731	11 083	2 648	30	19
广 东	15 250	15 225	9 194	6 031	25	
广 西	15 522	14 095	9 386	4 709	1 415	13
海 南	2 518	2 518	2 045	473		
重 庆	8 125	8 079	7 581	498	46	
四 川	22 678	22 142	20 720	1 422	120	417
贵 州	12 069	10 957	10 903	54	1 111	
云 南	20 439	19 684	18 913	771	550	205
西 藏	14 089	12 397	12 153	244	143	1 548
陕 西	14 291	14 068	13 363	705	189	33
甘 肃	13 681	12 622	12 432	190	803	255
青 海	13 130	11 442	10 966	476	547	1 141
宁 夏	3 928	3 888	3 858	30	39	
新 疆	18 662	15 501	15 420	80	2 855	306

2-11 省道里程（按路面类型分）

单位：公里

地区	总计	有铺装路面（高级）			简易铺装路面（次高级）	未铺装路面（中级、低级、无路面）
		合计	沥青混凝土	水泥混凝土		
全国总计	382 747	329 193	239 009	90 185	33 245	20 309
北京	2 094	2 094	2 091	3		
天津	2 554	2 554	2 544	9		
河北	11 751	11 656	11 391	265	95	
山西	6 898	6 739	6 460	279	159	
内蒙古	17 582	15 544	13 547	1 997	975	1 062
辽宁	10 462	10 100	10 045	55	301	60
吉林	4 909	4 772	3 664	1 108		138
黑龙江	13 169	11 935	3 423	8 512	135	1 098
上海	1 092	1 092	1 062	31		
江苏	9 102	9 102	8 985	117		
浙江	5 076	5 076	4 635	441		
安徽	16 804	16 366	11 417	4 949	393	46
福建	5 722	5 609	2 539	3 070	113	
江西	12 822	12 624	9 051	3 573	180	18
山东	13 768	13 759	13 541	218	9	
河南	23 961	22 257	16 645	5 612	1 429	276
湖北	20 295	18 671	12 636	6 036	1 374	249
湖南	24 322	22 924	9 234	13 690	907	492
广东	23 464	23 076	8 165	14 911	223	164
广西	11 021	8 899	4 146	4 753	2 015	106
海南	2 301	2 298	1 473	824	3	
重庆	10 408	10 086	7 446	2 639	311	11
四川	24 318	21 347	13 812	7 535	1 355	1 616
贵州	21 657	10 923	9 220	1 703	9 614	1 121
云南	15 091	13 789	12 898	891	763	539
西藏	15 183	6 936	6 683	253	227	8 019
陕西	11 999	11 354	8 706	2 648	572	74
甘肃	17 180	9 546	7 043	2 503	6 565	1 069
青海	8 659	5 036	3 549	1 486	994	2 629
宁夏	2 940	2 521	2 472	50	419	
新疆	16 144	10 511	10 485	26	4 112	1 521

2-12 县道里程（按路面类型分）

单位：公里

地区	总计	有铺装路面（高级）			简易铺装路面（次高级）	未铺装路面（中级、低级、无路面）
		合计	沥青混凝土	水泥混凝土		
全国总计	661 384	562 396	252 785	309 611	54 490	44 497
北京	3 885	3 885	3 815	70		
天津	1 325	1 325	1 302	23		
河北	11 866	11 011	8 025	2 986	709	146
山西	20 383	16 975	13 035	3 940	3 151	257
内蒙古	39 706	30 774	20 276	10 498	3 415	5 517
辽宁	8 702	7 823	7 711	112	842	37
吉林	10 710	10 102	5 805	4 296		609
黑龙江	19 555	16 915	1 956	14 959	69	2 571
上海	3 237	3 237	2 983	254		
江苏	25 207	25 207	20 272	4 935		
浙江	29 536	28 480	18 289	10 191	1 054	2
安徽	32 571	32 384	9 281	23 103	87	100
福建	14 889	13 890	745	13 145	271	728
江西	21 184	20 685	4 452	16 233	240	259
山东	28 456	26 228	21 894	4 335	2 153	75
河南	27 480	26 057	10 944	15 113	797	625
湖北	28 029	24 405	3 971	20 434	2 609	1 015
湖南	36 186	35 502	3 995	31 507	157	527
广东	11 094	11 029	1 402	9 626	66	
广西	17 979	11 582	884	10 698	6 022	375
海南	2 233	2 174	466	1 708	58	1
重庆	7 048	6 588	2 798	3 790	327	133
四川	61 915	56 737	16 151	40 586	1 745	3 434
贵州	36 729	25 065	7 186	17 880	10 782	881
云南	63 263	53 655	28 768	24 887	1 314	8 295
西藏	19 274	8 875	6 443	2 432	144	10 255
陕西	19 229	18 099	10 010	8 089	619	511
甘肃	23 867	16 013	7 411	8 602	5 350	2 504
青海	9 148	5 831	750	5 081	451	2 866
宁夏	824	649	646	2	145	31
新疆	25 870	11 213	11 119	95	11 915	2 742

2-13 乡道里程（按路面类型分）

单位：公里

地区	总计	有铺装路面（高级）			简易铺装路面（次高级）	未铺装路面（中级、低级、无路面）
		合计	沥青混凝土	水泥混凝土		
全国总计	1 238 528	1 049 220	187 944	861 276	73 401	115 907
北 京	7 408	7 408	5 680	1 728		
天 津	3 670	3 670	2 857	813		
河 北	46 356	43 180	16 223	26 958	2 516	659
山 西	47 620	39 819	10 454	29 365	4 604	3 197
内蒙古	40 428	30 512	12 177	18 334	2 226	7 690
辽 宁	29 999	21 538	17 859	3 679	7 820	641
吉 林	28 295	25 909	6 449	19 460		2 386
黑龙江	36 622	30 195	971	29 224	138	6 289
上 海	6 451	6 451	2 351	4 100		
江 苏	57 099	57 099	14 539	42 561		
浙 江	19 856	19 119	5 846	13 272	687	50
安 徽	42 769	42 282	3 204	39 078	108	379
福 建	41 525	36 944	334	36 610	530	4 050
江 西	40 622	39 257	2 398	36 859	127	1 237
山 东	38 465	33 196	17 761	15 435	4 658	611
河 南	59 249	54 274	7 916	46 357	2 405	2 571
湖 北	84 628	73 050	1 922	71 127	3 829	7 749
湖 南	57 300	54 537	1 342	53 195	65	2 698
广 东	85 507	85 270	4 345	80 925	238	
广 西	28 581	25 552	381	25 171	1 307	1 722
海 南	6 813	6 698	250	6 449		114
重 庆	13 027	11 231	1 500	9 732	1 023	772
四 川	103 531	94 406	5 775	88 631	1 125	8 000
贵 州	49 117	42 499	2 311	40 187	3 938	2 680
云 南	106 680	78 901	8 023	70 878	194	27 585
西 藏	12 581	4 621	2 537	2 084	47	7 912
陕 西	25 474	22 889	6 454	16 435	1 079	1 506
甘 肃	27 282	18 454	2 743	15 710	4 226	4 603
青 海	21 887	15 332	636	14 696	222	6 333
宁 夏	9 079	7 761	5 737	2 024	673	646
新 疆	60 608	17 166	16 968	198	29 616	13 826

2-14　专用公路里程（按路面类型分）

单位：公里

地区	总计	有铺装路面（高级）			简易铺装路面（次高级）	未铺装路面（中级、低级、无路面）
		合计	沥青混凝土	水泥混凝土		
全国总计	62 317	25 626	13 079	12 547	4 986	31 704
北京	1 387	1 387	1 244	143		
天津	968	968	809	159		
河北	1 501	1 366	874	492	73	62
山西	362	283	171	112	76	3
内蒙古	941	447	306	142	39	454
辽宁	814	254	237	17	263	296
吉林	1 505	465	129	336		1 040
黑龙江	17 386	7 788	1 112	6 676	19	9 578
上海						
江苏						
浙江	600	525	212	312	42	33
安徽	66	59	20	40		6
福建	122	93		93	9	21
江西	16	16	16			
山东	2 052	1 197	977	219	827	28
河南						
湖北	539	365	106	259	65	109
湖南	1 001	736	12	724		265
广东						
广西	11	11	11			
海南	19	19	4	15		
重庆	342	256	78	178	15	71
四川						
贵州						
云南	1 883	1 002	186	815	55	826
西藏	16 703	2 474	1 293	1 181	27	14 202
陕西	344	257	184	73	26	61
甘肃	169	35	8	27	26	108
青海	1 543	737	423	314	70	736
宁夏	1 543	1 141	960	181	46	356
新疆	10 500	3 746	3 705	40	3 307	3 448

2-15　村道里程（按路面类型分）

单位：公里

地区	总计	有铺装路面（高级）			简易铺装路面（次高级）	未铺装路面（中级、低级、无路面）
		合计	沥青混凝土	水泥混凝土		
全国总计	2 482 426	1 993 282	205 079	1 788 203	123 988	365 155
北　京	5 569	5 569	3 099	2 470		
天　津	6 386	6 386	3 472	2 914		
河　北	117 296	109 214	19 178	90 036	3 493	4 589
山　西	57 661	49 532	7 863	41 669	3 421	4 708
内蒙古	89 120	57 428	15 028	42 400	1 407	30 284
辽　宁	70 259	34 357	15 400	18 957	10 959	24 944
吉　林	51 537	40 613	3 265	37 348	30	10 894
黑龙江	66 667	44 790	1 114	43 676	109	21 768
上　海	1 407	1 407	447	960		
江　苏	58 310	58 310	9 017	49 293		
浙　江	59 963	59 193	9 039	50 154	254	516
安　徽	133 130	132 075	4 091	127 984	441	614
福　建	36 878	26 455	80	26 375	298	10 125
江　西	123 979	120 111	1 675	118 437	46	3 822
山　东	190 611	141 207	38 127	103 080	41 218	8 186
河　南	145 570	121 178	5 863	115 315	8 196	16 196
湖　北	141 854	126 730	2 859	123 872	2 460	12 664
湖　南	108 548	95 759	934	94 825	76	12 714
广　东	86 558	86 424	1 724	84 700	133	
广　西	58 527	43 818	237	43 581	561	14 148
海　南	26 280	26 202	143	26 058	1	77
重　庆	141 846	100 442	4 878	95 564	4 636	36 767
四　川	181 928	165 609	4 793	160 817	1 426	14 893
贵　州	87 122	71 909	1 197	70 712	2 457	12 755
云　南	85 123	62 533	1 365	61 168	21	22 569
西　藏	40 409	9 574	2 341	7 233	84	30 750
陕　西	109 324	80 081	5 852	74 229	7 148	22 095
甘　肃	73 778	56 142	6 608	49 535	9 325	8 310
青　海	30 764	11 560	430	11 130	220	18 984
宁　夏	18 587	15 750	5 424	10 327	662	2 174
新　疆	77 435	32 923	29 537	3 386	24 904	19 608

2-16 全国公路养护里程

单位：公里

地区	总计	国道	省道	县道	乡道	专用公路	村道
全国总计	5 144 035	368 641	381 006	660 924	1 226 683	59 630	2 447 150
北京	22 264	1 921	2 094	3 885	7 408	1 387	5 569
天津	16 411	1 509	2 554	1 325	3 670	968	6 386
河北	204 727	15 958	11 751	11 866	46 356	1 501	117 296
山西	144 207	11 284	6 898	20 383	47 620	362	57 661
内蒙古	208 808	22 440	17 582	39 585	40 148	821	88 232
辽宁	128 653	10 663	10 462	8 702	29 983	814	68 029
吉林	107 848	10 891	4 909	10 710	28 295	1 505	51 537
黑龙江	168 119	14 720	13 169	19 555	36 622	17 386	66 667
上海	12 917	729	1 092	3 237	6 451		1 407
江苏	158 094	8 383	9 102	25 207	57 098		58 304
浙江	123 080	8 050	5 076	29 536	19 856	600	59 963
安徽	234 390	10 126	15 977	32 415	42 747	46	133 078
福建	110 118	10 982	5 722	14 889	41 525	122	36 878
江西	208 625	11 094	12 070	21 137	40 548	16	123 760
山东	286 814	13 463	13 768	28 456	38 465	2 052	190 611
河南	268 051	14 011	23 955	27 430	58 890		143 765
湖北	289 596	14 261	20 284	28 029	84 628	539	141 854
湖南	241 138	13 780	24 322	36 186	57 300	1 001	108 548
广东	221 873	15 250	23 464	11 094	85 507		86 558
广西	131 623	15 522	11 021	17 966	28 581	11	58 522
海南	40 163	2 518	2 301	2 233	6 813	19	26 280
重庆	180 145	8 125	10 408	7 048	13 027	342	141 195
四川	379 497	22 678	24 318	61 913	100 343		170 245
贵州	206 547	12 069	21 511	36 729	49 117		87 122
云南	292 479	20 439	15 091	63 263	106 680	1 883	85 123
西藏	114 297	14 089	15 183	19 274	12 217	15 591	37 944
陕西	177 629	14 291	11 999	19 229	25 474	290	106 345
甘肃	155 957	13 681	17 180	23 867	27 282	169	73 778
青海	83 267	13 130	8 659	9 148	21 226	1 511	29 593
宁夏	36 901	3 928	2 940	824	9 079	1 543	18 587
新疆	189 797	18 657	16 144	25 801	53 729	9 151	66 316

2-17　全国公路绿化里程

单位：公里

地区	总计	国道	省道	县道	乡道	专用公路	村道
全国总计	3 133 176	275 702	281 610	464 691	765 327	32 750	1 313 095
北京	21 958	1 921	2 068	3 817	7 284	1 379	5 489
天津	14 729	1 119	2 187	1 290	3 373	872	5 889
河北	95 175	13 965	9 366	7 157	21 110	776	42 801
山西	66 544	8 575	4 943	14 988	21 924	229	15 884
内蒙古	35 130	7 843	5 176	10 383	6 434	94	5 199
辽宁	71 260	9 286	9 309	8 519	21 179	612	22 356
吉林	92 934	10 218	4 652	9 961	25 343	1 174	41 585
黑龙江	127 344	13 008	10 714	15 693	29 399	12 424	46 105
上海	11 348	559	815	2 914	5 794		1 266
江苏	153 190	8 133	8 984	24 252	55 372		56 450
浙江	79 108	7 263	4 550	24 168	13 731	427	28 968
安徽	206 980	10 459	14 932	31 394	41 402	60	108 733
福建	94 919	9 781	5 180	13 606	36 948	109	29 295
江西	106 167	11 208	11 209	18 860	26 990	14	37 886
山东	234 028	12 176	12 413	24 585	32 212	1 811	150 832
河南	242 211	13 668	22 513	25 369	53 840		126 822
湖北	132 199	11 768	16 524	16 352	30 764	390	56 401
湖南	190 750	11 972	20 653	30 504	46 201	671	80 749
广东	114 192	14 658	21 438	8 197	43 183		26 717
广西	58 537	13 344	8 551	11 865	13 035	11	11 730
海南	37 251	2 383	2 113	2 046	6 483	18	24 208
重庆	117 019	6 375	9 198	5 495	9 422	202	86 328
四川	218 170	15 704	17 347	39 221	54 094		91 804
贵州	84 522	9 151	15 571	15 029	16 771		28 000
云南	192 343	14 965	10 247	49 692	66 161	1 001	50 276
西藏	27 897	4 358	1 329	5 439	2 369	4 786	9 616
陕西	52 503	9 717	4 756	8 454	9 200	155	20 222
甘肃	59 025	6 360	8 557	10 455	9 563	24	24 065
青海	48 534	6 828	5 558	6 308	13 102	736	16 002
宁夏	21 592	3 171	2 078	698	6 834	1 211	7 599
新疆	125 618	5 766	8 681	17 980	35 810	3 563	53 818

2-18 全国高速公路里程

单位：公里

地区	高速公路 合计	四车道	六车道	八车道及以上	车道里程
全国总计	160 980	129 313	23 810	7 856	723 067
北京	1 173	525	539	109	6 208
天津	1 325	358	823	144	7 520
河北	7 809	4 947	2 346	516	37 991
山西	5 745	4 753	978	13	24 987
内蒙古	6 985	6 488	279	218	29 367
辽宁	4 331	3 345	337	650	20 599
吉林	4 306	4 084	125	98	17 868
黑龙江	4 512	4 512			18 047
上海	845	226	420	199	5 014
江苏	4 925	2 774	1 794	357	24 718
浙江	5 096	3 277	1 278	540	25 101
安徽	4 904	4 291	355	259	21 377
福建	5 635	4 236	1 056	342	26 020
江西	6 234	5 807	237	190	26 171
山东	7 473	5 525	1 230	718	35 255
河南	7 100	5 485	584	1 030	33 687
湖北	7 230	6 690	427	113	30 226
湖南	6 951	6 476	475		28 756
广东	10 488	5 362	4 567	559	53 362
广西	6 803	6 328	69	406	28 976
海南	1 254	1 221	33		5 082
重庆	3 402	2 186	1 108	108	16 258
四川	8 140	6 757	1 293	90	35 523
贵州	7 607	7 178	407	21	31 327
云南	8 406	6 679	1 620	108	37 295
西藏	106	106			423
陕西	6 171	4 786	1 052	332	28 118
甘肃	5 072	5 033	15	24	20 415
青海	3 451	3 317	117	18	14 107
宁夏	1 946	1 593	83	269	9 027
新疆	5 555	4 968	163	425	24 244

2-19 公路桥梁（按使用年限分）

地区	总计		总计中：永久式桥梁		总计中：危桥	
	数量（座）	长度（米）	数量（座）	长度（米）	数量（座）	长度（米）
全国总计	912 786	66 285 534	899 746	65 975 089	31 327	1 019 463
北　京	6 855	741 854	6 855	741 854	20	1 473
天　津	3 160	585 653	3 136	585 067	10	499
河　北	44 693	3 618 198	44 462	3 612 078	542	25 581
山　西	15 450	1 414 569	15 369	1 411 898	442	19 075
内蒙古	23 106	1 183 325	22 436	1 168 454	1 430	34 345
辽　宁	48 935	2 015 298	48 907	2 014 578	447	18 131
吉　林	17 636	811 606	17 469	806 839	740	23 688
黑龙江	23 527	1 025 944	21 792	997 820	3 621	79 728
上　海	11 452	782 715	11 448	782 610	7	1 774
江　苏	71 544	3 818 044	71 544	3 818 044	1 234	40 251
浙　江	52 087	3 891 506	52 077	3 891 315	108	5 884
安　徽	48 442	2 766 867	48 292	2 763 802	1 247	35 261
福　建	31 759	3 151 819	31 723	3 150 281	426	15 551
江　西	27 778	1 786 478	26 370	1 759 068	1 200	47 967
山　东	51 584	2 829 465	51 584	2 829 465	1 825	75 668
河　南	55 657	3 301 344	55 655	3 301 261	4 645	122 300
湖　北	42 562	3 246 124	42 560	3 246 029	3 843	105 771
湖　南	47 843	2 577 669	46 665	2 554 543	1 044	37 243
广　东	50 036	4 693 655	49 939	4 691 065	898	52 264
广　西	21 273	1 646 343	21 178	1 643 683	633	25 890
海　南	8 183	471 024	8 109	469 188	368	10 132
重　庆	13 195	963 728	13 001	958 436	230	7 063
四　川	44 966	3 572 271	43 920	3 543 136	992	42 136
贵　州	26 195	3 880 440	26 122	3 878 185	990	30 729
云　南	35 335	4 586 265	34 775	4 560 707	1 290	52 761
西　藏	12 925	527 442	10 665	473 351	899	28 354
陕　西	31 563	3 533 619	30 486	3 505 632	709	28 656
甘　肃	16 275	1 355 866	15 642	1 334 733	665	28 125
青　海	8 133	503 912	7 898	499 177	59	1 294
宁　夏	5 133	341 829	5 133	341 829	74	2 532
新　疆	15 504	660 661	14 534	640 959	689	19 336

2-20 公路桥

地 区	总 计 数量（座）	总 计 长度（米）	特 大 桥 数量（座）	特 大 桥 长度（米）	大 数量（座）
全国总计	912 786	66 285 534	6 444	11 629 673	119 935
北　京	6 855	741 854	113	265 743	1 060
天　津	3 160	585 653	135	235 272	649
河　北	44 693	3 618 198	362	686 638	6 821
山　西	15 450	1 414 569	104	156 880	3 284
内蒙古	23 106	1 183 325	43	78 927	2 381
辽　宁	48 935	2 015 298	99	183 647	3 295
吉　林	17 636	811 606	35	49 933	1 359
黑龙江	23 527	1 025 944	34	64 148	1 625
上　海	11 452	782 715	84	235 270	707
江　苏	71 544	3 818 044	294	600 863	4 458
浙　江	52 087	3 891 506	489	1 133 566	5 137
安　徽	48 442	2 766 867	332	674 419	3 318
福　建	31 759	3 151 819	385	712 383	5 877
江　西	27 778	1 786 478	78	175 139	3 649
山　东	51 584	2 829 465	194	496 531	3 714
河　南	55 657	3 301 344	174	318 775	6 030
湖　北	42 562	3 246 124	435	872 756	5 264
湖　南	47 843	2 577 669	184	372 160	4 688
广　东	50 036	4 693 655	731	1 250 503	7 309
广　西	21 273	1 646 343	80	88 215	3 917
海　南	8 183	471 024	23	32 571	918
重　庆	13 195	963 728	107	102 157	2 342
四　川	44 966	3 572 271	343	529 857	8 138
贵　州	26 195	3 880 440	419	459 194	9 211
云　南	35 335	4 586 265	390	502 024	11 419
西　藏	12 925	527 442	44	62 503	808
陕　西	31 563	3 533 619	468	862 151	7 201
甘　肃	16 275	1 355 866	157	248 634	2 687
青　海	8 133	503 912	45	70 595	871
宁　夏	5 133	341 829	23	48 516	671
新　疆	15 504	660 661	40	59 701	1 127

梁（按跨径分）

桥	中 桥		小 桥	
长度（米）	数量（座）	长度（米）	数量（座）	长度（米）
32 777 651	216 468	11 942 306	569 939	9 935 903
290 511	2 062	120 786	3 620	64 814
267 781	990	54 891	1 386	27 709
1 834 528	10 706	647 881	26 804	449 151
872 356	3 652	226 298	8 410	159 035
532 726	4 621	292 831	16 061	278 841
778 107	8 482	497 002	37 059	556 542
338 003	3 830	220 405	12 412	203 265
357 806	5 414	323 051	16 454	280 939
262 184	3 360	144 174	7 301	141 086
1 339 579	20 741	970 736	46 051	906 866
1 516 054	12 934	659 196	33 527	582 691
983 182	8 858	478 828	35 934	630 439
1 727 092	7 048	396 553	18 449	315 791
915 373	8 093	438 412	15 958	257 554
939 300	13 385	749 442	34 291	644 192
1 493 627	17 573	912 771	31 880	576 170
1 456 849	7 651	423 342	29 212	493 177
1 198 287	7 988	434 018	34 983	573 204
2 345 037	10 049	566 849	31 947	531 266
960 053	6 470	391 241	10 806	206 834
243 761	1 942	106 556	5 300	88 135
549 854	2 846	161 238	7 900	150 479
2 033 174	10 146	541 303	26 339	467 937
2 867 403	6 073	351 196	10 492	202 647
3 201 307	10 383	639 828	13 143	243 107
190 079	2 719	124 835	9 354	150 025
1 988 839	7 137	423 532	16 757	259 097
679 260	4 685	267 665	8 746	160 307
229 660	1 973	114 606	5 244	89 052
152 312	1 596	90 209	2 843	50 792
233 567	3 061	172 631	11 276	194 761

2-21 公路

地区	总计 数量（处）	总计 长度（米）	特长隧道 数量（处）	特长隧道 长度（米）	长隧道 数量（处）	长隧道 长度（米）
全国总计	21 316	21 999 276	1 394	6 235 451	5 541	9 633 212
北　京	148	134 256	13	53 533	25	48 904
天　津	5	7 997			4	7 572
河　北	801	824 973	59	258 271	204	345 465
山　西	1 040	1 151 042	98	516 650	191	328 049
内蒙古	49	70 350	8	28 699	16	30 193
辽　宁	271	240 110	4	13 624	81	121 076
吉　林	224	310 011	13	64 882	100	181 188
黑龙江	4	4 435			2	3 350
上　海	3	15 813	2	13 953	1	1 860
江　苏	34	38 471	2	7 460	11	20 477
浙　江	2 257	1 824 897	86	361 621	488	828 684
安　徽	353	276 007	15	50 095	66	119 422
福　建	1 826	2 358 543	184	796 898	583	1 022 153
江　西	326	318 109	14	59 383	95	157 856
山　东	138	158 021	8	36 021	40	72 952
河　南	530	293 822	6	19 792	72	122 181
湖　北	1 141	1 168 184	88	402 278	259	440 797
湖　南	872	750 115	35	139 978	184	314 236
广　东	846	928 261	62	266 645	233	403 972
广　西	977	780 430	40	147 673	194	327 812
海　南	57	43 774	2	9 715	12	15 644
重　庆	776	830 184	66	299 189	187	341 550
四　川	1 502	1 968 377	156	753 720	456	820 106
贵　州	2 335	2 381 803	98	378 202	757	1 288 020
云　南	2 079	2 287 272	134	589 700	621	1 105 318
西　藏	114	88 814	8	40 784	17	28 681
陕　西	1 733	1 560 021	100	496 340	353	607 261
甘　肃	611	786 812	60	286 757	188	333 335
青　海	181	303 560	31	124 618	74	145 816
宁　夏	35	48 439	2	18 970	9	15 921
新　疆	48	46 375			18	33 361

隧道、渡口

隧道				公路渡口	
中 隧 道		短 隧 道		总计（处）	机动渡口（处）
数量（处）	长度（米）	数量（处）	长度（米）		
5 064	3 627 652	9 317	2 502 961	1 085	504
21	13 999	89	17 819		
		1	425		
182	131 183	356	90 054		
252	180 811	499	125 531		
10	7 290	15	4 168	7	7
121	82 013	65	23 397	94	9
68	52 559	43	11 382	49	43
2	1 085			213	36
11	7 360	10	3 174	12	9
457	322 604	1 226	311 988	19	16
87	61 417	185	45 074	17	13
485	355 737	574	183 754	4	2
92	65 346	125	35 524	64	31
52	36 910	38	12 139	4	4
98	68 647	354	83 201		
280	199 463	514	125 646	134	105
256	184 349	397	111 551	128	35
215	153 006	336	104 637	67	51
230	160 101	513	144 844	86	59
15	9 977	28	8 438	6	4
145	105 784	378	83 662	19	7
332	238 542	558	156 010	82	54
637	461 383	843	254 198	22	
493	354 148	831	238 106	14	3
13	8 459	76	10 890		
308	214 752	972	241 667	27	7
151	112 611	212	54 108	6	
27	19 322	49	13 804		
14	10 485	10	3 063	9	9
10	8 309	20	4 705	2	

2-22 全国公路

地区	汽车数量合计（辆）	载客汽车		大型		合计		普通货车		载货 大型	
		辆	客位	辆	客位	辆	吨位	辆	吨位	辆	吨位
全国总计	11 715 377	612 592	18 408 861	287 039	12 811 184	11 102 785	157 841 708	4 141 405	46 607 559	3 565 970	45 439 775
北京	109 657	12 919	578 444	10 122	530 147	96 738	926 207	54 862	529 111	53 295	525 146
天津	121 045	9 100	382 430	7 723	351 810	111 945	1 570 578	22 660	235 854	21 819	234 157
河北	1 237 221	20 028	620 210	9 194	399 993	1 217 193	19 123 599	248 798	2 666 540	176 255	2 552 655
山西	547 364	10 676	333 323	5 304	219 775	536 688	8 801 235	89 788	1 227 552	87 565	1 222 384
内蒙古	261 923	10 734	376 380	7 019	297 274	251 189	3 166 862	90 793	887 810	54 428	830 102
辽宁	544 558	21 513	789 143	13 330	605 308	523 045	7 479 633	179 859	1 870 420	150 237	1 811 773
吉林	249 480	12 903	428 394	7 039	305 848	236 577	2 728 197	94 882	944 604	76 895	881 800
黑龙江	346 424	15 339	503 242	8 770	379 931	331 085	4 700 386	156 613	1 963 513	120 427	1 881 935
上海	210 048	8 361	378 813	7 676	365 187	201 687	2 843 144	64 459	688 635	62 184	681 253
江苏	789 324	34 121	1 424 206	27 333	1 295 499	755 203	10 366 162	363 051	3 993 855	351 574	3 960 355
浙江	363 568	18 646	690 123	12 192	559 777	344 922	4 992 186	133 286	1 673 035	130 125	1 664 740
安徽	626 333	19 578	632 539	9 696	446 335	606 755	9 064 562	151 146	2 089 833	143 125	2 084 060
福建	231 520	13 292	403 203	6 133	274 316	218 228	3 412 956	80 625	984 042	73 745	969 272
江西	324 775	12 167	377 329	5 448	239 729	312 608	4 252 371	131 743	1 607 307	108 358	1 551 532
山东	1 271 932	18 116	661 653	12 625	547 014	1 253 816	19 278 168	308 921	3 845 255	303 543	3 825 933
河南	797 111	32 387	1 016 307	15 236	661 764	764 724	10 888 538	239 118	2 571 031	194 159	2 457 059
湖北	333 376	29 052	734 071	8 569	369 000	304 324	4 278 065	144 141	1 715 179	135 503	1 692 935
湖南	281 171	34 315	865 671	9 060	394 295	246 856	3 448 714	124 313	1 390 391	109 673	1 356 520
广东	569 192	36 386	1 518 787	29 290	1 374 499	532 806	7 736 442	210 250	2 433 090	190 361	2 386 355
广西	371 121	24 517	795 899	13 248	579 858	346 604	4 475 140	194 811	2 042 962	156 295	1 975 229
海南	34 334	5 551	187 359	3 559	144 659	28 783	371 627	14 541	128 590	10 332	118 142
重庆	282 254	15 936	412 514	5 508	234 343	266 318	3 013 916	172 695	1 631 440	111 226	1 537 250
四川	465 534	46 841	1 116 384	12 845	526 529	418 693	5 391 882	248 273	2 686 581	217 587	2 626 965
贵州	107 145	24 945	591 234	6 407	264 303	82 200	903 764	60 228	622 110	47 346	590 838
云南	294 373	40 363	742 672	8 487	341 527	254 010	2 895 377	186 825	1 855 551	144 924	1 783 556
西藏	54 922	4 635	83 671	50	1 928	50 287	686 907	41 305	554 575	35 382	537 149
陕西	262 402	17 993	540 343	8 503	367 599	244 409	3 492 931	91 543	1 077 361	88 071	1 069 380
甘肃	142 316	17 532	393 598	6 026	245 491	124 784	1 500 586	75 158	792 060	64 191	773 262
青海	47 142	3 911	112 248	1 924	81 993	43 231	558 757	23 108	290 119	21 063	283 384
宁夏	116 037	4 362	145 396	2 576	115 775	111 675	1 503 579	25 860	321 667	25 024	319 842
新疆	321 775	36 373	573 275	6 147	289 678	285 402	3 989 240	117 750	1 287 486	101 258	1 254 813

二、公路运输

营运车辆拥有量

汽车				牵引车	挂车		其他机动车		轮胎式拖拉机	
专用货车		集装箱车								
辆	吨位	辆	TEU	辆	辆	吨	辆	吨位	辆	吨位
506 662	5 965 987	4 297	6 936	3 108 399	3 346 319	105 268 162	24 058	124 274	31	20
16 306	102 746			15 740	9 830	294 351				
7 052	60 482			41 639	40 594	1 274 242				
26 157	273 943	58	109	435 907	506 331	16 183 116	2 228	3 402		
7 460	82 931			212 557	226 883	7 490 752				
7 892	70 076	18	33	75 343	77 161	2 208 976				
32 252	354 236	183	357	145 579	165 355	5 254 977	918	3 977		
12 111	99 119	1	2	62 999	66 585	1 684 474	12	185		
20 406	361 183	469	424	74 589	79 477	2 375 691				
12 457	93 239	5	7	57 841	66 930	2 061 270				
34 712	444 608	21	33	174 457	182 983	5 927 699	812	7 552		
13 684	125 498			98 044	99 908	3 193 653				
73 157	1 033 546	255	365	192 785	189 667	5 941 183				
10 586	116 565			54 069	72 948	2 312 348	26	26		
13 328	167 088	1	1	76 003	91 534	2 477 976	4 987	16 337		
33 012	447 004	512	723	443 448	468 435	14 985 909				
30 461	380 795	3	3	244 840	250 305	7 936 712				
10 993	98 750	1	2	70 792	78 398	2 464 135	1 387	13 152		
14 864	147 703	7	7	47 613	60 066	1 910 620	60	98		
29 707	349 518	64	86	136 697	156 152	4 953 834	16	257		
8 444	69 880	2	2	69 711	73 638	2 362 298	11 476	57 956		
2 273	27 418			5 162	6 807	215 619				
12 504	152 978	25	34	41 815	39 304	1 229 498	19	16	31	20
27 022	355 340	2 538	4 553	69 397	74 001	2 349 961				
9 449	88 491	63	52	5 691	6 832	193 164	26	1 165		
12 640	154 859	41	88	26 649	27 896	884 967				
896	14 435	1	1	3 759	4 327	117 897				
11 537	137 622	28	53	66 558	74 771	2 277 948	64	32		
3 152	30 548			24 388	22 086	677 978				
1 422	13 527			9 408	9 293	255 111				
1 199	13 764			48 453	36 163	1 168 147				
9 527	98 096	1	2	76 466	81 659	2 603 658	2 027	20 119		

2-23 公路客、货运输量

地区	客运量（万人）	旅客周转量（万人公里）	货运量（万吨）	货物周转量（万吨公里）
全国总计	689 425	46 410 098	3 426 413	601 718 452
北　京	24 548	436 697	21 789	2 656 831
天　津	7 926	474 706	32 261	6 401 194
河　北	10 575	830 956	211 942	81 032 526
山　西	7 459	905 650	98 206	27 849 562
内蒙古	3 224	493 971	109 002	18 887 883
辽　宁	26 211	1 417 272	138 569	25 483 186
吉　林	11 438	779 176	38 274	12 948 147
黑龙江	7 608	541 609	35 521	6 940 372
上　海	1 332	444 701	46 051	6 845 972
江　苏	67 664	4 142 178	174 624	35 245 125
浙　江	38 861	2 048 354	189 582	22 099 461
安　徽	22 776	1 681 473	243 529	34 122 365
福　建	14 882	906 372	91 137	10 216 906
江　西	33 643	1 808 853	141 899	32 470 781
山　东	19 475	1 593 138	267 230	67 843 977
河　南	46 322	3 142 015	193 632	55 725 872
湖　北	21 731	1 316 013	114 346	16 399 058
湖　南	44 144	2 248 412	176 442	13 505 548
广　东	54 946	5 563 086	231 170	25 242 019
广　西	26 771	2 508 919	145 323	14 868 558
海　南	4 566	356 082	6 853	413 407
重　庆	31 450	1 406 047	99 679	10 554 481
四　川	45 258	2 898 118	157 598	16 177 301
贵　州	33 584	2 958 403	79 412	6 097 965
云　南	19 232	1 384 663	115 620	11 015 390
西　藏	576	146 126	4 039	1 167 334
陕　西	29 581	1 488 434	116 057	18 311 070
甘　肃	22 478	1 407 649	61 272	10 202 699
青　海	3 314	364 939	10 835	1 246 221
宁　夏	2 903	282 229	34 216	4 836 719
新　疆	4 948	433 858	40 305	4 910 523

2-24 公路交通拥挤度情况

地区	交通拥挤度				
	国道	国家高速公路	普通国道	省道	高速公路
全国总计	**0.49**	**0.44**	**0.54**	**0.60**	**0.52**
北京	0.68	0.77	0.47	0.62	0.67
天津	0.78	0.55	0.84	0.88	0.76
河北	0.68	0.53	0.89	0.70	0.53
山西	0.60	0.18	0.66	0.62	0.20
内蒙古	0.20	0.13	0.28	0.21	0.13
辽宁	0.47	0.48	0.46	0.37	0.43
吉林	0.34	0.20	0.40	0.28	0.19
黑龙江	0.29	0.19	0.34	0.33	0.17
上海	1.48	1.81	0.70	1.17	1.56
江苏	0.69	0.79	0.63	0.48	0.72
浙江	0.76	0.78	0.74	0.65	0.74
安徽	0.61	0.47	0.71	0.78	0.52
福建	0.30	0.25	0.39	0.21	0.23
江西	0.36	0.29	0.46	0.32	0.27
山东	0.59	0.53	0.64	0.52	0.50
河南	0.57	0.46	0.77	0.43	0.41
湖北	0.58		0.58	0.40	
湖南	0.56	0.52	0.79	0.26	0.45
广东	0.80	0.65	1.02	1.53	1.25
广西	0.72	0.92	0.60	0.60	0.92
海南	0.41	0.44	0.36	0.65	0.44
重庆	0.48	0.48	0.48	0.47	0.48
四川	0.56	0.72	0.47	0.52	0.71
贵州	0.31	0.35	0.31	0.44	0.35
云南	0.29	0.20	0.33	0.22	0.20
西藏	0.20	0.17	0.21	0.21	0.17
陕西	0.38	0.36	0.40	0.25	0.35
甘肃	0.38	0.30	0.52	0.37	0.29
青海	0.19	0.13	0.20	0.17	0.13
宁夏	0.49	0.39	0.63	0.31	0.35
新疆	0.24	0.22	0.28	0.28	0.22

2-25 道路运输

地区	道路运输经营许可证在册数（张）	道路货物运输经营业户数			
		合计	普通货运	货物专用运输	集装箱运输
全国总计	3 537 479	3 238 673	3 163 207	127 147	45 757
北　京	22 072	21 957	20 212	3 896	989
天　津	28 286	23 428	22 947	5 097	3 314
河　北	330 027	313 485	301 965	18 001	2 358
山　西	106 532	101 362	100 148	604	45
内蒙古	146 217	134 947	134 019	693	103
辽　宁	167 122	158 960	150 446	8 956	2 487
吉　林	134 326	129 005	126 752	1 173	693
黑龙江	177 905	165 244	162 312	2 584	990
上　海	28 824	23 105	19 864	6 507	4 006
江　苏	281 509	266 269	260 635	19 841	5 213
浙　江	72 531	52 622	47 819	5 447	3 213
安　徽	170 621	148 353	147 215	1 028	175
福　建	53 900	45 914	44 648	4 581	3 518
江　西	77 738	72 099	71 696	360	1
山　东	125 174	118 130	111 361	12 991	5 960
河　南	141 088	114 817	111 334	4 215	90
湖　北	144 157	134 895	133 278	2 435	472
湖　南	125 663	114 866	112 654	3 793	421
广　东	150 630	146 139	143 147	12 629	9 091
广　西	172 468	167 208	165 843	1 617	448
海　南	13 849	13 695	13 400	355	126
重　庆	88 307	75 626	74 888	1 981	844
四　川	138 306	115 042	110 965	4 638	791
贵　州	65 061	58 083	57 713	149	38
云　南	202 892	178 052	176 561	1 114	51
西　藏	34 766	33 002	32 961	7	5
陕　西	96 034	91 791	91 106	468	70
甘　肃	106 734	92 928	92 065	490	
青　海	17 328	15 807	15 642	48	
宁　夏	79 262	75 297	73 986	231	32
新　疆	38 150	36 545	35 625	1 218	213

资料来源：交通运输部运输服务司。

经营业户数

(户)		道路旅客运输经营业户数（户）			
大型物件运输	危险货物运输	合　计	班车客运	旅游客运	包车客运
31 398	13 363	29 164	24 933	2 406	4 554
493	196	95	27		75
676	216	234	39		229
3 950	780	2 969	2 858	34	112
637	368	359	238	131	
412	415	935	850	5	108
1 630	1 164	1 309	1 007		322
1 046	404	2 076	1 923	18	170
636	499	2 803	2 640	121	85
856	286	137	34		137
9 974	885	537	221	281	479
555	700	454	297		314
269	300	923	770	140	61
184	322	462	212	284	95
145	387	437	365	39	65
2 412	1 150	509	270	17	302
555	355	452	373	94	28
246	378	3 044	2 852	221	349
662	291	4 043	3 961	169	181
1 085	988	797	409	60	495
706	297	449	343	46	167
4	46	154	72	75	7
407	188	192	172		66
523	473	541	468	125	102
87	265	462	315	194	142
1 230	231	3 218	3 086	39	113
2	35	86	71	18	
224	612	336	233	130	46
52	350	339	216	108	15
71	83	275	229	49	1
1 061	288	108	76	8	63
608	411	429	306		225

2-26 道路运输相关业务经营业户数

单位：户

地区	业户合计	站场	客运站	货运站（场）	机动车维修	汽车综合性能检测	机动车驾驶员培训	汽车租赁	定制客运电子商务平台	货运代理（代办）
全国总计	500 359	19 431	17 920	1 511	404 730	5 374	20 002	7 118	120	29 216
北京	4 760	13	8	5	3 823	12	94	604		214
天津	4 646	26	19	7	4 438	30	152			
河北	20 206	250	187	63	17 886	371	1 067	1	4	458
山西	8 293	124	122	2	6 493	175	481	291	1	86
内蒙古	19 123	495	434	61	17 505	202	689		4	208
辽宁	16 234	418	346	72	14 274	233	563	194		17
吉林	6 852	169	115	54	5 488	224	459		1	225
黑龙江	9 858	964	869	95	7 514	218	430		1	744
上海	5 623	92	24	68	5 077	34	200	244		
江苏	33 956	942	731	211	21 411	242	1 142	442	4	3 274
浙江	41 588	355	257	98	27 179	128	849	2 251	24	9 681
安徽	12 240	1 840	1 807	33	9 291	149	592	83	3	148
福建	7 836	446	439	7	5 508	156	683	177	5	402
江西	11 978	929	873	56	9 795	201	785	42	13	331
山东	22 342	493	389	104	20 295	451	1 018		6	
河南	28 100	1 604	1 507	97	22 947	223	2 161	1	1	1 163
湖北	15 311	755	736	19	11 963	174	749	252	1	707
湖南	14 958	980	903	77	11 330	267	1 090	5	6	1 039
广东	54 458	497	464	33	42 803	370	1 281	743	1	5 858
广西	14 127	693	660	33	12 454	178	742	1	5	177
海南	1 703	40	40		1 483	57	160	8		13
重庆	12 645	292	292		10 637		457	371		
四川	37 146	3 701	3 687	14	30 491	298	804	188	24	260
贵州	9 196	489	483	6	7 870	247	499		2	89
云南	36 263	605	578	27	31 831	171	751	855	2	1 814
西藏	3 219	84	71	13	2 973	23	71	21		42
陕西	15 824	961	928	33	14 195	158	510		4	235
甘肃	10 633	265	145	120	8 682	143	659	193	6	1 782
青海	2 598	108	107	1	2 328	39	135			9
宁夏	6 249	41	41		5 971	54	86	75	2	53
新疆	12 394	760	658	102	10 795	146	643	76		187

资料来源：交通运输部运输服务司。

2-27　道路客运线路班次

地区	客运线路条数（条）							客运线路平均日发班次（班次/日）						
	合计	一类客运班线	二类客运班线	三类客运班线	四类客运班线	县内班线	毗邻县间班线	合计	一类客运班线	二类客运班线	三类客运班线	四类客运班线	县内班线	毗邻县间班线
全国总计	152 515	11 788	31 245	22 504	86 978	77 872	9 106	911 008	32 844	98 091	135 060	645 014	583 262	61 751
北　京	939	464		29	446	433	13	745	745					
天　津	336	251		9	76	76		1 247	348		65	834	834	
河　北	5 653	1 030	946	1 219	2 458	2 111	347	41 653	2 751	3 085	11 359	24 458	22 201	2 257
山　西	3 181	407	703	382	1 689	1 488	201	10 020	512	1 490	1 547	6 470	6 033	437
内蒙古	4 540	610	780	1 080	2 070	1 741	329	8 127	648	1 167	1 926	4 387	3 653	734
辽　宁	5 978	329	1 448	873	3 328	2 995	333	28 364	825	3 123	4 586	19 832	17 910	1 922
吉　林	5 163	226	696	655	3 586	3 134	452	22 865	557	1 615	3 087	17 607	15 935	1 672
黑龙江	6 437	124	958	986	4 369	3 998	371	20 301	191	1 878	3 398	14 834	14 036	798
上　海	2 698	2 698						1 562	1 562					
江　苏	6 988	2 929	2 253	820	986	797	189	26 051	2 676	6 319	4 608	12 448	11 183	1 265
浙　江	4 337	1 280	669	364	2 024	1 688	336	40 816	1 577	4 591	6 006	28 642	24 904	3 738
安　徽	6 534	1 510	1 344	970	2 710	2 368	342	31 896	2 150	3 050	4 207	22 489	19 184	3 305
福　建	3 200	247	693	532	1 728	1 540	188	23 505	365	2 010	3 361	17 769	16 002	1 768
江　西	4 763	595	936	578	2 654	2 467	187	27 788	817	2 359	3 932	20 681	18 566	2 115
山　东	4 787	872	2 285	749	881	692	189	21 349	1 234	5 206	5 415	9 495	8 417	1 078
河　南	8 038	1 181	2 386	1 093	3 378	3 134	244	72 048	2 642	8 197	10 634	50 575	47 958	2 617
湖　北	10 380	934	1 579	1 200	6 667	6 501	166	51 050	1 227	4 551	5 367	39 905	39 276	629
湖　南	11 005	818	1 563	1 871	6 753	6 361	392	79 493	873	2 958	13 683	61 979	58 419	3 560
广　东	10 047	2 800	4 007	722	2 518	2 429	89	41 172	3 754	14 025	5 205	18 188	16 799	1 389
广　西	10 110	1 495	2 325	1 271	5 019	4 384	635	48 689	2 545	7 519	9 645	28 981	25 087	3 894
海　南	621	124	192	78	227	170	57	7 263	89	1 948	350	4 876	4 093	783
重　庆	6 374	362		1 275	4 737	4 204	533	39 091	248		5 651	33 192	28 948	4 244
四　川	11 339	679	1 361	1 159	8 140	7 189	951	101 467	1 596	8 599	7 412	83 860	74 820	9 040
贵　州	7 183	508	675	968	5 032	4 397	635	27 721	949	2 130	3 159	21 483	19 108	2 376
云　南	6 755	242	971	661	4 881	4 158	723	45 742	392	3 203	3 649	38 497	34 725	3 772
西　藏	509	12	59	156	282	272	10	780	9	185	297	289	273	16
陕　西	4 214	351	756	726	2 381	2 077	304	33 155	862	3 980	4 771	23 543	20 915	2 628
甘　肃	5 113	245	633	815	3 420	3 185	235	20 906	300	1 465	3 502	15 638	14 862	776
青　海	682	32	126	18	506	469	37	2 254	33	574	117	1 530	935	596
宁　夏	1 357	213	358	138	648	596	52	4 383	365	1 089	720	2 209	2 088	121
新　疆	5 041	7	543	1 107	3 384	2 818	566	29 507	3	1 776	7 404	20 325	16 100	4 225

2-28　道路运输及相关行业从业人员数

单位：人

地　区	从业人员数合计	道路货物运输	道路旅客运输	站（场）经营	机动车维修经营	汽车综合性能检测站	机动车驾驶员培训	汽车租赁	其他相关业务经营
全国总计	23 750 328	17 287 342	2 396 825	296 289	2 390 933	96 122	1 089 621	103 486	89 710
北　京	467 719	366 706	17 738	663	65 355	287	9 060	7 900	10
天　津	396 205	309 002	20 479	583	48 213	541	17 387		
河　北	1 614 145	1 396 453	47 445	11 041	87 290	7 552	60 505	87	3 772
山　西	701 949	577 242	25 083	4 474	59 262	3 651	27 916	2 254	2 067
内蒙古	498 185	323 206	78 062	4 811	59 201	2 771	29 883		251
辽　宁	1 318 203	1 053 619	145 594	10 767	79 067	3 314	24 699	796	347
吉　林	357 017	245 826	50 787	5 384	32 978	5 378	15 559		1 105
黑龙江	541 382	437 792	30 491	9 018	42 514	2 155	17 379		2 033
上　海	497 909	405 404	13 100	1 016	33 357	1 046	28 918	15 068	
江　苏	1 709 795	1 199 462	292 411	17 749	118 911	5 105	72 066	1 584	2 507
浙　江	701 991	349 587	35 197	18 265	197 903	3 889	71 542	16 404	9 204
安　徽	1 166 729	903 688	128 361	15 689	73 573	2 742	40 064	450	2 162
福　建	424 352	256 528	43 435	5 405	55 613	2 500	56 798	1 230	2 843
江　西	582 184	436 284	39 437	9 760	56 762	2 415	35 769	182	1 575
山　东	2 217 356	1 900 034	82 930	27 428	135 854	9 355	60 850		905
河　南	1 723 654	1 234 330	104 973	30 911	255 269	4 339	72 533	8	21 291
湖　北	1 061 648	809 530	150 236	11 663	47 141	2 788	34 763	1 399	4 128
湖　南	666 287	413 936	98 796	23 138	60 804	2 970	57 353	502	8 788
广　东	1 101 827	601 186	111 047	16 831	223 580	5 278	95 197	46 135	2 573
广　西	808 648	583 282	125 199	8 322	46 126	4 233	41 315	6	165
海　南	89 373	43 650	14 590	1 588	18 722	803	9 948	57	15
重　庆	507 292	338 583	80 005	5 822	53 695		25 735	3 452	
四　川	1 113 695	698 426	162 365	16 532	173 821	4 976	51 078	1 513	4 984
贵　州	503 038	263 423	127 865	5 118	72 986	5 020	28 035		591
云　南	857 678	606 223	93 862	7 698	102 381	3 003	33 833	2 922	7 756
西　藏	143 306	81 705	40 520	2 608	16 427	351	1 088	116	491
陕　西	612 323	445 191	77 317	8 585	55 683	3 160	20 412		1 975
甘　肃	561 233	434 521	44 624	8 910	38 938	2 674	23 314	601	7 651
青　海	101 988	69 311	11 044	1 159	16 110	828	3 521		15
宁　夏	201 534	163 907	8 294	923	21 193	1 132	5 437	437	211
新　疆	501 683	339 305	95 538	4 428	42 204	1 866	17 664	383	295

2-29 机动车维修业及汽车综合性能检测站

单位：户

地区	机动车维修业户数				
	合计	一类汽车维修	二类汽车维修	三类汽车维修	摩托车维修
总计	404 730	15 615	66 973	281 792	30 259
北京	3 823	813	1 110	1 833	35
天津	4 438	278	1 171	2 984	5
河北	17 886	351	3 163	12 773	471
山西	6 493	300	1 657	4 525	11
内蒙古	17 505	369	1 527	15 264	372
辽宁	14 274	880	2 804	9 949	406
吉林	5 488	210	960	3 884	75
黑龙江	7 514	370	1 561	5 333	161
上海	5 077	164	2 067	2 709	137
江苏	21 411	1 765	4 681	14 307	483
浙江	27 179	1 023	4 875	19 786	1 116
安徽	9 291	453	2 390	5 807	592
福建	5 508	433	1 243	3 717	115
江西	9 795	398	1 684	6 225	1 142
山东	20 295	526	3 996	14 700	422
河南	22 947	981	4 180	17 225	561
湖北	11 963	1 023	2 982	6 870	357
湖南	11 330	1 206	3 018	5 634	673
广东	42 803	875	4 508	27 608	7 637
广西	12 454	184	1 608	6 676	3 276
海南	1 483	39	273	1 171	26
重庆	10 637	364	1 624	7 733	1 269
四川	30 491	970	4 690	22 069	2 526
贵州	7 870	403	1 196	5 727	482
云南	31 831	299	2 289	22 782	6 141
西藏	2 973	90	264	2 312	307
陕西	14 195	500	2 119	10 925	651
甘肃	8 682	192	1 113	7 027	297
青海	2 328	38	362	1 850	99
宁夏	5 971	28	468	5 271	188
新疆	10 795	90	1 390	7 116	226

2-29（续表一）

单位：户

地区	机动车维修业年完成主要工作量（辆次、台次）					
	合计	整车修理	总成修理	二级维护	专项修理	维修救援
总计	277 537 877	5 507 951	8 612 715	25 832 519	202 589 988	4 847 237
北京	8 035 568	4 049	8 863	452 600	7 570 056	94 070
天津	5 524 965	831 368	707 560	1 863 017	1 059 004	
河北	6 384 760	251 919	264 570	402 001	4 902 026	151 026
山西	2 837 696	7 993	48 248	143 586	2 634 968	30 759
内蒙古	3 459 024	64 521	140 030	382 318	2 721 961	69 108
辽宁	15 258 093	99 017	318 301	292 902	14 104 767	213 456
吉林	4 103 319	19 544	50 601	285 480	3 718 773	24 435
黑龙江	3 941 596	47 487	146 059	194 545	3 593 583	25 151
上海	6 496 256	1 027	1 247	24 383	400 640	24 107
江苏	39 429 650	235 201	1 297 983	1 695 976	24 983 671	416 039
浙江	31 680 219	423 428	622 015	2 274 917	24 145 322	732 286
安徽	5 064 285	27 075	195 828	935 910	3 193 884	96 331
福建	4 954 162	122 963	113 255	1 377 642	2 630 610	113 826
江西	4 078 407	110 476	273 686	1 254 690	2 200 589	69 995
山东	13 085 016	420 916	520 418	1 680 191	9 626 463	429 514
河南	16 680 484	311 413	459 685	1 818 993	13 043 198	426 923
湖北	4 508 382	235 324	364 182	1 045 606	2 598 109	105 506
湖南	4 298 932	63 859	247 372	740 692	2 801 165	81 715
广东	27 828 605	1 294 789	1 038 733	4 005 334	17 186 929	602 355
广西	5 848 892	66 638	94 886	1 226 583	4 421 246	46 619
海南	1 544 168	56 413	120 442	47 864	1 298 183	19 907
重庆	3 842 467	162 205	165 327	307 280	3 013 159	98 023
四川	21 102 416	225 838	610 450	1 614 502	17 360 978	460 343
贵州	7 691 864	107 221	339 786	284 943	6 709 627	232 701
云南	17 344 141	56 872	121 948	449 830	16 127 843	155 217
西藏	154 684	5 209	5 523	47 868	103 765	4 168
陕西	5 070 445	40 736	78 780	455 861	4 414 699	27 002
甘肃	1 989 054	66 073	133 601	296 447	1 466 344	50 199
青海	574 962	13 068	49 753	49 271	392 796	20 887
宁夏	2 198 989	11 443	41 076	36 500	2 073 773	10 883
新疆	2 526 376	123 866	32 507	144 787	2 091 857	14 686

2-29 （续表二）

单位：户

地区	汽车综合性能检测站数量合计（个）	汽车综合性能检测站年完成检测量（辆次）					
		合计	维修竣工检测	等级评定检测	维修质量监督检测	其他检测	质量仲裁检测
总　计	5 517	23 776 964	4 592 236	8,790,577	455,862	7 202 205	14,956
北　京	12	92 781	7	92 413	4		
天　津	30	103 222	1	103 219		2	
河　北	375	1 260 785	358 996	620 009	29 920	246 338	1 527
山　西	175	213 334		213 334			
内蒙古	204	470 133	131 774	165 291	8 115	99 691	30
辽　宁	233	598 187	23 726	353 388	26 549	160 076	
吉　林	224	429 164	133 083	183 383	4 376	72 423	3
黑龙江	223	434 324	123 485	213 811	9 576	49 018	450
上　海	34	230 996	31 409	226 112	11	306	2
江　苏	242	4 916 094	15 097	799 012	15 965	2 749 141	1 361
浙　江	128	1 518 581	51 150	277 363	11 204	1 140 902	383
安　徽	151	876 930	343 090	370 675	55	41 577	
福　建	156	559 077	299 113	238 480	210	18 813	
江　西	201	461 082	173 204	252 454	11 090	18 299	157
山　东	459	1 420 202	295 634	895 913	41 432	182 645	
河　南	223	2 394 150	1 148 035	622 012	23 623	267 459	6
湖　北	175	414 809	81 391	230 793	15 410	61 659	
湖　南	288	1 253 848	538 405	285 831	57 973	243 646	1 461
广　东	386	1 216 220	187 763	547 420	14 147	231 576	3 851
广　西	208	490 466	111 615	243 343	31 665	35 572	16
海　南	57	161 702	27 707	76 260	17 060	25 975	
重　庆							
四　川	298	1 061 407		468 401	46 018	419 513	42
贵　州	275	525 381	81 225	162 690	56 886	156 705	48
云　南	171	611 442	151 756	281 205	10 886	140 830	150
西　藏	23	85 868	11 473	38 376	175	33 387	726
陕　西	158	344 652	56 212	209 491		79 021	5
甘　肃	143	365 065	23 935	235 330	13 535	90 658	
青　海	39	235 323	45 858	63 126	988	149 077	
宁　夏	54	474 698	6 433	95 875	1 503	361 178	
新　疆	172	557 041	140 659	225 567	7 486	126 718	4 738

2-30 2020年、2019年

地 区	货 物 运 输				年出入境辆次	年C种许可证使用量
	年运输量合计		出　境			
	吨	吨公里	吨	吨公里	辆次	张
2020年总计	49 177 779	2 746 698 758	12 981 618	987 905 063	2 287 184	676 650
内蒙古	28 371 173	946 872 654	2 380 479	24 644 645	565 353	31 723
辽　宁	37 940	474 250	37 940	474 250	2 190	
吉　林	51 020	5 574 764	9 467	596 911	6 471	2 356
黑龙江	1 181 864	48 294 210	448 756	16 618 179	69 731	34 140
广　西	3 706 607	36 779 070	2 582 070	24 914 700	710 700	103 234
云　南	14 221 774	1 220 839 312	6 830 030	713 576 555	836 394	482 063
西　藏						
新　疆	1 607 401	487 864 498	692 876	207 079 823	96 345	23 134

地 区	货 物 运 输				年出入境辆次	年C种许可证使用量
	年运输量合计		出　境			
	吨	吨公里	吨	吨公里	辆次	张
2019年总计	61 452 243	4 049 483 510	12 981 483	1 333 545 235	2 200 437	615 226
内蒙古	39 310 268	1 360 570 322	2 608 888	29 652 407	648 615	60 772
辽　宁	251 856	3 148 200	251 856	3 148 200	16 140	
吉　林	324 012	14 984 845	242 422	7 969 210	26 651	2 906
黑龙江	2 206 283	102 707 722	682 056	26 252 792	131 092	63 772
广　西	3 464 959	39 105 894	2 130 200	20 662 039	414 868	125 458
云　南	10 838 525	826 485 855	4 928 866	441 365 498	696 853	263 691
西　藏						
新　疆	5 056 340	1 702 480 672	2 137 195	804 495 089	266 218	98 627

资料来源：交通运输部运输服务司。

出入境汽车运输对比表

旅客运输						
年运输量合计		出境		年出入境辆次	年A种许可证使用量	年B种许可证使用量
人次	人公里	人次	人公里	辆次	张	张
377 782	**16 263 603**	**187 409**	**8 483 471**	**10 292**	**617**	**1 817**
224 291	4 998 865	114 073	2 520 040	4 919	99	926
1 800	3 600	116	232	50		
17 954	2 154 480	8 754	1 050 480	656	36	620
113 035	4 410 733	53 279	2 133 897	3 307	84	181
3 923	1 687 760	2 524	1 086 058	278		11
3 689	708 100	1 609	299 690	323	26	17
13 090	2 300 065	7 054	1 393 074	759	372	62

旅客运输						
年运输量合计		出境		年出入境辆次	年A种许可证使用量	年B种许可证使用量
人次	人公里	人次	人公里	辆次	张	张
7 175 045	**279 718 732**	**3 500 451**	**141 791 704**	**439 408**	**447**	**29 634**
3 469 677	65 627 681	1 785 851	33 530 660	76 128	170	20 464
25 735	244 595	12 930	218 985	1 346		
425 228	50 350 035	213 249	25 250 480	14 110	36	732
1 511 266	59 407 336	731 039	29 190 621	42 088	85	2 064
60 856	26 184 570	40 738	17 527 260	5 228		585
1 474 405	32 246 623	612 162	12 675 062	285 319	34	4 030
207 878	45 657 892	104 482	23 398 636	15 189	122	1 759

2-31 出入境汽车运输——分国家及

行政区名称	货物运输					
	年运输量合计		出境		年出入境辆次	年C种许可证使用量
	吨	吨公里	吨	吨公里	辆次	张
中俄小计	**1 516 092**	**107 049 731**	**670 510**	**65 461 902**	**100 477**	**48 474**
黑龙江	1 181 864	48 294 210	448 756	16 618 179	69 731	34 140
吉　林	41 382	4 965 840			4 712	2 356
内蒙古	280 295	5 006 128	210 088	3 361 168	24 318	11 978
新　疆	12 551	48 783 553	11 666	45 482 555	1 716	
中朝小计	**47 578**	**1 083 174**	**47 407**	**1 071 161**	**3 949**	
吉　林	9 638	608 924	9 467	596 911	1 759	
辽　宁	37 940	474 250	37 940	474 250	2 190	
中蒙小计	**28 948 890**	**1 189 930 598**	**2 173 790**	**21 494 201**	**565 544**	**19 745**
内蒙古	28 090 878	941 866 526	2 170 391	21 283 477	541 035	19 745
新　疆	858 012	248 064 072	3 399	210 724	24 509	
中越小计	**9 156 095**	**47 019 183**	**5 506 560**	**30 470 102**	**958 356**	**295 514**
广　西	3 706 607	36 779 070	2 582 070	24 914 700	710 700	103 234
云　南	5 449 488	10 240 113	2 924 490	5 555 402	247 656	192 280
中　哈	**467 320**	**41 414 605**	**436 070**	**33 628 585**	**48 070**	**18 655**
中　吉	**202 930**	**109 753 300**	**175 351**	**95 851 700**	**16 732**	**4 079**
中　塔	**65 009**	**35 251 508**	**64 811**	**27 308 799**	**5 223**	**400**
中　巴	**1 579**	**4 597 460**	**1 579**	**4 597 460**	**95**	
中　老	**3 113 566**	**541 448 498**	**1 466 480**	**256 126 369**	**236 982**	**221 420**
中　缅	**5 658 720**	**669 150 701**	**2 439 060**	**451 894 784**	**351 756**	**68 363**
中　尼						
内地与港澳	**98 393 787**	**12 463 002 673**	**56 149 940**	**8 738 721 042**	**7 270 798**	
广　西						
广　东	98 393 787	12 463 002 673	56 149 940	8 738 721 042	7 270 798	

香港、澳门特别行政区运输完成情况

旅客运输				年出入境辆次	年A种许可证使用量	年B种许可证使用量
年运输量合计		出 境				
人次	人公里	人次	人公里	辆次	张	张
172 662	**7 139 911**	**84 515**	**3 493 041**	**6 079**	**182**	**1 304**
113 035	4 410 733	53 279	2 133 897	3 307	84	181
17 954	2 154 480	8 754	1 050 480	656	36	620
41 673	574 698	22 482	308 664	2 116	62	503
1 800	**3 600**	**116**	**232**	**50**		
1 800	3 600	116	232	50		
184 015	**4 510 781**	**92 273**	**2 253 660**	**2 970**	**39**	**485**
182 618	4 424 167	91 591	2 211 376	2 803	37	423
1 397	86 614	682	42 284	167	2	62
3 983	**1 695 140**	**2 554**	**1 089 748**	**312**		**26**
3 923	1 687 760	2 524	1 086 058	278		11
60	7 380	30	3 690	34		15
11 683	**2 206 451**	**6 364**	**1 345 190**	**590**	**369**	
10	7 000	8	5 600	2	1	
3 629	**700 720**	**1 579**	**296 000**	**289**	**26**	**2**
1 382 818	**210 367 713**	**541 753**	**76 854 602**	**74 938**		
10 540	5 840 610	5 362	2 969 110	479		
1 372 278	204 527 103	536 391	73 885 492	74 459		

2-32 出入境汽车运输

行政区名称	货物运输				年出入境辆次	年C种许可证使用量
	年运输量合计		出境			
	吨	吨公里	吨	吨公里	辆次	张
中俄小计	**205 835**	**10 411 398**	**60 467**	**2 656 627**	**11 748**	**5 873**
黑龙江	193 879	9 697 798	60 387	2 655 587	10 662	5 324
吉　林						
内蒙古	11 956	713 600	80	1 040	1 086	549
新　疆						
中朝小计	**47 151**	**1 042 609**	**46 995**	**1 032 021**	**3 880**	
吉　林	9 211	568 359	9 055	557 771	1 690	
辽　宁	37 940	474 250	37 940	474 250	2 190	
中蒙小计	**1 492 978**	**40 803 172**	**943 060**	**9 056 199**	**24 519**	**1 087**
内蒙古	1 395 430	33 292 014	943 060	9 056 199	21 537	1 087
新　疆	97 548	7 511 158			2 982	
中越小计	**5 568 337**	**30 661 856**	**5 198 494**	**27 887 970**	**513 976**	**167 957**
广　西	2 452 970	24 724 700	2 290 070	22 364 700	375 834	42 843
云　南	3 115 367	5 937 156	2 908 424	5 523 270	138 142	125 114
中　哈	96 624	96 624	82 771	82 771	13 599	6 716
中　吉	87 468	46 413 800	62 510	33 925 400	6 589	850
中　塔	48 171	23 970 048	48 171	23 970 048	4 295	2
中　巴	1 579	4 597 460	1 579	4 597 460	95	
中　老	2 132 343	376 679 385	1 078 200	190 199 370	141 962	143 678
中　缅	3 015 914	491 589 895	1 776 220	410 857 930	211 553	61 119
中　尼						
内地与港澳	**706 917**	**60 336 861**	**324 257**	**38 491 727**	**84 651**	
广　西						
广　东	706 917	60 336 861	324 257	38 491 727	84 651	

——中方及内地完成运输情况

旅 客 运 输				年出入境辆次	年 A 种许可证使用量	年 B 种许可证使用量
年运输量合计		出 境				
人次	人公里	人次	人公里	辆次	张	张
92 370	3 585 004	47 839	1 950 838	3 417	115	848
53 005	2 145 034	25 098	1 042 630	1 623	43	74
8 675	1 041 000	5 725	687 000	377	36	341
30 690	398 970	17 016	221 208	1 417	36	433
1 800	3 600	116	232	50		
1 800	3 600	116	232	50		
81 544	1 147 388	41 726	576 569	1 609	18	
81 498	1 144 536	41 715	575 887	1 609	18	
46	2 852	11	682			
2 510	1 080 170	1 867	803 548	88		15
2 510	1 080 170	1 867	803 548	58		
				30		15
5 796	1 763 873	3 784	1 102 932	284	191	
10	7 000	8	5 600	2	1	
2 134	401 720	969	174 000	160	13	2
117 300	17 149 690	61 825	7 835 005	7 110		
10 540	5 840 610	5 362	2 969 110	479		
106 760	11 309 080	56 463	4 865 895	6 631		

主要统计指标解释

公路里程 指报告期末公路的实际长度。计算单位：公里。公路里程包括城间、城乡间、乡（村）间能行驶汽车的公共道路，公路通过城镇街道的里程，公路桥梁长度、隧道长度、渡口宽度。不包括城市街道里程、农（林）业生产用道路里程、工（矿）企业等内部道路里程和断头路里程。公路里程按已竣工验收或交付使用的实际里程计算。

公路里程一般按以下方式分组：

按公路行政等级，分为国道、省道、县道、乡道、专用公路和村道里程。

按是否达到公路工程技术标准，分为等级公路里程和等外公路里程。等级公路里程按技术等级可分为高速公路、一级公路、二级公路、三级公路、四级公路里程。

按公路路面类型，分为有铺装路面、简易铺装路面和未铺装路面里程。有铺装路面含沥青混凝土路面、水泥混凝土路面。

公路养护里程 指报告期内对公路工程设施进行经常性或季节性养护和修理的公路里程数。凡进行养护的公路，不论工程量大小、养护方式如何，均纳入统计，包括拨给补助费由群众养护的公路里程。计算单位：公里。

公路桥梁数量 指报告期末公路桥梁的实际数量。计算单位：座。按桥梁的跨径分为特大桥、大桥、中桥、小桥数量。

公路隧道数量 指报告期末公路隧道的实际数量。计算单位：处。按隧道长度分为特长隧道、长隧道、中隧道和短隧道数量。

公路营运车辆拥有量 指报告期末在各地交通运输管理部门登记注册的从事公路运输的车辆实有数量。计算单位：辆。

客运量 指报告期内运输车辆实际运送的旅客人数。计算单位：人。

旅客周转量 指报告期内运输车辆实际运送的每位旅客与其相应运送距离的乘积之和。计算单位：人公里。

货运量 指报告期内运输车辆实际运送的货物重量。计算单位：吨。

货物周转量 指报告期内运输车辆实际运送的每批货物重量与其相应运送距离的乘积之和。计算单位：吨公里。

道路运输行业经营业户数 指报告期末持有道路运输行政管理机构核发的有效道路运输经营许可证，从事道路运输经营活动的业户数量。计算单位：户。一般按道路运输经营许可证核定的经营范围，分为道路货物运输、道路旅客运输、道路运输相关业务经营业户数。

交通拥挤度 指机动车当量数与适应交通量的比值。适应交通量是指《公路工程技术标准》（JTG B01—2014）规定的各类公路通行能力，计算单位：辆/日。

公路交通情况调查机动车车型折算系数参考值

车型	汽 车							摩托车	拖拉机
一级分类	小型车		中型车		大型车	特大型车		摩托车	拖拉机
二级分类	中小客车	小型货车	大客车	中型货车	大型货车	特大型车	集装箱车		
参考折算系数	1	1	1.5	1.5	3	4	4	1	4

注：交通量折算采用小客车为标准车型。

三、水路运输

简 要 说 明

一、本篇资料反映我国水路基础设施、运输装备和水路运输发展的基本情况。主要包括：内河航道通航里程、运输船舶拥有量、水路客货运输量、海上交通事故和搜救活动等。

二、本资料内河航道通航里程为年末通航里程，不含在建和未正式投入使用的航道里程，根据各省航道管理部门资料整理，由各省（自治区、直辖市）交通运输厅（局、委）提供。

三、运输船舶拥有量根据各省航运管理部门登记的船舶资料整理，由各省（自治区、直辖市）交通运输厅（局、委）提供。

四、水路运输量通过抽样调查和全面调查相结合的方法，按运输工具经营权和到达量进行统计，范围原则上为所有在交通运输主管部门审批备案，从事营业性旅客和货物运输生产的船舶。

五、船舶拥有量和水路运输量中不分地区，是指国内运输企业的驻外机构船舶拥有量及其承运的第三国货物运输量。

六、海上险情及搜救活动统计范围是：由中国海上搜救中心、各省（自治区、直辖市）海上搜救中心组织、协调或参与的搜救活动。"险情等级"的划分主要根据遇险人数划定：死亡或失踪3人以下的为一般险情，3人到9人为较大险情，10人到29人为重大险情，30人及以上为特大险情。具体内容参见《国家海上搜救应急预案》——海上突发事件险情分级。

3-1 全国内河航道通航里程（按技术等级分）

单位：公里

地　区	总　计	等级航道								等外航道
		合计	一级	二级	三级	四级	五级	六级	七级	
全国总计	**127 686**	**67 269**	**1 840**	**4 030**	**8 514**	**11 195**	**7 622**	**17 168**	**16 901**	**60 416**
北　京										
天　津	88	88				47		42		
河　北										
山　西	467	139					118	21		328
内蒙古	2 403	2 380				555	201	1 070	555	23
辽　宁	413	413			56		140	217		
吉　林	1 456	1 381			64	227	654	312	124	75
黑龙江	5 098	4 723		967	864	1 185	490		1 217	375
上　海	1 654	986	125		148	116	88	401	108	668
江　苏	24 372	8 776	370	506	1 561	785	1 016	2 068	2 471	15 596
浙　江	9 758	5 023	14	12	416	1 180	455	1 544	1 401	4 736
安　徽	5 651	5 073	343		549	805	423	2 241	712	577
福　建	3 245	1 269	108	20	52	264	205	46	574	1 977
江　西	5 638	2 349	78	175	540	87	89	313	1 067	3 289
山　东	1 117	1 029		9	272	72	57	381	238	88
河　南	1 403	1 334				456	200	431	247	69
湖　北	8 488	6 031	229	688	1 078	268	827	1 734	1 206	2 457
湖　南	11 496	4 131		454	674	274	94	1 476	1 159	7 365
广　东	12 251	4 428	562	73	761	236	500	961	1 336	7 822
广　西	5 707	3 487	1	581	621	717	321	406	839	2 221
海　南	343	76	9			7	1	22	37	267
重　庆	4 352	1 882		545	555	140	180	126	337	2 470
四　川	10 881	4 028			288	1 173	389	589	1 588	6 853
贵　州	3 954	2 781				988	572	780	441	1 173
云　南	4 589	3 671			14	1 476	271	1 044	866	919
西　藏										
陕　西	1 146	558				137	9	164	248	588
甘　肃	911	456					325	13	118	455
青　海	674	663						663		12
宁　夏	130	115						105	11	15
新　疆										

3-2 全国内河航道通航里程（按水系分）

单位：公里

地区	总计	长江水系	长江干流	珠江水系	黄河水系	黑龙江水系	京杭运河	闽江水系	淮河水系	其他水系
全国总计	127 686	64 736	2 813	16 775	3 533	8 211	1 438	1 973	17 472	14 910
北京										
天津	88									88
河北										
山西	467				467					
内蒙古	2 403				939	1 401				63
辽宁	413					256				157
吉林	1 456					1 456				
黑龙江	5 098					5 098				
上海	1 654	1 654	125							
江苏	24 372	10 901	370						13 439	
浙江	9 758	3 176								6 539
安徽	5 651	3 122	343						2 469	61
福建	3 245							1 973		1 272
江西	5 638	5 638	78							
山东	1 117				198				870	49
河南	1 403	186			499				695	24
湖北	8 488	8 488	918							
湖南	11 496	11 464	80	32						
广东	12 251			8 491						3 760
广西	5 707	105		5 603						
海南	343			343						
重庆	4 352	4 352	675							
四川	10 881	10 877	224		4					
贵州	3 954	2 323		1 631						
云南	4 589	1 446		676						2 467
西藏										
陕西	1 146	818			328					
甘肃	911	187			705					20
青海	674				276					398
宁夏	130				118					12
新疆										

注：京杭运河航道里程中含长江等其他水系里程1362公里。

3-3 全国内河航道通航里程（按水域类型分）

单位：公里

地区	总计	天然河流及渠化河段航道	限制性航道	宽浅河流航道	山区急流河段航道	湖区航道	库区航道
全国总计	127 686	65 887	35 820	6 061	4 443	3 880	11 594
北 京							
天 津	88	88					
河 北							
山 西	467	453			14		
内蒙古	2 403	839		1 149	14	364	37
辽 宁	413	413					
吉 林	1 456	572		165	102		617
黑龙江	5 098	36		4 734	85	176	67
上 海	1 654	178	1 464			11	
江 苏	24 372	733	23 350	14		274	
浙 江	9 758	1 685	7 052			10	1 011
安 徽	5 651	4 448	315		9	570	309
福 建	3 245	2 747	53		305		140
江 西	5 638	4 613	61		111	426	427
山 东	1 117	331	522			264	
河 南	1 403	908					494
湖 北	8 488	4 723	1 617		550	538	1 060
湖 南	11 496	9 171	607		312	413	993
广 东	12 251	11 032	747				472
广 西	5 707	5 695			4		9
海 南	343	268					75
重 庆	4 352	3 297			275	6	775
四 川	10 881	8 655	32		522	51	1 621
贵 州	3 954	3 416			16		522
云 南	4 589	137			1 716	365	2 371
西 藏							
陕 西	1 146	1 116					30
甘 肃	911	207			370		334
青 海	674	12			36	398	229
宁 夏	130	115			2	12	
新 疆							

3-4 各水系内河航道通航里程（按技术等级分）

单位：公里

技术等级	总计	长江水系	长江干流	珠江水系	黄河水系	黑龙江水系	京杭运河	闽江水系	淮河水系	其他水系
全国总计	127 686	64 736	2 813	16 775	3 533	8 211	1 438	1 973	17 472	14 910
等级航道	67 269	31 334	2 813	8 587	2 505	7 761	1 274	897	8 915	7 202
一级航道	1 840	1 145	1 145	486				50		158
二级航道	4 030	1 862	1 284	654		967	450	14	514	18
三级航道	8 514	4 471	384	1 383	73	967	481		1 386	190
四级航道	11 195	4 232		1 500		1 908	49	242	1 524	1 789
五级航道	7 622	2 822		927	628	1 344	61	135	925	836
六级航道	17 168	7 977		1 536	1 624	782	163	13	2 802	2 416
七级航道	16 901	8 825		2 100	180	1 793	70	444	1 763	1 795
等外航道	60 416	33 403		8 188	1 028	450	164	1 076	8 557	7 708

注：京杭运河航道里程中含长江等其他水系里程1362公里。

3-5 各水域类型内河航道通航里程（按技术等级分）

单位：公里

地 区	总 计	天然河流及渠化河段航道	限制性航道	宽浅河流航道	山区急流河段航道	湖区航道	库区航道
全国总计	127 686	65 887	35 820	6 061	4 443	3 880	11 594
等级航道	67 269	35 671	13 783	5 739	1 836	2 668	7 572
一级航道	1 840	1 840					
二级航道	4 030	2 227	514	882	85		321
三级航道	8 514	5 236	2 064	928	95	45	145
四级航道	11 195	6 170	1 261	1 449	316	554	1 445
五级航道	7 622	3 436	1 678	743	235	375	1 155
六级航道	17 168	8 214	4 235	252	589	957	2 920
七级航道	16 901	8 548	4 031	1 486	515	736	1 585
等外航道	60 416	30 216	22 037	322	2 607	1 212	4 022

3-6 全国内河航道枢纽及通航建筑物（按行政区域分）

地 区	枢纽数量（处）	具有通航功能	通航建筑物数量（座）		正常使用	
			船闸	升船机	船闸	升船机
全国总计	4 215	1 604	769	43	511	15
北 京						
天 津	12	6	5		1	
河 北	9	9	3		2	
山 西	1					
内蒙古	2					
辽 宁	4	2	1		1	
吉 林	5					
黑龙江	4	2	2		2	
上 海	65	62	35		34	
江 苏	706	595	113		112	
浙 江	323	298	43	14	28	3
安 徽	97	51	43	1	26	1
福 建	148	29	20	1	4	1
江 西	83	22	19	2	11	1
山 东	42	19	15		11	
河 南	35	3	3			
湖 北	167	55	38	4	35	
湖 南	496	153	135	13	50	4
广 东	1 226	124	122		91	
广 西	135	42	40	3	20	3
海 南	2					
重 庆	165	45	46	1	36	1
四 川	366	80	85		47	
贵 州	93	6	1	2		
云 南	12	2	1	1	1	1
西 藏						
陕 西	3	1		1		
甘 肃	15					
青 海	2					
宁 夏	1					
新 疆						

3-7 全国水路

地 区	轮驳船总计					一、机		
	艘数（艘）	净载重量（吨）	载客量（客位）	集装箱位（TEU）	功率（千瓦）	艘数（艘）	净载重量（吨）	载客量（客位）
全国总计	126 805	270 601 580	859 944	2 930 265	71 746 221	117 931	263 138 418	857 098
北　京								
天　津	292	3 320 008	3 230	5 844	1 077 038	281	3 138 954	3 230
河　北	941	2 108 481	12 354	1 348	427 694	941	2 108 481	12 354
山　西	205	7 241	3 858		15 648	205	7 241	3 858
内蒙古								
辽　宁	319	1 175 605	30 641	14 136	547 176	315	1 170 117	30 641
吉　林	257	1 800	9 396		18 946	254		9 396
黑龙江	1 356	246 420	24 238		123 945	1 075	67 255	24 238
上　海	1 463	28 349 999	36 319	1 714 143	14 714 857	1 452	28 306 776	36 319
江　苏	29 122	37 065 203	41 038	140 904	9 301 341	26 473	34 676 793	41 038
浙　江	13 479	31 264 297	90 138	66 519	7 518 307	13 479	31 264 297	90 138
安　徽	24 539	51 426 530	13 905	138 293	10 865 335	23 757	51 018 928	13 905
福　建	1 778	14 150 785	31 984	304 394	3 624 781	1 777	14 150 733	31 984
江　西	2 273	3 476 468	13 893	5 810	1 032 742	2 271	3 474 738	13 893
山　东	10 268	16 813 618	74 732	10 551	3 632 210	6 714	13 236 938	74 732
河　南	5 111	10 404 553	15 310		2 189 117	4 797	10 101 574	15 310
湖　北	3 321	7 413 337	36 219	3 272	1 855 264	3 227	7 216 988	36 219
湖　南	4 551	4 359 313	62 091	9 704	1 415 520	4 312	4 325 046	60 167
广　东	6 844	22 533 758	80 815	222 146	5 879 744	6 835	22 512 475	80 815
广　西	6 989	12 148 698	30 845	131 360	2 381 611	6 989	12 148 698	30 845
海　南	571	14 351 870	40 905	42 456	2 104 425	571	14 351 870	40 905
重　庆	2 592	8 099 935	36 014	115 221	1 984 976	2 555	8 041 463	36 014
四　川	4 718	1 349 890	43 170	4 122	535 746	4 024	1 287 159	43 170
贵　州	2 033	142 963	55 278		169 514	2 031	142 655	55 278
云　南	1 236	190 233	28 813	42	140 080	1 232	189 908	28 813
西　藏								
陕　西	1 317	41 189	18 965		58 611	1 134	39 945	18 043
甘　肃	449	1 583	9 990		49 864	449	1 583	9 990
青　海	121	1 819	3 262		21 037	121	1 819	3 262
宁　夏	657		12 541		36 480	657		12 541
新　疆								
不分地区	3	155 984			24 212	3	155 984	

运输工具拥有量

动船		1. 客船			2. 客货船				
集装箱位（TEU）	功率（千瓦）	艘数（艘）	载客量（客位）	功率（千瓦）	艘数（艘）	净载重量（吨）	载客量（客位）	集装箱位（TEU）	功率（千瓦）
2 929 409	71 746 221	15 908	738 363	2 142 690	302	353 408	118 735	3 687	869 978
5 844	1 077 038	52	3 230	9 111					
1 348	427 694	816	11 978	20 513	1	3 700	376	228	12 960
	15 648	195	3 858	12 805					
14 136	547 176	54	10 176	41 185	34	47 553	20 465	144	140 209
	18 946	254	9 396	18 946					
	123 945	621	22 677	58 249	60	2 715	1 561		6 475
1 714 143	14 714 857	112	35 974	83 743	1	3 241	345	250	4 850
140 664	9 301 341	375	41 038	83 173	8	2 812			3 472
66 519	7 518 307	1 270	88 697	331 013	7	2	1 441		2 126
138 293	10 865 335	330	13 905	36 257					
304 394	3 624 781	380	30 213	116 723	8	7 542	1 771	256	52 878
5 810	1 032 742	254	13 893	28 741					
10 551	3 632 210	1 098	37 547	145 799	41	159 188	37 185	2 809	412 626
	2 189 117	514	15 310	51 690					
3 272	1 855 264	308	36 219	92 722					
9 704	1 415 520	1 660	60 167	101 702					
221 530	5 879 744	441	55 427	258 475	35	60 874	25 388		100 786
131 360	2 381 611	347	29 745	80 226	2	435	1 100		8 400
42 456	2 104 425	304	15 013	93 502	28	64 174	25 892		117 113
115 221	1 984 976	382	34 776	114 037	3	162	1 238		4 240
4 122	535 746	1 481	43 170	65 925					
	169 514	1 654	55 278	109 067					
42	140 080	1 012	28 130	54 390	31	578	683		3 147
	58 611	785	16 753	30 203	43	432	1 290		696
	49 864	435	9 990	47 990					
	21 037	121	3 262	21 037					
	36 480	653	12 541	35 466					
	24 212								

地区	3. 货船				集装箱船			
	艘数（艘）	净载重量（吨）	集装箱位（TEU）	功率（千瓦）	艘数（艘）	净载重量（吨）	集装箱位（TEU）	功率（千瓦）
全国总计	99 848	262 663 158	2 925 722	67 147 142	1 833	24 377 209	2 290 127	8 934 142
北 京								
天 津	182	3 138 238	5 844	848 956	3	74 358	5 561	48 688
河 北	124	2 104 781	1 120	394 221				
山 西	10	7 241		2 843				
内蒙古								
辽 宁	222	1 122 562	13 992	349 898	7	166 823	11 468	61 976
吉 林								
黑龙江	262	59 096		27 337				
上 海	1 295	28 303 535	1 713 893	14 426 246	311	15 895 201	1 713 893	5 750 615
江 苏	25 407	34 648 937	140 664	8 839 740	187	787 376	48 814	239 137
浙 江	12 150	31 254 274	66 519	7 018 596	202	913 564	58 494	391 313
安 徽	23 315	51 006 038	138 293	10 798 881	105	882 195	55 203	259 941
福 建	1 388	14 142 706	304 138	3 441 740	143	2 807 407	192 423	1 037 543
江 西	2 013	3 468 634	5 810	995 041	7	28 430	1 837	8 816
山 东	5 100	13 072 276	7 742	2 725 066	9	56 745	3 747	24 561
河 南	4 271	10 098 808		2 134 371				
湖 北	2 868	7 216 464	3 272	1 724 003	11	50 265	3 272	13 710
湖 南	2 648	4 325 046	9 704	1 311 420	23	95 849	6 698	24 576
广 东	6 318	22 433 618	221 530	5 425 104	665	1 520 118	114 330	587 936
广 西	6 640	12 148 263	131 360	2 292 985	44	167 035	9 169	59 107
海 南	238	14 281 619	42 456	1 890 868	17	503 153	39 910	325 965
重 庆	2 145	8 041 301	115 221	1 848 713	76	369 736	22 762	82 734
四 川	2 371	1 287 159	4 122	455 496	20	57 373	2 504	13 760
贵 州	377	132 302		60 447				
云 南	186	179 387	42	81 867	3	1 581	42	3 764
西 藏								
陕 西	301	34 046		27 217				
甘 肃	14	843		1 874				
青 海								
宁 夏								
新 疆								
不分地区	3	155 984		24 212				

(续表一)

油　船			4.拖　船		二、驳　船			
艘数（艘）	净载重量（吨）	功率（千瓦）	艘数（艘）	功率（千瓦）	艘数（艘）	净载重量（吨）	载客量（客位）	集装箱位（TEU）
3 486	30 431 794	5 431 817	1 873	1 586 411	8 874	7 463 162	2 846	856
25	50 029	15 674	47	218 971	11	181 054		
6	8 768	3 246						
54	262 933	82 876	5	15 884	4	5 488		
					3	1 800		
			132	31 884	281	179 165		
295	11 222 348	1 778 296	44	200 018	11	43 223		
1 415	3 724 986	954 436	683	374 956	2 649	2 388 410		240
649	2 683 717	789 864	52	166 572				
117	157 324	52 981	112	30 197	782	407 602		
119	304 697	103 077	1	13 440	1	52		
62	219 680	66 620	4	8 960	2	1 730		
55	389 888	111 997	475	348 719	3 554	3 576 680		
			12	3 056	314	302 979		
167	432 529	123 067	51	38 539	94	196 349		
21	27 736	9 416	4	2 398	239	34 267	1 924	
321	939 427	310 416	41	95 379	9	21 283		616
49	54 273	18 771						
70	9 723 560	930 062	1	2 942				
60	229 857	80 958	25	17 986	37	58 472		
1	42	60	172	14 325	694	62 731		
					2	308		
			3	676	4	325		
			5	495	183	1 244	922	
			4	1 014				

3-8 远洋运输

地区	轮驳船总计					一、机		
	艘数（艘）	净载重量（吨）	载客量（客位）	集装箱位（TEU）	功率（千瓦）	艘数（艘）	净载重量（吨）	载客量（客位）
全国总计	1 499	54 573 014	22 945	1 808 043	15 813 711	1 492	54 387 920	22 945
北　京								
天　津	12	356 231		761	47 686	9	182 190	
河　北	8	468 270	376	228	76 313	8	468 270	376
山　西								
内蒙古								
辽　宁	5	40 555	800	1 565	28 755	5	40 555	800
吉　林								
黑龙江								
上　海	480	22 559 225	345	1 657 243	10 523 226	480	22 559 225	345
江　苏	109	4 711 682		10 777	916 784	109	4 711 682	
浙　江	14	578 802		1 025	98 743	14	578 802	
安　徽								
福　建	67	1 797 456	3 520	30 881	538 009	67	1 797 456	3 520
江　西								
山　东	54	5 095 995	9 286	3 656	668 803	54	5 095 995	9 286
河　南								
湖　北								
湖　南	2	145 000			17 732	2	145 000	
广　东	646	6 546 352	8 618	100 083	1 611 687	642	6 535 299	8 618
广　西	7	22 813		513	7 588	7	22 813	
海　南	92	12 094 649		1 311	1 254 173	92	12 094 649	
重　庆								
四　川								
贵　州								
云　南								
西　藏								
陕　西								
甘　肃								
青　海								
宁　夏								
新　疆								
不分地区	3	155 984			24 212	3	155 984	

工具拥有量

动 船		1. 客 船			2. 客 货 船				
集装箱位 （TEU）	功率 （千瓦）	艘数 （艘）	载客量 （客位）	功率 （千瓦）	艘数 （艘）	净载重量 （吨）	载客量 （客位）	集装箱位 （TEU）	功率 （千瓦）
1 807 955	15 813 711	42	10 695	108 915	15	93 587	12 250	3 687	285 101
761	47 686								
228	76 313				1	3 700	376	228	12 960
1 565	28 755				1	5 695	800	144	19 845
1 657 243	10 523 226				1	3 241	345	250	4 850
10 777	916 784								
1 025	98 743								
30 881	538 009	8	2 077	21 815	2	6 689	1 443	256	48 606
3 656	668 803				10	74 262	9 286	2 809	198 840
	17 732								
99 995	1 611 687	34	8 618	87 100					
513	7 588								
1 311	1 254 173								
	24 212								

地区	3. 货船				集装箱船			
	艘数（艘）	净载重量（吨）	集装箱位（TEU）	功率（千瓦）	艘数（艘）	净载重量（吨）	集装箱位（TEU）	功率（千瓦）
全国总计	1 427	54 292 929	1 804 268	15 394 804	414	15 343 074	1 721 431	5 641 639
北京								
天津	9	182 190	761	47 686	2	10 835	761	7 648
河北	7	464 570		63 353				
山西								
内蒙古								
辽宁	4	34 860	1 421	8 910				
吉林								
黑龙江								
上海	477	22 555 984	1 656 993	10 506 964	186	14 528 285	1 656 993	5 177 054
江苏	109	4 711 682	10 777	916 784	7	97 998	7 630	66 811
浙江	14	578 802	1 025	98 743	2	13 718	1 025	8 500
安徽								
福建	57	1 790 767	30 625	467 588	16	314 287	28 368	233 678
江西								
山东	43	5 021 733	847	460 963	1	12 696	847	7 988
河南								
湖北								
湖南	2	145 000		17 732				
广东	603	6 533 895	99 995	1 520 108	193	341 119	24 079	125 061
广西	7	22 813	513	7 588	5	12 636	417	5 075
海南	92	12 094 649	1 311	1 254 173	2	11 500	1 311	9 824
重庆								
四川								
贵州								
云南								
西藏								
陕西								
甘肃								
青海								
宁夏								
新疆								
不分地区	3	155 984		24 212				

(续表一)

油 船			4. 拖 船		二、驳 船			
艘数（艘）	净载重量（吨）	功率（千瓦）	艘数（艘）	功率（千瓦）	艘数（艘）	净载重量（吨）	载客量（客位）	集装箱位（TEU）
213	**21 704 008**	**2 706 267**	**8**	**24 891**	**7**	**185 094**		**88**
					3	174 041		
106	10 350 530	1 462 757	2	11 412				
33	1 557 301	293 542						
3	134 657	27 652	1	9 000				
18	36 994	17 293	5	4 479	4	11 053		88
53	9 624 526	905 023						

3-9 沿海运输

地区	轮驳船总计					一、机		
	艘数(艘)	净载重量(吨)	载客量(客位)	集装箱位(TEU)	功率(千瓦)	艘数(艘)	净载重量(吨)	载客量(客位)
全国总计	10 352	79 298 326	236 328	609 124	23 000 691	10 310	79 058 009	236 328
北 京								
天 津	260	2 963 777	1 210	5 083	1 023 900	252	2 956 764	1 210
河 北	117	1 640 211		1 120	330 868	117	1 640 211	
山 西								
内蒙古								
辽 宁	314	1 135 050	29 841	12 571	518 421	310	1 129 562	29 841
吉 林								
黑龙江	5	45 991			9 617	5	45 991	
上 海	393	5 506 784		51 459	3 852 756	385	5 465 194	
江 苏	1 364	9 956 119	100	36 827	2 360 200	1 360	9 924 095	100
浙 江	3 061	25 500 586	42 318	52 081	5 779 347	3 061	25 500 586	42 318
安 徽	639	4 195 009		60 372	1 030 718	637	4 193 609	
福 建	1 269	12 163 539	20 741	273 513	2 943 536	1 269	12 163 539	20 741
江 西	62	320 848		1 432	93 651	60	319 118	
山 东	856	2 673 705	50 020	5 615	1 207 530	849	2 620 605	50 020
河 南								
湖 北	179	1 308 782		1 049	279 052	177	1 221 040	
湖 南	10	172 843		3 115	30 908	10	172 843	
广 东	1 018	7 992 854	44 053	54 215	2 201 297	1 013	7 982 624	44 053
广 西	369	1 441 653	8 519	9 527	485 583	369	1 441 653	8 519
海 南	434	2 257 168	39 526	41 145	847 866	434	2 257 168	39 526
重 庆	2	23 407			5 441	2	23 407	
四 川								
贵 州								
云 南								
西 藏								
陕 西								
甘 肃								
青 海								
宁 夏								
新 疆								

工具拥有量

动船		1.客船			2.客货船				
集装箱位（TEU）	功率（千瓦）	艘数（艘）	载客量（客位）	功率（千瓦）	艘数（艘）	净载重量（吨）	载客量（客位）	集装箱位（TEU）	功率（千瓦）
608 596	**23 000 691**	**1 289**	**135 615**	**729 661**	**140**	**253 122**	**100 713**		**566 517**
5 083	1 023 900	32	1 210	3 659					
1 120	330 868								
12 571	518 421	54	10 176	41 185	33	41 858	19 665		120 364
	9 617								
51 459	3 852 756								
36 827	2 360 200	2	100	820					
52 081	5 779 347	157	41 877	240 617	5	2	441		1 796
60 372	1 030 718								
273 513	2 943 536	203	20 413	74 671	6	853	328		4 272
1 432	93 651								
5 615	1 207 530	410	22 121	98 359	31	84 926	27 899		213 786
1 049	279 052								
3 115	30 908								
53 687	2 201 297	148	18 665	129 952	35	60 874	25 388		100 786
9 527	485 583	24	7 419	49 282	2	435	1 100		8 400
41 145	847 866	259	13 634	91 116	28	64 174	25 892		117 113
	5 441								

3–9

地区	3. 货船				集装箱船			
	艘数（艘）	净载重量（吨）	集装箱位（TEU）	功率（千瓦）	艘数（艘）	净载重量（吨）	集装箱位（TEU）	功率（千瓦）
全国总计	8 617	78 780 134	608 596	20 657 569	509	7 027 520	443 339	2 731 493
北京								
天津	173	2 956 048	5 083	801 270	1	63 523	4 800	41 040
河北	117	1 640 211	1 120	330 868				
山西								
内蒙古								
辽宁	218	1 087 702	12 571	340 988	7	166 823	11 468	61 976
吉林								
黑龙江	5	45 991		9 617				
上海	345	5 465 194	51 459	3 665 620	62	1 323 514	51 459	546 097
江苏	1 326	9 924 085	36 827	2 227 980	42	333 418	22 031	83 497
浙江	2 849	25 490 563	52 081	5 370 622	42	705 512	50 451	341 302
安徽	636	4 193 609	60 372	1 029 983	63	693 776	44 217	213 285
福建	1 059	12 162 201	273 513	2 851 153	127	2 493 120	164 055	803 865
江西	59	319 118	1 432	87 691	3	15 819	1 099	5 318
山东	351	2 533 427	5 615	692 869	8	44 049	2 900	16 573
河南								
湖北	175	1 221 040	1 049	263 756	3	14 599	1 049	5 238
湖南	10	172 843	3 115	30 908	5	44 695	3 115	11 692
广东	803	7 916 507	53 687	1 884 207	120	532 027	42 019	245 107
广西	343	1 441 218	9 527	427 901	11	104 992	6 077	40 362
海南	146	2 186 970	41 145	636 695	15	491 653	38 599	316 141
重庆	2	23 407		5 441				
四川								
贵州								
云南								
西藏								
陕西								
甘肃								
青海								
宁夏								
新疆								

(续表一)

油 船			4.拖 船		二、驳 船			
艘数（艘）	净载重量（吨）	功率（千瓦）	艘数（艘）	功率（千瓦）	艘数（艘）	净载重量（吨）	载客量（客位）	集装箱位（TEU）
1 372	**6 508 239**	**1 935 492**	**264**	**1 046 944**	**42**	**240 317**		**528**
25	50 029	15 674	47	218 971	8	7 013		
6	8 768	3 246						
54	262 933	82 876	5	15 884	4	5 488		
98	827 900	285 420	40	187 136	8	41 590		
83	941 869	223 047	32	131 400	4	32 024		
635	2 678 051	786 548	50	166 312				
17	82 324	21 722	1	735	2	1 400		
110	301 575	99 904	1	13 440				
17	123 281	35 670	1	5 960	2	1 730		
52	255 231	84 345	57	202 516	7	53 100		
44	79 368	20 470	2	15 296	2	87 742		
174	755 523	237 468	27	86 352	5	10 230		528
40	42 353	14 063						
17	99 034	25 039	1	2 942				

3-10 内河运输

地区	轮驳船总计					一、机		
	艘数（艘）	净载重量（吨）	载客量（客位）	集装箱位（TEU）	功率（千瓦）	艘数（艘）	净载重量（吨）	载客量（客位）
全国总计	114 954	136 730 240	600 671	513 098	32 931 819	106 129	129 692 489	597 825
北　京								
天　津	20		2 020		5 452	20		2 020
河　北	816		11 978		20 513	816		11 978
山　西	205	7 241	3 858		15 648	205	7 241	3 858
内蒙古								
辽　宁								
吉　林	257	1 800	9 396		18 946	254		9 396
黑龙江	1 351	200 429	24 238		114 328	1 070	21 264	24 238
上　海	590	283 990	35 974	5 441	338 875	587	282 357	35 974
江　苏	27 649	22 397 402	40 938	93 300	6 024 357	25 004	20 041 016	40 938
浙　江	10 404	5 184 909	47 820	13 413	1 640 217	10 404	5 184 909	47 820
安　徽	23 900	47 231 521	13 905	77 921	9 834 617	23 120	46 825 319	13 905
福　建	442	189 790	7 723		143 236	441	189 738	7 723
江　西	2 211	3 155 620	13 893	4 378	939 091	2 211	3 155 620	13 893
山　东	9 358	9 043 918	15 426	1 280	1 755 877	5 811	5 520 338	15 426
河　南	5 111	10 404 553	15 310		2 189 117	4 797	10 101 574	15 310
湖　北	3 142	6 104 555	36 219	2 223	1 576 212	3 050	5 995 948	36 219
湖　南	4 539	4 041 470	62 091	6 589	1 366 880	4 300	4 007 203	60 167
广　东	5 180	7 994 552	28 144	67 848	2 066 760	5 180	7 994 552	28 144
广　西	6 613	10 684 232	22 326	121 320	1 888 440	6 613	10 684 232	22 326
海　南	45	53	1 379		2 386	45	53	1 379
重　庆	2 590	8 076 528	36 014	115 221	1 979 535	2 553	8 018 056	36 014
四　川	4 718	1 349 890	43 170	4 122	535 746	4 024	1 287 159	43 170
贵　州	2 033	142 963	55 278		169 514	2 031	142 655	55 278
云　南	1 236	190 233	28 813	42	140 080	1 232	189 908	28 813
西　藏								
陕　西	1 317	41 189	18 965		58 611	1 134	39 945	18 043
甘　肃	449	1 583	9 990		49 864	449	1 583	9 990
青　海	121	1 819	3 262		21 037	121	1 819	3 262
宁　夏	657		12 541		36 480	657		12 541
新　疆								

工具拥有量

动 船		1. 客 船			2. 客货船				
集装箱位 （TEU）	功率 （千瓦）	艘数 （艘）	载客量 （客位）	功率 （千瓦）	艘数 （艘）	净载重量 （吨）	载客量 （客位）	集装箱位 （TEU）	功率 （千瓦）
512 858	**32 931 819**	**14 577**	**592 053**	**1 304 114**	**147**	**6 699**	**5 772**		**18 360**
		5 452	20	2 020	5 452				
		20 513	816	11 978	20 513				
		15 648	195	3 858	12 805				
		18 946	254	9 396	18 946				
		114 328	621	22 677	58 249	60	2 715	1 561	6 475
5 441	338 875	112	35 974	83 743					
93 060	6 024 357	373	40 938	82 353	8	2 812			3 472
13 413	1 640 217	1 113	46 820	90 396	2		1 000		330
77 921	9 834 617	330	13 905	36 257					
	143 236	169	7 723	20 237					
4 378	939 091	254	13 893	28 741					
1 280	1 755 877	688	15 426	47 440					
	2 189 117	514	15 310	51 690					
2 223	1 576 212	308	36 219	92 722					
6 589	1 366 880	1 660	60 167	101 702					
67 848	2 066 760	259	28 144	41 423					
121 320	1 888 440	323	22 326	30 944					
	2 386	45	1 379	2 386					
115 221	1 979 535	382	34 776	114 037	3	162	1 238		4 240
4 122	535 746	1 481	43 170	65 925					
	169 514	1 654	55 278	109 067					
42	140 080	1 012	28 130	54 390	31	578	683		3 147
	58 611	785	16 753	30 203	43	432	1 290		696
	49 864	435	9 990	47 990					
	21 037	121	3 262	21 037					
	36 480	653	12 541	35 466					

3-10

地区	3.货船				集装箱船			
	艘数（艘）	净载重量（吨）	集装箱位（TEU）	功率（千瓦）	艘数（艘）	净载重量（吨）	集装箱位（TEU）	功率（千瓦）
全国总计	89 804	129 590 095	512 858	31 094 769	910	2 006 615	125 357	561 010
北 京								
天 津								
河 北								
山 西	10	7 241		2 843				
内蒙古								
辽 宁								
吉 林								
黑龙江	257	13 105		17 720				
上 海	473	282 357	5 441	253 662	63	43 402	5 441	27 464
江 苏	23 972	20 013 170	93 060	5 694 976	138	355 960	19 153	88 829
浙 江	9 287	5 184 909	13 413	1 549 231	158	194 334	7 018	41 511
安 徽	22 679	46 812 429	77 921	9 768 898	42	188 419	10 986	46 656
福 建	272	189 738		122 999				
江 西	1 954	3 149 516	4 378	907 350	4	12 611	738	3 498
山 东	4 706	5 517 116	1 280	1 571 234				
河 南	4 271	10 098 808		2 134 371				
湖 北	2 693	5 995 424	2 223	1 460 247	8	35 666	2 223	8 472
湖 南	2 636	4 007 203	6 589	1 262 780	18	51 154	3 583	12 884
广 东	4 912	7 983 216	67 848	2 020 789	352	646 972	48 232	217 768
广 西	6 290	10 684 232	121 320	1 857 496	28	49 407	2 675	13 670
海 南								
重 庆	2 143	8 017 894	115 221	1 843 272	76	369 736	22 762	82 734
四 川	2 371	1 287 159	4 122	455 496	20	57 373	2 504	13 760
贵 州	377	132 302		60 447				
云 南	186	179 387	42	81 867	3	1 581	42	3 764
西 藏								
陕 西	301	34 046		27 217				
甘 肃	14	843		1 874				
青 海								
宁 夏								
新 疆								

(续表一)

油 船			4.拖 船		二、驳 船			
艘数（艘）	净载重量（吨）	功率（千瓦）	艘数（艘）	功率（千瓦）	艘数（艘）	净载重量（吨）	载客量（客位）	集装箱位（TEU）
1 901	2 219 547	790 058	1 601	514 576	8 825	7 037 751	2 846	240
					3	1 800		
			132	31 884	281	179 165		
91	43 918	30 119	2	1 470	3	1 633		
1 299	1 225 816	437 847	651	243 556	2 645	2 356 386		240
14	5 666	3 316	2	260				
100	75 000	31 259	111	29 462	780	406 202		
9	3 122	3 173			1	52		
45	96 399	30 950	3	3 000				
			417	137 203	3 547	3 523 580		
			12	3 056	314	302 979		
123	353 161	102 597	49	23 243	92	108 607		
21	27 736	9 416	4	2 398	239	34 267	1 924	
129	146 910	55 655	9	4 548				
9	11 920	4 708						
60	229 857	80 958	25	17 986	37	58 472		
1	42	60	172	14 325	694	62 731		
					2	308		
			3	676	4	325		
			5	495	183	1 244	922	
			4	1 014				

3-11 水路客、货运输量

地 区	客运量（万人）	旅客周转量（万人公里）	货运量（万吨）	货物周转量（万吨公里）
全国总计	14 987	329 856	761 630	1 058 344 426
北 京				
天 津	40	582	9 134	14 420 140
河 北			4 575	6 546 524
山 西	108	403	24	580
内蒙古				
辽 宁	228	15 991	4 797	15 758 197
吉 林	38	395		
黑龙江	99	1 180	538	510 878
上 海	297	4 957	92 294	320 945 503
江 苏	1 562	12 947	93 467	70 385 794
浙 江	3 360	45 264	106 194	98 831 407
安 徽	111	1 519	123 239	60 957 622
福 建	742	7 678	45 018	78 117 305
江 西	113	1 768	10 697	2 663 991
山 东	825	39 535	18 208	19 901 398
河 南	172	3 417	15 150	11 011 150
湖 北	233	10 075	40 713	27 399 407
湖 南	840	18 860	19 844	3 952 832
广 东	1 345	42 721	103 759	244 048 347
广 西	338	15 044	32 852	19 185 056
海 南	1 152	26 962	12 682	36 248 846
重 庆	523	21 432	19 819	22 710 380
四 川	954	10 414	6 527	2 917 551
贵 州	1 017	36 482	1 231	375 280
云 南	505	7 436	519	71 810
西 藏				
陕 西	173	2 778	147	6 217
甘 肃	55	855	1	12
青 海	59	543		
宁 夏	99	617		
新 疆				
不分地区			201	1 378 198

3-12 水路旅客运输量(按航区分)

地区	客运量(万人)		旅客周转量(万人公里)	
	内河	海洋	内河	海洋
全国总计	8 228	6 759	151 597	178 259
北 京				
天 津	39	1	562	19
河 北				
山 西	108		403	
内蒙古				
辽 宁		228		15 991
吉 林	38		395	
黑龙江	99		1 180	
上 海	297	…	4 879	77
江 苏	1 560	2	11 385	1 562
浙 江	709	2 650	7 008	38 256
安 徽	111		1 519	
福 建	74	668	1 239	6 439
江 西	113		1 768	
山 东	139	685	721	38 814
河 南	172		3 417	
湖 北	233		10 075	
湖 南	840		18 860	
广 东	136	1 209	3 800	38 921
广 西	115	224	3 671	11 372
海 南	59	1 092	157	26 806
重 庆	523		21 432	
四 川	954		10 414	
贵 州	1 017		36 482	
云 南	505		7 436	
西 藏				
陕 西	173		2 778	
甘 肃	55		855	
青 海	59		543	
宁 夏	99		617	
新 疆				
不分地区				

3-13 水路货物运输量（按航区分）

地 区	货运量（万吨）		货物周转量（万吨公里）	
	内 河	海 洋	内 河	海 洋
全国总计	381 543	380 087	159 375 414	898 969 012
北 京				
天 津		9 134		14 420 140
河 北		4 575		6 546 524
山 西	24		580	
内蒙古				
辽 宁		4 797		15 758 197
吉 林				
黑龙江	441	96	31 801	479 077
上 海	4 168	88 127	2 238 497	318 707 006
江 苏	61 611	31 856	20 796 929	49 588 865
浙 江	23 133	83 061	3 618 307	95 213 100
安 徽	112 602	10 637	51 715 148	9 242 474
福 建	2 019	42 999	129 834	77 987 471
江 西	10 200	497	2 113 641	550 350
山 东	3 794	14 413	1 530 042	18 371 355
河 南	15 150		11 011 150	
湖 北	32 625	8 088	20 017 536	7 381 871
湖 南	19 728	116	3 369 610	583 222
广 东	41 564	62 195	5 913 590	238 134 757
广 西	26 351	6 501	10 876 230	8 308 826
海 南		12 682		36 248 846
重 庆	19 708	111	22 641 648	68 732
四 川	6 527		2 917 551	
贵 州	1 231		375 280	
云 南	519		71 810	
西 藏				
陕 西	147		6 217	
甘 肃	1		12	
青 海				
宁 夏				
新 疆				
不分地区		201		1 378 198

3-14　海上险情及搜救活动

指　标	计算单位	数　量	所占比例（%）
一、海上搜救行动次数	次	**1 758**	**100.00**
1. 按遇险性质分：碰撞	次	302	17.18
触礁	次	56	3.19
搁浅	次	183	10.41
触损	次	29	1.65
浪损	次	10	0.57
火灾/爆炸	次	85	4.84
风灾	次	23	1.31
自沉	次	145	8.25
机损	次	194	11.04
伤病	次	415	23.61
其他	次	316	17.97
2. 按区域分：东海海区	次	555	31.57
南海海区	次	468	26.62
黄海海区	次	185	10.52
渤海海区	次	197	11.21
长江下游	次	53	3.01
长江中游	次	14	0.80
长江上游	次	10	0.57
珠江	次	101	5.75
内河支流	次	159	9.04
水库湖泊	次	2	0.11
黑龙江	次	4	0.23
其他	次	10	0.57
3. 按等级分：一般	次	1 539	87.54
较大	次	202	11.49
重大	次	17	0.97
特大	次		
二、遇险人员救助情况	人次	**11 315**	**100.00**
获救人员	人次	10 834	95.75
三、各部门派出搜救船艇	艘次	**11 687**	**100.00**
海事	艘次	1 918	16.41
救捞	艘次	417	3.57
军队	艘次	345	2.95
社会	艘次	3 027	25.90
渔船	艘次	2 508	21.46
过往船舶	艘次	3 472	29.71
四、各部门派出搜救飞机	架次	**329**	**100.00**
海事	架次	31	9.42
救助	架次	260	79.03
军队	架次	8	2.43
社会	架次	30	9.12

资料来源：中国海上搜救中心。

主要统计指标解释

内河航道通航长度 指报告期末在江河、湖泊、水库、渠道和运河水域内,船舶、排筏在不同水位期可以通航的实际航道里程数。计算单位:公里。内河航道通航里程按主航道中心线实际长度计算。

内河航道通航里程可分为等级航道和等外航道里程,等级航道里程又分为一级航道、二级航道、三级航道、四级航道、五级航道、六级航道和七级航道里程。

船舶数量 指报告期末在交通运输主管部门注册登记的船舶实际数量。计算单位:艘。统计的船舶包括运输船舶、工程船舶和辅助船舶,不包括渔船和军用船舶。

船舶一般分为机动船和驳船,机动船又可分为客船、客货船、货船(包括集装箱船)和拖船。

净载重量 指报告期末所拥有船舶的总载重量减去燃(物)料、淡水、粮食及供应品、人员及其行李等重量及船舶常数后,能够装载货物的实际重量。计算单位:吨。船舶常数指船舶经过一段时间营运后的空船重量与船舶建造出厂时空船重量的差值。

载客量 指报告期末所拥有船舶可用于载运旅客的额定数量。计算单位:客位。载客量包括船员临时占用的旅客铺位,但不包括船员自用铺位。客货船临时将货舱改作载客用途,该船的客位数不做变更。

箱位量 指报告期末所拥有集装箱船舶可装载折合为20英尺集装箱的额定数量。计算单位:TEU。各种外部尺寸的集装箱箱位,均按折算系数折算成20英尺集装箱进行计算。

船舶功率 指报告期末所拥有船舶主机的额定功率数。计算单位:千瓦。

客运量 指报告期内船舶实际运送的旅客人数。计算单位:人。

旅客周转量 指报告期内船舶实际运送的每位旅客与该旅客运送距离的乘积之和。计算单位:人公里。

货运量 指报告期内船舶实际运送的货物重量。计算单位:吨。

货物周转量 指报告期内船舶实际运送的每批货物重量与该批货物运送距离的乘积之和。计算单位:吨公里。

集装箱箱运量 指报告期内船舶实际运送集装箱的数量。按实际箱数计算,计算单位:箱;按折合20英尺集装箱计算,计算单位:TEU。

集装箱货运量 指报告期内船舶运送集装箱的实际重量,包括集装箱装载货物的重量和集装箱箱体的重量。计算单位:吨。

四、城市客运

简 要 说 明

一、本篇资料反映我国全国、中心城市公共交通运输发展的基本情况。主要包括全国、中心城市公共交通的运输工具、运营线路、客运量等内容。

二、本篇资料分全国、中心城市公共汽电车、巡游出租汽车、城市轨道交通和客运轮渡。

4-1 全国城市客运经营业户

单位：户

地区	公共汽电车经营业户数					轨道交通经营业户数	城市客运轮渡经营业户数
		国有企业数	国有控股企业数	私营企业数	个体经营业户数		
全国总计	4 252	1 374	410	2 101	136	66	36
北　京	1	1				4	
天　津	16	15		1		3	
河　北	218	55	13	128	6	1	
山　西	146	40	6	97		1	
内蒙古	217	21	5	106	84	1	
辽　宁	139	42	24	70	2	3	
吉　林	117	21	6	75	10	1	
黑龙江	272	27	11	206	24	1	5
上　海	32		22			6	1
江　苏	115	69	25	20		9	1
浙　江	179	94	22	63		5	2
安　徽	154	79	24	50	1	1	
福　建	115	73	14	28		3	1
江　西	153	34	41	72	3	1	1
山　东	293	121	32	131	2	3	1
河　南	169	79	12	74		2	
湖　北	125	66	11	47		2	2
湖　南	211	27	3	58		2	3
广　东	239	68	47	116		7	4
广　西	177	21	13	134	1	1	1
海　南	43	11	5	27		1	
重　庆	68	41	6	21		1	3
四　川	253	87	20	131	1	1	
贵　州	147	57	9	79		1	4
云　南	183	52	14	112		2	
西　藏	10	9		1			
陕　西	146	41	14	90		1	
甘　肃	99	31	3	64		1	
青　海	40	15		19	1		
宁　夏	46	17	1	28			
新　疆	129	60	7	53	1	1	7

4-1 （续表一）

单位：户

地　区	巡游出租汽车经营业户数					
	合计	车辆 301 辆以上的企业数	车辆 101~300 辆（含）的企业数	车辆 51~100 辆（含）的企业数	车辆 50 辆（含）以下的企业数	个体经营业户数
全国总计	**150 105**	**898**	**2 651**	**2 232**	**7 889**	**136 435**
北　京	1 364	27	61	53	81	1 142
天　津	6 036	24	27	7	3	5 975
河　北	2 975	69	138	93	92	2 583
山　西	275	27	106	85	57	
内蒙古	26 015	43	80	58	374	25 460
辽　宁	16 207	62	156	102	279	15 608
吉　林	32 874	36	52	60	140	32 586
黑龙江	20 539	83	160	86	122	20 088
上　海	3 055	28	19	24	41	2 943
江　苏	6 070	34	159	93	79	5 705
浙　江	1 503	21	131	94	166	1 091
安　徽	2 781	39	124	54	47	2 517
福　建	181	15	35	48	83	
江　西	2 162	7	35	48	76	1 996
山　东	6 950	35	199	159	4 890	1 667
河　南	5 164	40	179	143	101	4 701
湖　北	2 053	22	106	96	62	1 767
湖　南	1 106	21	83	97	85	820
广　东	342	47	99	57	130	9
广　西	209	17	40	44	90	18
海　南	74	4	13	13	44	
重　庆	1 043	19	52	37	48	887
四　川	912	30	95	143	242	402
贵　州	2 408	24	61	126	152	2 045
云　南	2 548	10	75	101	100	2 262
西　藏	35	2	1	9	23	
陕　西	338	18	71	133	116	
甘　肃	268	25	122	67	54	
青　海	84	11	22	14	22	15
宁　夏	93	18	40	14	21	
新　疆	4 441	40	110	74	69	4 148

4-2 全国城市客运设施

地 区	公交专用车道长度（公里）	轨道交通车站数（个）	换乘站数	城市客运轮渡在用码头数（个）	公共汽电车停保场面积（万平方米）
全国总计	16551.6	4766	466	149	9838.4
北 京	1005.0	428	64		320.6
天 津	194.0	159	15		125.7
河 北	492.2	48	3		506.6
山 西	554.6	22			236.8
内蒙古	356.6	44	1		187.4
辽 宁	1317.7	187	10		366.8
吉 林	331.3	129	8		136.2
黑龙江	145.9	27	1	23	201.1
上 海	471.0	430	62	41	264.8
江 苏	1463.4	518	34	6	731.5
浙 江	1033.9	288	27	5	609.2
安 徽	502.4	95	5		636.6
福 建	269.3	102	2	7	330.6
江 西	472.9	50	2	2	272.9
山 东	1305.8	131	4	2	1002.7
河 南	1191.7	152	20		622.1
湖 北	543.7	321	26	11	303.8
湖 南	543.8	114	12	6	352.7
广 东	1490.8	613	76	37	868.7
广 西	249.3	84	7		209.0
海 南	10.9	15			67.4
重 庆	233.9	193	20	9	112.4
四 川	965.8	322	46		427.9
贵 州	117.7	25			173.7
云 南	208.5	83	9		167.8
西 藏	46.0				7.0
陕 西	544.3	145	12		148.8
甘 肃	34.1	20			111.1
青 海	75.4				55.9
宁 夏	170.0				94.5
新 疆	209.7	21			186.0

注：上海轨道交通车站数含江苏（昆山）境内3个，均非换乘站。

4-3　全国公共汽电车数量

地　区	公共汽电车数（辆）				标准运营车数（标台）
		空调车	安装卫星定位车载终端的车辆	BRT 运营车辆	
全国总计	704 381	578 174	634 987	9 891	801 477
北　京	23 948	23 948	23 948	288	32 610
天　津	12 399	12 107	10 246		13 556
河　北	30 528	23 988	23 140		32 962
山　西	16 420	10 141	15 207		18 782
内蒙古	12 380	7 093	10 442		13 602
辽　宁	24 176	11 420	17 382	111	29 325
吉　林	12 744	4 583	9 158		13 411
黑龙江	19 519	5 933	10 626		22 243
上　海	17 667	17 644	17 496	35	22 359
江　苏	51 832	51 533	51 671	765	60 435
浙　江	44 597	44 434	44 597	819	47 669
安　徽	28 331	26 153	25 734	1 235	32 681
福　建	20 799	20 659	20 791	470	22 817
江　西	15 401	14 562	13 647	238	16 991
山　东	67 579	43 267	60 971	592	74 187
河　南	36 628	32 505	34 137	1 800	40 305
湖　北	24 730	23 277	22 101	371	28 743
湖　南	32 229	31 966	32 229	232	37 899
广　东	68 697	67 622	68 408	1 190	77 687
广　西	14 426	12 866	13 173	219	15 824
海　南	4 719	4 570	4 185		5 043
重　庆	14 768	14 295	13 615		17 199
四　川	33 576	30 884	30 173	634	38 977
贵　州	11 013	8 436	10 603	160	12 780
云　南	17 198	7 705	10 573		17 495
西　藏	764	633	715		899
陕　西	17 404	14 297	16 005		20 517
甘　肃	10 108	5 036	6 130	55	11 274
青　海	4 213	959	3 793		4 576
宁　夏	3 998	2 613	3 579	125	4 695
新　疆	11 590	3 045	10 512	552	13 933

4-4　全国公共汽电车数量（按长度分）

单位：辆

地区	公共汽电车数								
	合计	≤ 5 米	> 5 米 且≤ 7 米	> 7 米 且≤ 10 米	> 10 米 且≤ 13 米	> 13 米 且≤ 16 米	> 16 米 且≤ 18 米	> 18 米	双层车
全国总计	704 381	4 601	68 612	253 644	365 906	3 572	3 837	138	4 071
北　京	23 948		826	1 493	16 884	2 517	775		1 453
天　津	12 399	214	631	6 837	4 654				63
河　北	30 528	558	4 136	13 035	12 545	199	18		37
山　西	16 420	67	1 147	6 179	8 975	20	29	3	
内蒙古	12 380	725	1 507	3 582	6 482		30	22	32
辽　宁	24 176	2	651	5 799	17 679			2	43
吉　林	12 744	325	1 145	7 460	3 767		10		37
黑龙江	19 519	205	1 248	7 435	10 611				20
上　海	17 667		111	2 216	15 172	10	59	31	68
江　苏	51 832	26	3 418	16 935	31 109	100	187		57
浙　江	44 597	383	8 459	16 661	18 963	38	16		77
安　徽	28 331	33	2 474	9 560	15 886	84	191		103
福　建	20 799	149	3 101	8 095	9 165	22	172		95
江　西	15 401	12	1 597	7 132	6 507	89	30		34
山　东	67 579	107	9 483	27 815	29 359	355	366		94
河　南	36 628	191	4 877	15 075	16 042	13	260	2	168
湖　北	24 730	21	1 078	9 593	13 822		60		156
湖　南	32 229		1 336	10 662	20 228				3
广　东	68 697	144	4 726	29 730	33 671	48	44		334
广　西	14 426	62	1 706	6 844	5 489		20		305
海　南	4 719	117	949	1 479	2 149				25
重　庆	14 768	30	1 135	4 314	9 289				
四　川	33 576	144	3 900	9 887	18 572	19	1 018	12	24
贵　州	11 013	4	458	4 448	5 962	51	12		78
云　南	17 198	409	4 626	6 772	4 942		30		419
西　藏	764		95	123	546				
陕　西	17 404	7	1 534	4 550	11 009				304
甘　肃	10 108	290	449	4 800	4 503	2		60	4
青　海	4 213	131	596	1 484	1 991				11
宁　夏	3 998	3	208	1 510	2 169		94	6	8
新　疆	11 590	242	1 005	2 139	7 764	5	416		19

4-5 全国公共汽电车数量（按燃料类型分）

单位：辆

地区	公共汽电车数								
	合计	汽油车	柴油车	天然气车	双燃料车	无轨电车	纯电动车	混合动力车	其他
全国总计	704 381	4 787	97 987	127 875	2 104	2 618	378 700	87 447	2 863
北　京	23 948		3 070	7 815		1 276	8 316	3 466	5
天　津	12 399	181	4 427	494			4 847	2 450	
河　北	30 528	537	1 491	6 275	131	35	19 523	2 216	320
山　西	16 420	122	430	2 242	176	78	12 841	431	100
内蒙古	12 380	806	2 386	3 393	209		4 515	1 071	
辽　宁	24 176	6	4 679	6 989	6	65	6 759	5 652	20
吉　林	12 744	188	2 276	3 474	151		6 065	575	15
黑龙江	19 519	294	6 099	1 526			10 058	1 542	
上　海	17 667		4 341	111		354	10 487	2 368	6
江　苏	51 832	61	8 162	9 403			24 587	9 533	86
浙　江	44 597	267	11 383	5 549	3	85	19 464	7 846	
安　徽	28 331	37	4 560	4 695	6		15 037	3 996	
福　建	20 799	27	2 127	1 737	50		14 319	2 537	2
江　西	15 401	25	3 951	1 332			8 551	1 542	
山　东	67 579	178	5 654	13 545	34	228	38 898	8 828	214
河　南	36 628	321	2 562	2 865	30	174	25 379	4 980	317
湖　北	24 730	15	4 623	6 628	15	40	12 146	1 202	61
湖　南	32 229		1 446	1 718			22 812	6 253	
广　东	68 697	23	2 881	1 554		283	59 990	2 966	1 000
广　西	14 426	48	3 856	1 606			6 780	2 136	
海　南	4 719		968	388	10		2 901	452	
重　庆	14 768	25	1 015	6 704			2 564	4 460	
四　川	33 576	188	3 461	16 133	332		10 740	2 532	190
贵　州	11 013	4	1 803	2 992			4 914	788	512
云　南	17 198	658	7 025	1 279			5 932	2 304	
西　藏	764		130				136	498	
陕　西	17 404	16	868	4 467	256		9 774	2 023	
甘　肃	10 108	350	912	2 699	19		5 162	966	
青　海	4 213	181	144	1 874	41		1 660	313	
宁　夏	3 998	14	359	1 973	120		1 382	150	
新　疆	11 590	215	898	6 415	515		2 161	1 371	15

4-6　全国公共汽电车数量（按排放标准分）

单位：辆

地区	公共汽电车数				
	合计	国Ⅲ及以下	国Ⅳ	国Ⅴ及以上	零排放
全国总计	704 381	62 933	103 286	151 538	386 624
北　京	23 948		765	13 586	9 597
天　津	12 399	1 009	3 864	2 679	4 847
河　北	30 528	1 797	3 652	5 230	19 849
山　西	16 420	474	2 245	679	13 022
内蒙古	12 380	2 952	2 795	2 118	4 515
辽　宁	24 176	4 108	3 663	9 279	7 126
吉　林	12 744	1 560	3 029	2 064	6 091
黑龙江	19 519	3 399	3 309	2 745	10 066
上　海	17 667	844	1 099	4 822	10 902
江　苏	51 832	5 150	9 186	12 331	25 165
浙　江	44 597	2 892	8 910	13 156	19 639
安　徽	28 331	3 723	3 463	5 886	15 259
福　建	20 799	823	2 122	3 457	14 397
江　西	15 401	1 856	2 404	2 465	8 676
山　东	67 579	6 822	7 483	13 259	40 015
河　南	36 628	1 962	2 458	6 198	26 010
湖　北	24 730	2 451	4 166	5 458	12 655
湖　南	32 229	1 521	5 881	2 015	22 812
广　东	68 697	1 329	1 725	4 366	61 277
广　西	14 426	1 681	2 207	3 705	6 833
海　南	4 719	95	708	1 015	2 901
重　庆	14 768	2 843	2 971	6 472	2 482
四　川	33 576	3 578	8 112	10 884	11 002
贵　州	11 013	1 173	2 085	2 662	5 093
云　南	17 198	3 612	4 575	3 045	5 966
西　藏	764	33	75	520	136
陕　西	17 404	1 412	2 865	3 353	9 774
甘　肃	10 108	502	1 847	2 571	5 188
青　海	4 213	346	1 694	513	1 660
宁　夏	3 998	1 002	532	972	1 492
新　疆	11 590	1 984	3 396	4 033	2 177

4-7　全国公共汽电车线路

地　区	运营线路条数（条）	运营线路总长度（公里）	BRT 线路长度	无轨电车线路长度
全国总计	70 643	1 482 142	6 682	1 284
北　京	1 207	28 418	81	477
天　津	1 002	27 143		
河　北	3 086	72 430		93
山　西	2 003	44 971		45
内蒙古	1 646	51 171		
辽　宁	2 161	39 904	14	8
吉　林	1 315	24 505		
黑龙江	1 862	41 940		
上　海	1 585	24 945	21	136
江　苏	4 747	92 623	847	
浙　江	7 181	139 063	1 006	50
安　徽	3 106	65 514	131	
福　建	2 255	41 012	60	
江　西	2 165	48 330	75	
山　东	6 698	178 565	605	105
河　南	2 799	53 467	1 255	47
湖　北	1 956	33 100	36	109
湖　南	2 501	45 732	93	
广　东	5 933	127 237	1 022	214
广　西	1 638	33 101	421	
海　南	501	11 692		
重　庆	1 528	30 114		
四　川	3 611	58 645	273	
贵　州	1 201	22 245	563	
云　南	2 407	51 963		
西　藏	129	3 155		
陕　西	1 391	26 331		
甘　肃	967	20 376	13	
青　海	611	14 329		
宁　夏	486	10 423	50	
新　疆	965	19 702	115	

4-8 全国公共汽电车客运量

地 区	运营里程（万公里）	客运量（万人次）	BRT
全国总计	3 027 877	4 423 597	115 095
北 京	106 774	182 567	2 708
天 津	42 273	61 391	
河 北	97 690	92 993	
山 西	57 855	105 148	
内蒙古	52 460	66 272	
辽 宁	104 481	234 134	806
吉 林	59 201	107 672	
黑龙江	81 372	119 805	
上 海	95 051	133 808	327
江 苏	204 989	281 688	10 247
浙 江	227 194	219 752	5 512
安 徽	111 404	129 560	8 001
福 建	102 996	143 025	7 405
江 西	62 916	88 732	5 791
山 东	246 977	247 611	5 958
河 南	127 691	173 125	19 481
湖 北	97 070	167 159	2 138
湖 南	120 966	209 776	1 885
广 东	372 830	399 596	15 123
广 西	62 505	66 898	2 145
海 南	23 017	19 481	
重 庆	76 033	184 682	
四 川	152 244	291 249	13 169
贵 州	53 181	152 438	2 810
云 南	68 681	105 356	
西 藏	4 062	7 943	
陕 西	79 504	155 364	
甘 肃	56 042	120 174	3 093
青 海	19 306	37 212	
宁 夏	15 552	28 191	2 606
新 疆	45 563	90 796	5 892

4-9 全国巡游出租汽车车辆数

单位：辆

地区	运营车数							
	合计	汽油车	乙醇汽油车	天然气车	双燃料车	纯电动车	混合动力车	其他
全国总计	1 394 005	310 036	157 053	54 625	707 659	124 079	8 322	32 231
北京	74 875	58 479			4 567	11 829		
天津	31 779	30 775			381	5	618	
河北	72 272	14 904	1 103	544	54 621	1 020	80	
山西	42 761	2 891		53	19 981	19 576		260
内蒙古	67 812	33 580			34 231	1		
辽宁	93 389	1 886	950	6 737	82 811	144		861
吉林	69 166		59 451		9 603		112	
黑龙江	101 313		86 765	47	14 342	1		158
上海	37 322	31 602			290	5 430		
江苏	56 224	11 361	620	289	41 362	2 580	12	
浙江	44 361	13 769		129	27 140	2 933	179	211
安徽	54 581	3 868	4 231	486	42 887	2 756		353
福建	21 762	1 890			15 330	4 536		6
江西	17 475	13 181		75	3 138	322	629	130
山东	70 857	12 216		446	55 093	1 127	1 881	94
河南	63 916	11 331	3 033	10 278	36 743	2 531		
湖北	43 604	7 096		398	34 522	1 588		
湖南	35 561	7 339			25 934	2 287		1
广东	60 277	3 801		3	10 729	38 568	2 556	4 620
广西	20 814	5 856	388	609	11 794	2 016	151	
海南	6 510	235			4 985	1 031	259	
重庆	24 593	146		17 084	7 107	256		
四川	45 304	5 290		150	33 639	6 225		
贵州	42 221	10 574	512	2 565	9 945	1 795	1 186	15 644
云南	31 438	18 785		126	10 250	2 024	234	19
西藏	2 176	686				192		1 298
陕西	38 136	416		99	20 407	8 508		8 706
甘肃	38 662	2 924		10 202	22 767	2 741		28
青海	13 871	2 399		1	10 574	897		
宁夏	16 611	2 363			14 166	82		
新疆	54 362	393		4 304	48 320	1 270	75	

4-10　全国巡游出租汽车运量

地　　区	载客车次总数 （万车次）	运营里程 （万公里）	载客里程	客运量 （万人次）
全国总计	1 379 295	11 286 202	7 172 846	2 532 710
北　京	12 448	245 274	151 275	17 427
天　津	6 104	104 090	43 293	8 542
河　北	49 598	536 756	335 611	88 316
山　西	38 844	319 615	207 996	68 274
内蒙古	68 303	492 313	314 700	125 570
辽　宁	98 445	833 080	532 558	184 692
吉　林	83 923	595 032	448 590	151 606
黑龙江	113 306	710 056	462 356	223 757
上　海	20 383	324 454	190 871	36 689
江　苏	38 169	438 074	241 162	77 098
浙　江	38 793	384 978	217 613	69 288
安　徽	59 131	513 536	333 980	115 348
福　建	23 628	202 482	126 282	44 548
江　西	21 080	133 040	80 416	41 028
山　东	48 030	537 004	324 230	83 261
河　南	63 149	541 834	359 227	118 166
湖　北	47 130	416 108	234 865	86 338
湖　南	60 826	374 593	244 024	120 198
广　东	53 527	640 804	377 464	97 154
广　西	12 077	135 401	81 123	21 652
海　南	4 157	59 395	38 637	8 982
重　庆	43 362	337 054	213 434	73 195
四　川	77 184	539 088	332 555	140 981
贵　州	65 127	308 808	220 049	136 976
云　南	31 612	202 704	127 880	60 621
西　藏	5 138	31 094	24 690	9 277
陕　西	48 902	370 562	243 428	89 734
甘　肃	48 922	304 395	213 300	77 989
青　海	16 773	108 784	75 506	25 577
宁　夏	20 648	132 823	87 556	35 801
新　疆	60 576	412 973	288 175	94 624

4-11　全国城市轨道交通配属车辆数

地　区	配属车辆数（辆）								配属列车数（列）
	合计	地铁	轻轨	单轨	有轨电车	磁浮	自动导向	市域快速轨道	
全国总计	49 424	46 132	888	802	1 280	98	44	180	8 483
北　京	6 779	6 670			49	60			1 118
天　津	1 244	1 068	152		24				224
河　北	408	408							68
山　西	96	96							16
内蒙古	312	312							52
辽　宁	1 348	1 068	208		72				306
吉　林	839	264	528		47				181
黑龙江	186	186							31
上　海	7 071	7 010				17	44		1 153
江　苏	3 899	3 488			411				713
浙　江	2 880	2 700						180	493
安　徽	732	732							122
福　建	870	870							145
江　西	438	438							73
山　东	1 191	1 184			7				233
河　南	918	918							153
湖　北	2 578	2 284			294				476
湖　南	891	870				21			152
广　东	6 593	6 408			185				1 148
广　西	696	696							116
海　南	11				11				11
重　庆	2 062	1 260		802					343
四　川	4 478	4 298			180				672
贵　州	204	204							34
云　南	732	732							122
西　藏									
陕　西	1 650	1 650							275
甘　肃	156	156							26
青　海									
宁　夏									
新　疆	162	162							27

4-12　全国城市轨道交通运营线路条数

单位：条

地区	运营线路条数							
	合计	地铁	轻轨	单轨	有轨电车	磁浮	自动导向	市域快速轨道
全国总计	226	189	6	2	23	3	1	2
北京	24	21			2	1		
天津	7	5	1		1			
河北	3	3						
山西	1	1						
内蒙古	2	2						
辽宁	10	6	2		2			
吉林	7	2	3		2			
黑龙江	2	2						
上海	18	16				1	1	
江苏	25	20			5			
浙江	13	11						2
安徽	4	4						
福建	4	4						
江西	2	2						
山东	9	8			1			
河南	6	6						
湖北	12	9			3			
湖南	6	5				1		
广东	31	26			5			
广西	4	4						
海南	1				1			
重庆	9	7		2				
四川	13	12			1			
贵州	1	1						
云南	4	4						
西藏								
陕西	6	6						
甘肃	1	1						
青海								
宁夏								
新疆	1	1						

单位：条

4-13　全国城市轨道交通运营里程

单位：公里

地区	运营里程							
	合计	地铁	轻轨	单轨	有轨电车	磁浮	自动导向	市域快速轨道
全国总计	7 354.7	6 595.1	217.6	98.5	305.5	56.7	6.3	75.0
北　京	726.6	696.6			21.0	9.0		
天　津	238.9	178.7	52.3		7.9			
河　北	59.0	59.0						
山　西	23.6	23.6						
内蒙古	49.0	49.0						
辽　宁	295.4	168.2	103.8		23.4			
吉　林	117.6	38.6	61.5		17.5			
黑龙江	30.3	30.3						
上　海	729.2	693.8				29.1	6.3	
江　苏	791.8	710.8			81.0			
浙　江	508.4	433.4						75.0
安　徽	112.5	112.5						
福　建	130.4	130.4						
江　西	60.4	60.4						
山　东	302.5	293.7			8.8			
河　南	180.9	180.9						
湖　北	384.3	335.2			49.1			
湖　南	158.0	139.4				18.6		
广　东	1 028.9	979.8			49.1			
广　西	105.3	105.3						
海　南	8.4				8.4			
重　庆	343.3	244.8		98.5				
四　川	557.8	518.5			39.3			
贵　州	34.8	34.8						
云　南	139.1	139.1						
西　藏								
陕　西	186.0	186.0						
甘　肃	25.5	25.5						
青　海								
宁　夏								
新　疆	26.8	26.8						

注：上海轨道交通运营里程含江苏（昆山）境内约6公里。

4-14　全国城市轨道交通运量

地　区	运营车公里（万车公里）	客运量（万人次）	旅客周转量（万人公里）
全国总计	452 898	1 759 044	14 805 406
北　京	67 368	229 275	2 116 378
天　津	13 654	33 865	269 380
河　北	2 395	7 169	38 723
山　西	23	89	293
内蒙古	990	2 128	12 741
辽　宁	13 250	44 585	368 752
吉　林	3 804	16 436	89 455
黑龙江	1 603	5 123	35 381
上　海	63 532	283 469	2 612 852
江　苏	40 192	124 714	998 247
浙　江	23 017	74 821	607 851
安　徽	6 739	19 507	152 456
福　建	7 629	20 871	152 621
江　西	3 857	13 510	92 403
山　东	9 342	14 843	126 873
河　南	8 196	34 101	287 103
湖　北	18 688	62 059	511 333
湖　南	8 306	38 576	250 078
广　东	78 040	407 694	3 354 911
广　西	5 594	20 841	189 937
海　南	11	22	78
重　庆	23 470	83 975	733 223
四　川	29 227	121 962	983 459
贵　州	1 888	3 698	39 381
云　南	5 525	15 990	154 687
西　藏			
陕　西	14 371	72 561	561 135
甘　肃	1 320	5 248	48 536
青　海			
宁　夏			
新　疆	870	1 912	17 141

注：上海轨道交通客运量含江苏（昆山）境内约1460万人次。

4-15 全国城市客运轮渡船舶及航线数

地 区	运营船数（艘）	运营航线条数（条）	运营航线总长度（公里）
全国总计	194	83	323.4
北 京			
天 津			
河 北			
山 西			
内蒙古			
辽 宁			
吉 林			
黑龙江	16	8	24.0
上 海	35	17	13.7
江 苏	12	4	16.6
浙 江	5	2	3.6
安 徽			
福 建	24	9	62.0
江 西	2	1	2.0
山 东	3	1	7.0
河 南			
湖 北	24	10	31.1
湖 南	5	3	3.8
广 东	58	22	125.6
广 西			
海 南			
重 庆	10	6	34.0
四 川			
贵 州			
云 南			
西 藏			
陕 西			
甘 肃			
青 海			
宁 夏			
新 疆			

4-16　全国城市客运轮渡运量

地　区	客运量（万人次）	机动车运量（辆）	非机动车运量（辆）
全国总计	**3 872**	**827 941**	**17 258 235**
北　京			
天　津			
河　北			
山　西			
内蒙古			
辽　宁			
吉　林			
黑龙江	63	1	1
上　海	580	340 222	15 968 195
江　苏	174		1 114 243
浙　江	80	317	3 665
安　徽			
福　建	1 489		
江　西	35	90 000	8 000
山　东	...	334	
河　南			
湖　北	219	383 366	25 782
湖　南	35		
广　东	1 108	13 701	138 349
广　西			
海　南			
重　庆	90		
四　川			
贵　州			
云　南			
西　藏			
陕　西			
甘　肃			
青　海			
宁　夏			
新　疆			

4-17　中心城市城市客运经营业户

单位：户

地　区	公共汽电车经营业户数					轨道交通经营业户数	城市客运轮渡经营业户数
		国有企业数	国有控股企业数	私营企业数	个体经营业户数		
中心城市总计	**423**	**177**	**63**	**166**	**1**	**54**	**15**
北　京	1	1				4	
天　津	16	15		1		3	
石家庄	2	1		1		1	
太　原	1	1				1	
呼和浩特	1	1				1	
沈　阳	18	9	5	4		1	
长　春	26	2	1	23		1	
哈尔滨	50	3	1	46		1	5
上　海	32		22			6	1
南　京	7	7				2	1
杭　州	8	1	7			3	
合　肥	3		3			1	
福　州	9	6	1	2		2	
南　昌	3	3				1	
济　南	7	4	1	2		1	
郑　州	2	2				2	
武　汉	8	4	1	3		2	1
长　沙	7			1		2	
广　州	31	16	6	9		1	1
南　宁	10	1		9		1	
海　口	1	1					
重　庆	50	29	5	16		1	3
成　都	19	18	1			1	
贵　阳	12	4		8		1	
昆　明	10	5	1	4		2	
拉　萨	2	2					
西　安	16	6		10		1	
兰　州	4	4				1	
西　宁	1	1					
银　川	4	4					
乌鲁木齐	8	5		3		1	
大　连	21	3	2	15	1	2	
青　岛	8	7		1		2	1
宁　波	8	4	1	3		1	1
深　圳	8		5	3		3	
厦　门	9	7		2		1	1

4-17 （续表一）

单位：户

地　区	巡游出租汽车经营业户数					
	合计	车辆 301 辆以上的企业数	车辆 101~300 辆（含）的企业数	车辆 51~100 辆（含）的企业数	车辆 50 辆（含）以下的企业数	个体经营业户数
中心城市总计	**35 780**	**400**	**618**	**410**	**4 846**	**29 506**
北　京	1 364	27	61	53	81	1 142
天　津	6 036	24	27	7	3	5 975
石家庄	35	11	14	7	3	
太　原	19	7	8	1	3	
呼和浩特	24	5	9	7	3	
沈　阳	1 267	16	26	21	85	1 119
长　春	5 613	10	17	18	7	5 561
哈尔滨	478	13	31	20	27	387
上　海	3 055	28	19	24	41	2 943
南　京	1 457	7	27	21	10	1 392
杭　州	728	11	20	20	36	641
合　肥	75	6			1	68
福　州	24	8	6	5	5	
南　昌	591	5	7	9	10	560
济　南	208	11	27	15	4	151
郑　州	4 597	11	21	15		4 550
武　汉	490	11	35	14	13	417
长　沙	20	12	6	2		
广　州	71	16	33	16	6	
南　宁	12	11	1			
海　口	15	1	5	5	4	
重　庆	1 014	19	46	26	36	887
成　都	82	24	6	23	29	
贵　阳	90	14	5	1		70
昆　明	35	8	17	7	3	
拉　萨	2	2				
西　安	60	11	27	15	7	
兰　州	34	14	15	2	3	
西　宁	7	6	1			
银　川	20	8	9		3	
乌鲁木齐	22	11	7	3	1	
大　连	3 814	3	12	29	127	3 643
青　岛	4 310	6	10	8	4 286	
宁　波	38	1	28	3	6	
深　圳	64	17	33	11	3	
厦　门	9	5	2	2		

4-18 中心城市城市客运设施

地 区	公交专用车道长度（公里）	轨道交通车站数（个）	换乘站数	城市客运轮渡在用码头数（个）	公共汽电车停保场面积（万平方米）
中心城市总计	9 376	4 371	450	129	3 826.3
北　京	1 005	428	64		320.6
天　津	194	159	15		125.7
石家庄	133	48	3		117.0
太　原	200	22			41.9
呼和浩特	227	44	1		49.8
沈　阳	592	85	7		38.2
长　春	286	129	8		49.2
哈尔滨	112	27	1	23	72.0
上　海	471	430	62	41	264.8
南　京	272	200	18	6	64.7
杭　州	289	167	20		128.8
合　肥	151	95	5		124.0
福　州	151	46	1		92.7
南　昌	165	50	2		106.0
济　南	421	24			139.0
郑　州	412	152	20		196.4
武　汉	216	321	26	9	58.1
长　沙	280	114	12		99.6
广　州	519	312	36	29	176.8
南　宁	110	84	7		70.0
海　口	11				32.4
重　庆	222	193	20	9	106.0
成　都	505	322	46		193.2
贵　阳	57	25			50.7
昆　明	194	83	9		70.4
拉　萨	46				3.2
西　安	385	145	12		73.1
兰　州	31	20			43.8
西　宁	75				16.1
银　川	132				57.3
乌鲁木齐	204	21			52.4
大　连	288	102	3		83.9
青　岛	231	107	4	2	171.7
宁　波	175	103	7	3	138.7
深　圳	530	257	40		313.6
厦　门	82	56	1	7	84.5

注：广州轨道交通车站数含佛山境内15个，均非换乘站。

4-19　中心城市公共汽电车数量

地　区	公共汽电车数（辆）				标准运营车数（标台）
		空调车	安装卫星定位车载终端的车辆	BRT 运营车辆	
中心城市总计	271 992	246 791	249 026	7 099	336 272
北　京	23 948	23 948	23 948	288	32 610
天　津	12 399	12 107	10 246		13 556
石家庄	4 165	3 795	3 862		5 182
太　原	2 883	2 643	2 745		3 661
呼和浩特	3 390	3 390	3 390		4 232
沈　阳	5 885	4 177	5 338		7 613
长　春	5 034	2 831	4 072		5 540
哈尔滨	7 219	3 732	3 037		9 197
上　海	17 667	17 644	17 496	35	22 359
南　京	8 768	8 768	8 768		10 427
杭　州	9 294	9 294	9 294	92	11 028
合　肥	6 258	6 165	6 258	1 235	8 038
福　州	4 920	4 920	4 920		5 844
南　昌	4 238	4 238	4 180	98	4 968
济　南	7 916	7 214	7 916	330	9 637
郑　州	6 355	6 355	6 355	1 800	8 216
武　汉	9 588	9 418	9 507	30	11 867
长　沙	9 288	9 288	9 288		11 857
广　州	15 446	15 410	15 385	1 024	18 858
南　宁	3 891	3 856	3 891	60	4 901
海　口	1 994	1 994	1 520		2 317
重　庆	13 754	13 317	12 601		16 178
成　都	14 690	14 619	13 059	634	17 994
贵　阳	2 937	2 851	2 937	160	3 616
昆　明	6 476	4 468	2 123		7 609
拉　萨	556	556	556		694
西　安	9 356	8 984	8 819		11 633
兰　州	4 036	3 253	847	55	4 970
西　宁	1 940	487	1 940		2 422
银　川	1 423	1 215	1 423	125	1 866
乌鲁木齐	4 458	607	4 309	552	5 767
大　连	5 713	3 001	4 140	111	7 091
青　岛	8 679	4 818	7 428		11 023
宁　波	6 110	6 110	6 110		7 263
深　圳	17 004	17 004	17 004		20 830
厦　门	4 314	4 314	4 314	470	5 410

4-20 中心城市公共汽电车数量(按长度分)

单位:辆

地 区	公共汽电车数								
	合计	≤ 5 米	> 5 米 且≤ 7 米	> 7 米 且≤ 10 米	> 10 米 且≤ 13 米	> 13 米 且≤ 16 米	> 16 米 且≤ 18 米	> 18 米	双层车
中心城市总计	271 992	317	13 447	48 796	199 670	3 064	3 371	103	3 224
北 京	23 948		826	1 493	16 884	2 517	775		1 453
天 津	12 399	214	631	6 837	4 654				63
石家庄	4 165		92	752	3 200	121			
太 原	2 883			356	2 498		29		
呼和浩特	3 390		347		2 993		30		20
沈 阳	5 885			150	5 723				12
长 春	5 034		10	3 329	1 695				
哈尔滨	7 219		41	585	6 573				20
上 海	17 667		111	2 216	15 172	10	59	31	68
南 京	8 768		531	2 204	6 013	20			
杭 州	9 294	1	882	1 748	6 663				
合 肥	6 258		181	354	5 548		125		50
福 州	4 920		534	806	3 555	22			3
南 昌	4 238		601	773	2 765	59	30		10
济 南	7 916		641	1 639	5 249	160	222		5
郑 州	6 355			918	5 095	2	250		90
武 汉	9 588	16	169	1 980	7 243		30		150
长 沙	9 288			724	8 564				
广 州	15 446		506	3 396	11 382		36		126
南 宁	3 891		95	599	3 067		15		115
海 口	1 994	10	357	207	1 405				15
重 庆	13 754	30	961	3 672	9 091				
成 都	14 690	9	1 756	2 566	9 327		1 008	12	12
贵 阳	2 937		122	539	2 224		12		40
昆 明	6 476	18	1 064	1 343	3 646		30		375
拉 萨	556		34	28	494				
西 安	9 356		540	1 270	7 254				292
兰 州	4 036		170	822	2 984		60		
西 宁	1 940		138	78	1 714				10
银 川	1 423	3	6	146	1 174		94		
乌鲁木齐	4 458		397	271	3 374		416		
大 连	5 713		104	937	4 659				13
青 岛	8 679		59	1 079	7 330	153	38		20
宁 波	6 110		516	1 235	4 359				
深 圳	17 004		665	3 261	12 908				170
厦 门	4 314	16	360	483	3 191		172		92

4-21　中心城市公共汽电车数量（按燃料类型分）

单位：辆

地区	公共汽电车数 合计	汽油车	柴油车	天然气车	双燃料车	无轨电车	纯电动车	混合动力车	其他
中心城市总计	271 992	322	30 760	65 301	695	2 457	130 057	41 381	1 019
北　京	23 948		3 070	7 815		1 276	8 316	3 466	5
天　津	12 399	181	4 427	494			4 847	2 450	
石家庄	4 165		111	1 638			2 394	22	
太　原	2 883			1 214	152	76	1 441		
呼和浩特	3 390			18	1 403		1 969		
沈　阳	5 885		1 035	2 164			501	2 185	
长　春	5 034		374	1 997	130		2 474	59	
哈尔滨	7 219		324	1 022			4 577	1 296	
上　海	17 667		4 341	111		354	10 487	2 368	6
南　京	8 768		1 060	1 870			5 006	832	
杭　州	9 294	2	592	1 840		85	5 222	1 553	
合　肥	6 258		322	2 143			3 423	370	
福　州	4 920	4	412	277			3 131	1 094	2
南　昌	4 238		1 882	600			1 212	544	
济　南	7 916	14	722	1 689		126	2 716	2 609	40
郑　州	6 355		15	20		50	3 475	2 572	223
武　汉	9 588		2 783	3 001		40	3 520	213	31
长　沙	9 288						6 415	2 873	
广　州	15 446		158	852		283	12 481	1 657	15
南　宁	3 891		398	1 350			803	1 340	
海　口	1 994		333	230	10		1 160	261	
重　庆	13 754	25	638	6 507			2 270	4 314	
成　都	14 690		389	9 287	6		4 465	373	170
贵　阳	2 937		4	1 703			712	11	507
昆　明	6 476	18	2 907	872			847	1 832	
拉　萨	556						61	495	
西　安	9 356			2 181			5 810	1 365	
兰　州	4 036	60	105	1 743			1 390	738	
西　宁	1 940		2	1 301			425	212	
银　川	1 423	8		864			551		
乌鲁木齐	4 458		275	2 986	397		24	776	
大　连	5 713		963	1 080		65	2 786	799	20
青　岛	8 679		997	3 653		102	3 053	874	
宁　波	6 110		894	953			3 368	895	
深　圳	17 004			395			16 609		
厦　门	4 314	10	814	441			2 116	933	

4-22 中心城市公共汽电车数量（按排放标准分）

单位：辆

地区	公共汽电车数				
	合计	国Ⅲ及以下	国Ⅳ	国Ⅴ及以上	零排放
中心城市总计	271 992	18 216	39 249	81 401	133 126
北　京	23 948		765	13 586	9 597
天　津	12 399	1 009	3 864	2 679	4 847
石家庄	4 165	601	473	697	2 394
太　原	2 883		1 322	44	1 517
呼和浩特	3 390	1 421			1 969
沈　阳	5 885	1 093	390	3 861	541
长　春	5 034	409	901	1 250	2 474
哈尔滨	7 219		1 120	1 522	4 577
上　海	17 667	844	1 099	4 822	10 902
南　京	8 768	154	736	2 860	5 018
杭　州	9 294		690	3 297	5 307
合　肥	6 258	435	724	1 676	3 423
福　州	4 920	59	737	991	3 133
南　昌	4 238	902	804	1 320	1 212
济　南	7 916	528	742	3 811	2 835
郑　州	6 355			2 607	3 748
武　汉	9 588	732	2 222	3 073	3 561
长　沙	9 288		2 540	333	6 415
广　州	15 446	12	220	2 435	12 779
南　宁	3 891	277	263	2 548	803
海　口	1 994		244	590	1 160
重　庆	13 754	2 744	2 675	6 150	2 185
成　都	14 690	648	4 203	5 204	4 635
贵　阳	2 937	270	410	1 502	755
昆　明	6 476	1 414	2 991	1 224	847
拉　萨	556			495	61
西　安	9 356	502	1 082	1 962	5 810
兰　州	4 036	22	902	1 722	1 390
西　宁	1 940	208	965	342	425
银　川	1 423	178	151	543	551
乌鲁木齐	4 458	616	1 047	2 771	24
大　连	5 713	649	1 120	967	2 977
青　岛	8 679	1 701	1 959	1 858	3 161
宁　波	6 110	226	1 043	1 473	3 368
深　圳	17 004	144	251		16 609
厦　门	4 314	418	594	1 186	2 116

4-23 中心城市公共汽电车线路

地区	运营线路条数（条）	运营线路总长度（公里）	BRT 线路长度	无轨电车线路长度
中心城市总计	19 710	384 628	3 848	1 150
北京	1 207	28 418	81	477
天津	1 002	27 143		
石家庄	248	4 326		
太原	237	5 759		38
呼和浩特	224	3 827		
沈阳	309	5 087		
长春	307	6 198		
哈尔滨	322	7 505		
上海	1 585	24 945	21	136
南京	785	12 399		
杭州	948	17 268	132	50
合肥	289	4 737	131	
福州	344	6 153		
南昌	376	8 785	62	
济南	624	12 123	246	46
郑州	359	5 358	1 255	13
武汉	610	10 207	12	109
长沙	366	7 344		
广州	1 411	26 077	788	214
南宁	281	5 098	31	
海口	143	4 173		
重庆	1 332	27 219		
成都	1 196	17 745	273	
贵阳	313	5 678	563	
昆明	595	13 546		
拉萨	67	1 820		
西安	406	7 352		
兰州	273	7 149	13	
西宁	102	1 484		
银川	138	2 458	50	
乌鲁木齐	237	3 825	115	
大连	315	5 326	14	8
青岛	740	16 775		59
宁波	699	12 835		
深圳	907	21 311		
厦门	413	7 177	60	

4-24　中心城市公共汽电车客运量

地　区	运营里程（万公里）	客运量（万人次）	BRT
中心城市总计	1 231 844	2 078 478	86 823
北　京	106 774	182 567	2 708
天　津	42 273	61 391	
石家庄	14 451	17 756	
太　原	10 186	21 151	
呼和浩特	8 450	17 286	
沈　阳	22 723	67 007	
长　春	24 902	47 150	
哈尔滨	31 815	48 476	
上　海	95 051	133 808	327
南　京	34 501	54 823	
杭　州	50 525	62 618	480
合　肥	21 590	32 376	8 001
福　州	23 627	29 358	
南　昌	16 601	20 889	1 062
济　南	27 912	52 567	4 186
郑　州	25 397	55 647	19 481
武　汉	31 436	58 586	194
长　沙	30 620	41 359	
广　州	98 361	137 956	14 355
南　宁	19 869	18 987	249
海　口	11 825	12 284	
重　庆	70 827	171 287	
成　都	55 963	110 444	13 169
贵　阳	14 565	36 986	2 810
昆　明	21 844	43 455	
拉　萨	2 853	6 900	
西　安	39 823	79 373	
兰　州	25 434	62 424	3 093
西　宁	8 013	27 138	
银　川	5 986	15 297	2 606
乌鲁木齐	18 659	43 460	5 892
大　连	23 485	57 888	806
青　岛	41 199	64 862	
宁　波	31 477	26 673	
深　圳	98 051	105 376	
厦　门	24 778	52 875	7 405

4-25　中心城市巡游出租汽车车辆数

单位：辆

地区	运营车数 合计	汽油车	乙醇汽油车	天然气车	双燃料车	纯电动车	混合动力车	其他
中心城市总计	513 683	146 792	36 365	35 138	171 080	91 725	4 627	27 956
北　京	74 875	58 479			4 567	11 829		
天　津	31 779	30 775			381	5	618	
石家庄	7 853			144	7 701	8		
太　原	8 292					8 292		
呼和浩特	6 027				6 027			
沈　阳	19 276		313		18 963			
长　春	18 534		18 534					
哈尔滨	17 518		17 518					
上　海	37 322	31 602			290	5 430		
南　京	11 848	4 422			6 145	1 281		
杭　州	13 382	6 644			5 888	783	67	
合　肥	9 402				6 781	2 621		
福　州	6 605	315			5 810	474		6
南　昌	5 453	5 364				89		
济　南	10 453	120			7 499	981	1 853	
郑　州	10 975	121		9 575		1 279		
武　汉	18 078				16 928	1 150		
长　沙	8 080				6 258	1 822		
广　州	21 492	352			687	14 434	1 599	4 420
南　宁	6 352				6 002	350		
海　口	2 133				1 161	713	259	
重　庆	22 475			16 514	5 761	200		
成　都	14 201	150			8 888	5 163		
贵　阳	15 227	700						14 527
昆　明	9 356	4 169		1	4 017	1 154	3	12
拉　萨	1 009						192	817
西　安	16 526				999	7 406		8 121
兰　州	10 766			8 812		1 954		
西　宁	5 666				5 226	440		
银　川	5 562				5 507	55		
乌鲁木齐	13 138				13 038	100		
大　连	11 630	526			10 965	95		44
青　岛	10 568	3 053			7 515			
宁　波	4 792			92	4 390	265	36	9
深　圳	21 358					21 358		
厦　门	5 680				3 686	1 994		

4-26 中心城市巡游出租汽车客运量

地区	载客车次总数（万车次）	运营里程（万公里）	载客里程	客运量（万人次）
中心城市总计	370 397	4 064 798	2 509 316	647 239
北 京	12 448	245 274	151 275	17 427
天 津	6 104	104 090	43 293	8 542
石家庄	5 046	56 665	38 010	7 785
太 原	8 238	85 626	54 301	16 477
呼和浩特	3 837	48 472	29 169	5 210
沈 阳	14 586	150 106	85 364	28 246
长 春	13 853	171 577	143 182	16 201
哈尔滨	18 096	137 425	96 198	36 193
上 海	20 383	324 454	190 871	36 689
南 京	3 331	53 663	28 550	6 690
杭 州	10 125	112 355	63 095	18 601
合 肥	8 306	106 904	67 120	12 237
福 州	6 490	54 186	34 796	12 777
南 昌	5 299	36 738	19 637	10 597
济 南	5 143	74 850	42 897	9 368
郑 州	7 739	92 422	61 245	10 216
武 汉	11 866	165 297	95 069	20 173
长 沙	9 270	87 397	51 347	18 830
广 州	18 703	230 628	131 546	40 678
南 宁	4 144	51 607	29 221	6 218
海 口	1 872	19 100	12 340	3 664
重 庆	37 503	314 367	197 926	62 381
成 都	14 210	153 011	84 636	22 175
贵 阳	12 537	84 805	55 560	24 430
昆 明	4 761	54 976	35 850	9 291
拉 萨	1 892	14 243	10 711	2 518
西 安	15 805	159 421	102 185	31 448
兰 州	13 899	111 499	78 928	25 697
西 宁	6 144	43 357	27 358	10 438
银 川	6 112	46 305	28 761	10 712
乌鲁木齐	13 632	129 002	91 360	19 296
大 连	9 901	89 991	60 795	19 804
青 岛	7 652	86 905	46 034	14 710
宁 波	3 305	38 020	20 281	6 073
深 圳	21 783	264 561	161 354	32 675
厦 门	6 382	65 501	39 053	12 774

4-27 中心城市轨道交通配属车辆数

地区	配属车辆数（辆）								配属列车数（列）
	合计	地铁	轻轨	单轨	有轨电车	磁浮	自动导向	市域快速轨道	
中心城市总计	47 013	44 160	888	802	913	98	44	108	8 021
北　京	6 779	6 670			49	60			1 118
天　津	1 244	1 068	152		24				224
石家庄	408	408							68
太　原	96	96							16
呼和浩特	312	312							52
沈　阳	720	720							120
长　春	839	264	528		47				181
哈尔滨	186	186							31
上　海	7 071	7 010				17	44		1 153
南　京	1 736	1 636			100				311
杭　州	1 908	1 908							325
合　肥	732	732							122
福　州	354	354							59
南　昌	438	438							73
济　南	204	204							42
郑　州	918	918							153
武　汉	2 578	2 284			294				476
长　沙	891	870				21			152
广　州	3 148	3 068			80				585
南　宁	696	696							116
海　口									
重　庆	2 062	1 260		802					343
成　都	4 478	4 298			180				672
贵　阳	204	204							34
昆　明	732	732							122
拉　萨									
西　安	1 650	1 650							275
兰　州	156	156							26
西　宁									
银　川									
乌鲁木齐	162	162							27
大　连	628	348	208		72				186
青　岛	987	980			7				191
宁　波	900	792						108	150
深　圳	3 280	3 220			60				532
厦　门	516	516							86

4-28 中心城市轨道交通运营线路条数

单位：条

地区	运营线路条数							
	合计	地铁	轻轨	单轨	有轨电车	磁浮	自动导向	市域快速轨道
中心城市总计	208	178	6	2	17	3	1	1
北京	24	21			2	1		
天津	7	5	1		1			
石家庄	3	3						
太原	1	1						
呼和浩特	2	2						
沈阳	4	4						
长春	7	2	3		2			
哈尔滨	2	2						
上海	18	16				1	1	
南京	12	10			2			
杭州	7	7						
合肥	4	4						
福州	2	2						
南昌	2	2						
济南	2	2						
郑州	6	6						
武汉	12	9			3			
长沙	6	5				1		
广州	16	14			2			
南宁	4	4						
海口								
重庆	9	7		2				
成都	13	12			1			
贵阳	1	1						
昆明	4	4						
拉萨								
西安	6	6						
兰州	1	1						
西宁								
银川								
乌鲁木齐	1	1						
大连	6	2	2		2			
青岛	7	6			1			
宁波	5	4						1
深圳	12	11			1			
厦门	2	2						

4-29　中心城市轨道交通运营里程

单位：公里

地　区	运 营 里 程							
	合计	地铁	轻轨	单轨	有轨电车	磁浮	自动导向	市域快速轨道
中心城市总计	6 842.2	6 224.1	217.6	98.5	217.5	56.7	6.3	21.5
北　京	726.6	696.6			21.0	9.0		
天　津	238.9	178.7	52.3		7.9			
石家庄	59.0	59.0						
太　原	23.6	23.6						
呼和浩特	49.0	49.0						
沈　阳	114.1	114.1						
长　春	117.6	38.6	61.5		17.5			
哈尔滨	30.3	30.3						
上　海	729.2	693.8				29.1	6.3	
南　京	394.3	377.6			16.7			
杭　州	300.6	300.6						
合　肥	112.5	112.5						
福　州	58.5	58.5						
南　昌	60.4	60.4						
济　南	47.7	47.7						
郑　州	180.9	180.9						
武　汉	384.3	335.2			49.1			
长　沙	158.0	139.4				18.6		
广　州	553.2	531.1			22.1			
南　宁	105.3	105.3						
海　口								
重　庆	343.3	244.8		98.5				
成　都	557.8	518.5			39.3			
贵　阳	34.8	34.8						
昆　明	139.1	139.1						
拉　萨								
西　安	186.0	186.0						
兰　州	25.5	25.5						
西　宁								
银　川								
乌鲁木齐	26.8	26.8						
大　连	181.3	54.1	103.8		23.4			
青　岛	254.8	246.0			8.8			
宁　波	154.3	132.8						21.5
深　圳	422.6	410.9			11.7			
厦　门	71.9	71.9						

注：广州轨道交通运营里程含佛山境内约21.5公里。

4-30　中心城市轨道交通运量

地　区	运营车公里（万车公里）	客运量（万人次）	旅客周转量（万人公里）
中心城市总计	430 863	1 710 130	14 419 120
北　京	67 368	229 275	2 116 378
天　津	13 654	33 865	269 380
石家庄	2 395	7 169	38 723
太　原	23	89	293
呼和浩特	990	2 128	12 741
沈　阳	7 428	31 007	217 821
长　春	3 804	16 436	89 455
哈尔滨	1 603	5 123	35 381
上　海	63 532	283 469	2 612 852
南　京	21 587	80 138	668 858
杭　州	15 615	58 134	495 534
合　肥	6 739	19 507	152 456
福　州	2 938	9 474	67 835
南　昌	3 857	13 510	92 403
济　南	2 001	868	6 820
郑　州	8 196	34 101	287 103
武　汉	18 688	62 059	511 333
长　沙	8 306	38 576	250 078
广　州	41 256	241 660	1 930 546
南　宁	5 594	20 841	189 937
海　口			
重　庆	23 470	83 975	733 223
成　都	29 227	121 962	983 459
贵　阳	1 888	3 698	39 381
昆　明	5 525	15 990	154 687
拉　萨			
西　安	14 371	72 561	561 135
兰　州	1 320	5 248	48 536
西　宁			
银　川			
乌鲁木齐	870	1 912	17 141
大　连	5 822	13 578	150 931
青　岛	7 340	13 976	120 054
宁　波	6 183	15 986	100 708
深　圳	34 585	162 420	1 379 155
厦　门	4 691	11 397	84 786

注：广州轨道交通客运量含佛山境内约 7668 万人次。

4-31 中心城市客运轮渡船舶及航线数

地 区	运营船数（艘）	运营航线条数（条）	运营航线总长度（公里）
中心城市总计	164	68	239.1
北 京			
天 津			
石家庄			
太 原			
呼和浩特			
沈 阳			
长 春			
哈尔滨	16	8	24.0
上 海	35	17	13.7
南 京	12	4	16.6
杭 州			
合 肥			
福 州			
南 昌			
济 南			
郑 州			
武 汉	20	9	26.1
长 沙			
广 州	43	14	57.0
南 宁			
海 口			
重 庆	9	5	32.4
成 都			
贵 阳			
昆 明			
拉 萨			
西 安			
兰 州			
西 宁			
银 川			
乌鲁木齐			
大 连			
青 岛	3	1	7.0
宁 波	2	1	0.3
深 圳			
厦 门	24	9	62.0

4-32 中心城市客运轮渡运量

地 区	客运量（万人次）	机动车运量（辆）	非机动车运量（辆）
中心城市总计	**3 641**	**723 923**	**17 108 221**
北　京			
天　津			
石家庄			
太　原			
呼和浩特			
沈　阳			
长　春			
哈尔滨	63	1	1
上　海	580	340 222	15 968 195
南　京	174		1 114 243
杭　州			
合　肥			
福　州			
南　昌			
济　南			
郑　州			
武　汉	219	383 366	25 782
长　沙			
广　州	1 007		
南　宁			
海　口			
重　庆	82		
成　都			
贵　阳			
昆　明			
拉　萨			
西　安			
兰　州			
西　宁			
银　川			
乌鲁木齐			
大　连			
青　岛	…	334	
宁　波	29		
深　圳			
厦　门	1 489		

主要统计指标解释

经营业户 指截至报告期末持有主管部门核发的有效运营资质证件，从事城市客运交通经营活动的业户。按经营类别，分为公共汽电车、巡游出租汽车、轨道交通和城市客运轮渡经营业户。计算单位：户。

公交专用车道 指为了调整公共交通车辆与其他社会车辆的路权使用分配关系，提高公共交通车辆运营速度和道路资源利用率而科学、合理设置的公共交通优先车道、专用车道（路）、路口专用线（道）、专用街道、单向优先专用线（道）等。计算单位：公里。

轨道交通车站数 指轨道交通运营线路上供乘客候车和上下车的场所个数，包括地面、地下、高架车站。如同一个车站被多条线路共用，同站台换乘站计为一站；非同站台换乘站，按累计计算。计算单位：个。

城市客运轮渡在用码头数 指报告期末在用的、供城市客运轮渡停靠和乘客购票、候船和乘降的场所个数。计算单位：个。

公共汽电车运营车数 指城市（县城）用于公共客运交通运营业务的全部公共汽电车车辆数。新购、新制和调入的运营车辆，自投入运营之日起开始计算；调出、报废和调作他用的运营车辆，自上级主管机关批准之日起不再计入。可按不同车长、不同燃料类型、不同排放标准和是否配备空调等分别统计。计算单位：辆。

公共汽电车标准运营车数 指不同类型的运营车辆按统一的标准当量折算合成的运营车数。计算单位：标台。计算公式：标准运营车数 = ∑（每类型车辆数 × 相应换算系数）。

各类型车辆换算系数标准表		
类别	车长范围	换算系数
1	5米以下（含）	0.5
2	5~7米（含）	0.7
3	7~10米（含）	1.0
4	10~13米（含）	1.3
5	13~16米（含）	1.7
6	16~18米（含）	2.0
7	18米以上	2.5
8	双层	1.9

停保场面积 指为公共电汽车提供运营车辆集中停放，或提供车辆停放场地的同时备有必要设施，能对运营车辆进行各级保养及相应的配件加工、修制和修车材料存储、发放的场所的占地面积。公共汽电车停车保养场可分散专门建设，也可与公交首末站等站点进行合建。计算单位：平方米。

公共汽电车运营线路条数 指为运营车辆设置的固定运营线路条数，包括干线、支线、专线和高峰时间行驶的固定线路，不包括临时行驶和联营线路。计算单位：条。

公共汽电车运营线路总长度 指全部运营线路长度之和。单向行驶的环行线路长度等于起点至终点里程与终点下客站至起点里程之和的一半。运营线路长度不包括折返、试车、联络线等非运营线路。计算单位：公里。

公共汽电车运营里程 指报告期内运营车辆为运营而出车行驶的全部里程，包括载客里程和空驶里程。计算单位：公里。

公共汽电车客运量 指报告期内公共汽电车运送乘客的总人次，包括付费乘客和不付费乘客人次，包括在城市道路和公路上完成的客运量。计算单位：人次。

巡游出租汽车载客车次总数 指巡游出租汽车年载客运行的总次数，数据可通过计价器、车载GPS等车载设备采集获得。计算单位：车次。

巡游出租汽车客运量 指报告期内巡游出租汽车运送乘客的总人次。计算单位：人次。

轨道交通配属车辆数 指城市轨道交通经营业户用于轨道交通运营服务的全部车辆数。以本单位固定资产台账中已投入运营的车辆数为准；新购、新制和调入的运营车辆，自投入运营之日起开始计算；调出、报废和调作他用的运营车辆，自上级主管机关批准之日起不再计入。计算单位：辆。

轨道交通配属列车数 指报告期内用于城市轨道交通运营服务的全部列车数。计算单位：列。

轨道交通运营线路条数 指为运营列车设置的固定线路总条数。按规划设计为同一条线路但分期建成的线路，统计时仍按一条线路计算。计算单位：条。

轨道交通客运量 指报告期内轨道交通运送乘客的总人次，包括付费乘客和不付费乘客人次。计算单位：人次。

轨道交通旅客周转量 指报告期内轨道交通企业运送的每位乘客与其相应运送距离的乘积之和。计算单位：人公里。

轨道交通运营车公里 指报告期内轨道交通车辆在运营中运行的全部里程，包括载客里程和调度空驶里程。计算单位：车公里。

运营船数 指城市客运轮渡经营业户用于城市客渡运营业务的全部船舶数,不含旅游客轮(长途旅游和市内供游人游览江、河、湖泊的船舶)。计算单位:艘。

运营航线条数 指为运营船舶设置的固定航线的总条数,包括对江航线和顺江航线。计算单位:条。

运营航线总长度 指全部运营航线长度之和。测定运营航线的长度,应按实际航程的曲线长度计算。水位变化大的对江河客渡航线长度,可通过实测计算出一个平均长度,作为常数值使用。计算单位:公里。

轮渡客运量 指报告期内城市客运轮渡运输经营业户运送乘客的总人次。计算单位:人次。

轮渡机动车运量 指报告期内城市客运轮渡运输经营业户运送机动车(如电瓶车、摩托车等)的总量。计算单位:辆。

轮渡非机动车运量 指报告期内城市客运轮渡运输经营业户运送非机动车(如自行车、三轮车等)的总量。计算单位:辆。

五、港口吞吐量

简 要 说 明

一、本篇资料反映我国港口发展的基本情况。主要包括全国港口码头泊位拥有量、全国港口吞吐量等。

二、从2019年1月起，港口统计范围由规模以上港口调整为全国所有获得港口经营许可的业户，滚装汽车吞吐量按实际重量统计，采用企业一套表联网直报系统汇总行业数据。

三、全国港口的码头泊位拥有量为年末生产用码头泊位数，根据各港口企业和生产活动单位的资料整理，由各省（自治区、直辖市）交通运输厅（局、委）提供。

四、进出港船舶的统计范围为：总吨在5吨以上（或总载重量10吨以上）的各种运输船舶、工程技术船舶等，包括来港避风的船舶、从事商业性运输或作业的军用、公安、体育运动及渔业船舶。

5-1　全国港口生产用码头泊位拥有量（分省）

地　区	泊位长度（米）		生产用码头泊位数（个）		#万吨级泊位数（个）	
	总长	公用	总数	公用	总数	公用
全国总计	1 984 982	1 094 222	22 142	10 632	2 592	1 977
沿海合计	882 385	594 409	5 461	3 076	2 138	1 680
天　津	37 516	37 156	144	142	117	116
河　北	61 866	51 796	251	205	204	177
辽　宁	84 582	69 726	426	344	241	207
上　海	75 817	38 261	560	216	185	115
江　苏	28 526	22 152	168	128	86	68
浙　江	142 117	50 961	1 105	292	263	136
福　建	76 794	57 464	420	295	184	154
山　东	121 692	99 752	607	444	340	304
广　东	186 189	122 027	1 360	762	342	268
广　西	40 336	29 185	271	159	98	81
海　南	26 950	15 929	149	89	78	54
内河合计	1 102 597	499 813	16 681	7 556	454	297
山　西	180		6			
辽　宁	345	345	6	6		
吉　林	1 726	1 238	31	19		
黑龙江	11 834	10 435	154	138		
上　海	38 395	4 585	754	85		
江　苏	451 842	144 312	5 516	1 305	438	283
浙　江	120 443	23 219	2 470	686		
安　徽	69 003	48 936	831	628	16	14
福　建						
江　西	33 052	18 911	628	367		
山　东	15 610	14 823	213	204		
河　南	3 213	360	71	6		
湖　北	80 939	49 838	828	424		
湖　南	31 224	24 187	650	534		
广　东	54 459	23 897	767	335		
广　西	34 454	18 082	528	241		
重　庆	59 411	46 271	610	461		
四　川	47 005	44 582	1 510	1 479		
贵　州	24 379	6 087	441	92		
云　南	10 558	5 431	214	99		
陕　西	11 127	11 127	258	258		
甘　肃	3 398	3 147	195	189		

5-2 全国港口吞吐量（分省）

地区	旅客吞吐量（万人）	货物吞吐量（万吨）	外贸	集装箱吞吐量 箱量（万TEU）	重量（万吨）
全国总计	4 419	1 454 991	449 554	26 430	304 456
沿海合计	4 344	948 002	400 457	23 429	264 788
天　津	4	50 290	28 468	1 835	19 322
河　北		120 446	36 851	447	5 535
辽　宁	241	82 004	30 863	1 311	17 806
上　海	32	65 105	38 864	4 350	43 466
江　苏	1	32 447	15 217	507	5 100
浙　江	266	141 447	56 219	3 219	32 143
福　建	276	62 132	23 550	1 720	22 364
山　东	637	168 881	93 247	3 191	36 866
广　东	1 697	175 788	59 530	6 044	67 487
广　西	6	29 567	13 828	505	9 650
海　南	1 184	19 895	3 821	300	5 048
内河合计	75	506 989	49 096	3 001	39 669
山　西					
辽　宁					
吉　林					
黑龙江		277	93	…	1
上　海		5 999			
江　苏		264 106	40 609	1 388	18 087
浙　江	4	44 009	257	108	1 318
安　徽		54 095	1 610	194	1 990
福　建					
江　西		18 755	379	75	1 143
山　东		5 725			
河　南		382			
湖　北	21	37 976	1 832	229	2 792
湖　南	3	13 580	515	67	918
广　东	2	26 437	3 058	685	9 014
广　西		17 346	103	112	2 350
重　庆	44	16 498	528	115	1 617
四　川		1 360	108	27	436
贵　州		23			
云　南		422	3	…	2
陕　西					
甘　肃					

5-3 全国港口货物吞吐量（分省）

地 区	合计 （万吨）	液体散货 （万吨）	干散货 （万吨）	件杂货 （万吨）	集装箱 箱量 （万TEU）	集装箱 重量 （万吨）	滚装汽车 数量 （万辆）	滚装汽车 重量 （万吨）
全国总计	1 454 991	131 005	827 826	167 103	26 430	304 456	1 847	24 601
沿海合计	948 002	116 956	454 270	88 422	23 429	264 788	1 652	23 567
天 津	50 290	7 329	20 286	3 174	1 835	19 322	102	180
河 北	120 446	2 684	106 196	6 031	447	5 535		
辽 宁	82 004	18 703	28 082	14 169	1 311	17 806	193	3 244
上 海	65 105	2 711	12 086	6 560	4 350	43 466	146	282
江 苏	32 447	417	22 359	4 476	507	5 100	5	94
浙 江	141 447	23 107	73 171	12 096	3 219	32 143	135	930
福 建	62 132	5 788	28 872	5 076	1 720	22 364	11	33
山 东	168 881	31 155	80 912	13 765	3 191	36 866	203	6 182
广 东	175 788	19 253	63 570	18 784	6 044	67 487	507	6 695
广 西	29 567	2 795	14 724	2 393	505	9 650	2	6
海 南	19 895	3 015	4 012	1 898	300	5 048	348	5 922
内河合计	506 989	14 050	373 556	78 681	3 001	39 669	195	1 033
山 西								
辽 宁								
吉 林								
黑龙江	277		196	76		1		4
上 海	5 999	36	5 126	836				
江 苏	264 106	8 916	199 132	37 929	1 388	18 087	24	42
浙 江	44 009	514	28 767	13 410	108	1 318		
安 徽	54 095	453	45 245	6 392	194	1 990	14	14
福 建								
江 西	18 755	368	12 937	4 306	75	1 143		
山 东	5 725	23	5 554	147				
河 南	382		381	1				
湖 北	37 976	822	28 220	5 631	229	2 792	91	510
湖 南	13 580	941	10 114	1 547	67	918	19	60
广 东	26 437	842	12 912	3 668	685	9 014		
广 西	17 346	97	14 244	655	112	2 350		
重 庆	16 498	965	9 660	3 852	115	1 617	48	403
四 川	1 360	70	717	137	27	436		
贵 州	23		23					
云 南	422		327	93		2		
陕 西								
甘 肃								

5-4　全国港口旅客吞吐量（分港口）

单位：万人

港口	总计	邮轮	发送量	国际航线
全国总计	4 419	24	2 210	61
1.沿海合计	4 344	24	2 171	60
辽宁合计	241		118	…
丹　东	…		…	…
大　连	240		117	…
营　口	…		…	…
盘　锦				
锦　州				
葫芦岛				
河北合计				
秦皇岛				
黄　骅				
唐　山				
天　津	4	4	2	2
山东合计	637		320	5
滨　州				
东　营	9		3	
潍　坊				
烟　台	578		289	…
威　海	49		27	4
青　岛	…		…	…
日　照	…		…	…
上　海	32	12	15	5
江苏合计	1		…	…
连云港	1		…	…
盐　城				
浙江合计	266		133	…
嘉　兴				
宁波舟山	266		133	
其中：宁　波	106		53	
舟　山	159		80	
台　州	…		…	…
温　州				

5-4 （续表一）

单位：万人

港口	总计	邮轮	发送量	国际航线
福建合计	**276**	…	**138**	**7**
福 州	2		…	…
其中：福州市港口	2		…	…
宁德市港口				
莆 田				
泉 州	…		…	…
厦 门	274	…	137	6
其中：厦门市港口	142	…	70	6
漳州市港口	132		67	
广东合计	**1 697**	**7**	**852**	**39**
潮 州				
汕 头				
揭 阳				
汕 尾				
惠 州				
深 圳	222	5	115	27
东 莞	3		2	2
广 州	8	2	4	3
中 山	19		10	4
珠 海	264		127	3
江 门				
阳 江				
茂 名				
湛 江	1 181		594	
广西合计	**6**		**3**	
广西北部湾港	6		3	
其中：北 海	6		3	
钦 州				
防 城				
海南合计	**1 184**	**2**	**589**	…
海 口	1 182		588	
洋 浦				
八 所				
三 亚	3	2	1	…
清 澜				
海南其他				
2. 内河合计	**75**		**39**	**1**
黑龙江合计				
黑 河				

5-4 （续表二）

单位：万人

港口	总计	邮轮	发送量	国际航线
肇 源				
哈尔滨				
佳木斯				
黑龙江其他				
山东合计				
济 宁				
枣 庄				
山东其他				
上 海				
江苏合计				
南 京				
镇 江				
苏 州				
南 通				
常 州				
江 阴				
扬 州				
泰 州				
徐 州				
连云港				
无 锡				
宿 迁				
淮 安				
扬州内河				
镇江内河				
苏州内河				
常州内河				
江苏其他				
浙江合计	**4**		**2**	
杭 州	1		…	
嘉兴内河				
湖 州				
宁波内河				
绍 兴				
金 华	3		1	
青 田				
浙江其他				

5-4 （续表三）

单位：万人

港口	总计	邮轮	发送量	国际航线
安徽合计				
马鞍山				
芜　湖				
铜　陵				
池　州				
安　庆				
阜　阳				
合　肥				
六　安				
滁　州				
淮　南				
蚌　埠				
亳　州				
安徽其他				
江西合计				
南　昌				
九　江				
樟　树				
江西其他				
河南合计				
湖北合计		21		10
嘉　鱼				
武　汉				
黄　州				
鄂　州				
黄　石				
襄　阳				
荆　州				
宜　昌		21		10
潜　江				
天　门				
汉　川				
湖北其他				
湖南合计		3		1
长　沙				
湘　潭				
株　洲				

5-4 （续表四）

单位：万人

港 口	总计	邮轮	发送量	国际航线
岳 阳	3		1	
沅 陵				
常 德				
湖南其他				
广东合计	2		1	1
番 禺				
新 塘				
五 和				
中 山				
佛 山	2		…	…
江 门	…		…	…
东 莞				
肇 庆				
惠 州				
云 浮				
韶 关				
清 远				
河 源				
广西合计				
南 宁				
柳 州				
贵 港				
梧 州				
来 宾				
广西其他				
重 庆	44		24	
四川合计				
泸 州				
宜 宾				
乐 山				
南 充				
四川其他				
贵州合计				
云南合计				
昭 通				
云南其他				

5-5　全国港口货物吞吐量（分港口）

单位：万吨

港口	总计	外贸	出港	外贸	进港	外贸
全国总计	1 454 991	449 554	619 266	105 187	835 726	344 367
1.沿海合计	948 002	400 457	407 023	94 988	540 980	305 469
辽宁合计	82 004	30 863	43 939	6 125	38 065	24 738
丹东	4 418	2 063	2 013	102	2 404	1 960
大连	33 401	16 350	15 665	4 584	17 736	11 766
营口	23 821	9 053	12 352	994	11 469	8 060
盘锦	5 750	1 187	2 518	52	3 231	1 136
锦州	10 641	2 004	8 246	394	2 395	1 610
葫芦岛	3 974	206	3 144		830	206
河北合计	120 446	36 851	79 544	562	40 902	36 289
秦皇岛	20 061	557	19 229	111	833	446
黄骅	30 125	6 705	21 904	23	8 220	6 682
唐山	70 260	29 589	38 411	428	31 849	29 161
天津	50 290	28 468	23 471	7 762	26 820	20 705
山东合计	168 881	93 247	56 778	15 900	112 103	77 347
滨州	3 665	3	280		3 385	3
东营	6 022	648	2 240	8	3 781	641
潍坊	5 324	631	848	186	4 475	445
烟台	39 935	14 414	15 611	1 662	24 324	12 751
威海	3 863	1 185	2 017	564	1 846	621
青岛	60 459	44 458	22 892	12 783	37 566	31 675
日照	49 615	31 909	12 890	697	36 725	31 212
上海	65 105	38 864	27 726	19 584	37 378	19 280
江苏合计	32 447	15 217	11 307	2 862	21 140	12 355
连云港	24 182	13 243	8 868	2 151	15 314	11 092
盐城	8 265	1 974	2 439	711	5 826	1 264
浙江合计	141 447	56 219	54 911	15 439	86 535	40 780
嘉兴	11 715	1 483	3 762	390	7 952	1 093
宁波舟山	117 240	53 679	49 966	14 797	67 273	38 882
其中：宁波	60 098	35 697	23 295	14 244	36 803	21 453
舟山	57 142	17 982	26 671	554	30 470	17 429
台州	5 091	562	451	75	4 639	487
温州	7 401	494	731	177	6 670	317

5-5 （续表一）

单位：万吨

港口	总计	外贸	出港	外贸	进港	外贸
福建合计	62 132	23 550	23 194	6 243	38 939	17 306
福州	24 897	6 944	10 748	1 355	14 148	5 589
其中：福州市港口	19 944	5 477	8 627	1 300	11 317	4 177
宁德市港口	4 953	1 467	2 122	55	2 832	1 412
莆田	4 681	2 623	1 107	354	3 574	2 269
泉州	11 805	3 767	3 614	675	8 191	3 092
厦门	20 750	10 216	7 724	3 860	13 026	6 356
其中：厦门市港口	17 001	9 300	6 865	3 841	10 137	5 459
漳州市港口	3 748	916	859	19	2 889	897
广东合计	175 788	59 530	69 556	18 522	106 233	41 008
潮州	1 366	720	168	5	1 198	715
汕头	3 351	1 056	769	237	2 582	819
揭阳	2 370	162	58		2 312	162
汕尾	1 274	308	2		1 271	308
惠州	8 834	4 094	2 259	739	6 575	3 355
深圳	26 506	18 897	15 138	10 396	11 368	8 501
东莞	19 070	3 323	7 081	532	11 988	2 791
广州	61 239	14 222	26 311	4 952	34 929	9 270
中山	1 272	550	624	380	648	170
珠海	13 367	3 459	4 964	443	8 403	3 016
江门	7 717	446	3 723	236	3 993	210
阳江	3 350	1 249	513	5	2 836	1 244
茂名	2 683	1 401	544	154	2 139	1 247
湛江	23 391	9 644	7 402	444	15 989	9 199
广西合计	29 567	13 828	8 369	1 376	21 199	12 452
广西北部湾港	29 567	13 828	8 369	1 376	21 199	12 452
其中：北海	3 736	1 445	1 366	177	2 370	1 268
钦州	13 649	4 294	4 725	781	8 924	3 513
防城	12 182	8 089	2 278	418	9 904	7 671
海南合计	19 895	3 821	8 228	613	11 667	3 208
海口	11 781	365	5 024	37	6 757	329
洋浦	5 664	3 096	2 115	515	3 550	2 581
八所	1 501	355	743	62	759	293
三亚	221	…	6		215	…
清澜	326		222		104	
海南其他	401	4	118		283	4
2. 内河合计	506 989	49 096	212 243	10 199	294 746	38 898
黑龙江合计	277	93	52	24	224	69
黑河	63	63	23	23	39	39

5-5（续表二）

单位：万吨

港　口	总计	外贸	出港	外贸	进港	外贸
肇　源	5				5	
哈尔滨	173		25		148	
佳木斯	35	29	4	…	31	29
黑龙江其他	1	1	…	…	…	…
山东合计	5 725		4 906		819	
济　宁	4 180		3 553		626	
枣　庄	1 234		1 133		100	
山东其他	311		219		92	
上　海	5 999		829		5 169	
江苏合计	264 106	40 609	99 505	6 434	164 601	34 176
南　京	25 112	3 209	8 565	1 515	16 547	1 694
镇　江	35 064	4 355	15 910	659	19 154	3 696
苏　州	55 408	16 033	21 614	2 833	33 793	13 200
南　通	31 014	5 300	12 462	342	18 552	4 958
常　州	5 442	1 383	2 324	130	3 118	1 253
江　阴	24 705	6 388	10 420	231	14 284	6 157
扬　州	9 759	1 034	3 552	303	6 207	730
泰　州	30 111	2 655	13 266	297	16 844	2 358
徐　州	4 391		2 469		1 922	
连云港						
无　锡	6 895	185	1 299	79	5 596	106
宿　迁	2 050		180		1 870	
淮　安	7 152		1 734		5 418	
扬州内河	373		20		353	
镇江内河	964		317		647	
苏州内河	11 514	65	1 512	43	10 002	22
常州内河	4 704		1 610		3 094	
江苏其他	9 449	…	2 250		7 199	…
浙江合计	44 009	257	16 700	115	27 309	142
杭　州	15 414	2	8 328		7 086	2
嘉兴内河	13 111	40	1 430	28	11 681	12
湖　州	12 215	216	6 399	87	5 816	129
宁波内河	216		…		215	
绍　兴	2 437		264		2 173	
金　华	86		13		72	
青　田	236		204		32	
浙江其他	296		61		235	

5-5 （续表三）

单位：万吨

港口	总计	外贸	出港	外贸	进港	外贸
安徽合计	**54 095**	**1 610**	**28 334**	**320**	**25 761**	**1 290**
马鞍山	10 226	1 114	3 030	18	7 196	1 096
芜湖	13 537	327	8 095	197	5 442	130
铜陵	8 430	31	5 366	11	3 064	20
池州	10 139	35	8 748	35	1 390	
安庆	2 066	49	688	28	1 378	21
阜阳	398		22		376	
合肥	3 611	48	835	29	2 776	19
六安	297		203		94	
滁州	1 394		244		1 150	
淮南	992		313		679	
蚌埠	1 731	6	167	2	1 565	4
亳州	50		2		48	
安徽其他	1 225		621		604	
江西合计	**18 755**	**379**	**7 772**	**180**	**10 983**	**199**
南昌	4 866		916		3 950	
九江	12 047	378	6 297	179	5 750	199
樟树	16		7		9	
江西其他	1 826	2	552	2	1 273	
河南合计	**382**		**222**		**160**	
湖北合计	**37 976**	**1 832**	**18 677**	**716**	**19 299**	**1 115**
嘉鱼	1 032		282		750	
武汉	10 539	1 045	2 586	570	7 952	475
黄州	871		158		712	
鄂州	1 454		286		1 168	
黄石	4 713	689	3 022	77	1 691	612
襄阳	7		7			
荆州	3 556	38	1 055	21	2 501	17
宜昌	8 119	60	5 356	48	2 763	12
潜江	105		2		103	
天门						
汉川	7				7	
湖北其他	7 575		5 922		1 652	
湖南合计	**13 580**	**515**	**4 306**	**262**	**9 274**	**253**
长沙	1 350	95	235	57	1 115	38
湘潭	1 977		309		1 668	
株洲	109		…		109	

5-5 （续表四）

单位：万吨

港口	总计	外贸	出港	外贸	进港	外贸
岳　阳	8 748	420	3 206	205	5 542	215
沅　陵	3				3	
常　德	109		20		89	
湖南其他	1 285	…	536	…	748	
广东合计	**26 437**	**3 058**	**10 963**	**1 802**	**15 475**	**1 256**
番　禺	525		72		453	
新　塘	923	7	57	3	866	4
五　和	956	132	343	52	613	80
中　山	40	19	23	12	17	6
佛　山	9 285	2 056	3 005	1 263	6 279	792
江　门	2 982	403	1 347	240	1 634	162
东　莞	787	2	155	…	632	2
肇　庆	4 789	226	2 500	152	2 289	74
惠　州	803		110		693	
云　浮	3 186	163	2 161	58	1 025	105
韶　关	299		48		251	
清　远	1 864	52	1 141	22	722	30
河　源						
广西合计	**17 346**	**103**	**11 629**	**66**	**5 717**	**37**
南　宁	845		393		452	
柳　州	45	…	31	…	14	
贵　港	10 552	11	6 419	8	4 134	3
梧　州	4 417	92	3 469	57	948	34
来　宾	853		828		24	
广西其他	634		489		145	
重　庆	**16 498**	**528**	**7 571**	**262**	**8 927**	**266**
四川合计	**1 360**	**108**	**534**	**15**	**825**	**93**
泸　州	694	89	217	12	476	77
宜　宾	521	20	290	4	231	16
乐　山	27		27		…	
南　充						
四川其他	118				118	
贵州合计	**23**		**23**			
云南合计	**422**	**3**	**220**	**1**	**203**	**2**
昭　通	419		218		201	
云南其他	3	3	1	1	2	2

5-6　全国港口分货类吞吐量

单位：万吨

货物种类	总计	外贸	出港	外贸	进港	外贸
总　计	1 454 991	449 554	619 266	105 187	835 726	344 367
煤炭及制品	255 593	25 199	118 973	739	136 621	24 459
石油、天然气及制品	131 005	72 318	36 159	5 833	94 846	66 485
其中：原油	69 474	50 465	9 206	679	60 268	49 786
金属矿石	234 114	142 231	49 355	2 156	184 759	140 075
钢铁	66 807	8 255	35 472	3 852	31 335	4 403
矿建材料	245 260	3 655	112 798	1 861	132 461	1 794
水泥	44 210	2 658	29 381	175	14 829	2 483
木材	10 349	7 396	2 097	286	8 252	7 110
非金属矿石	50 751	11 799	21 642	1 044	29 109	10 755
化学肥料及农药	6 268	2 944	3 891	2 207	2 378	737
盐	2 244	603	1 016	41	1 228	562
粮食	32 763	14 007	9 243	247	23 520	13 760
机械、设备、电器	13 989	6 608	8 406	5 049	5 583	1 560
化工原料及制品	31 398	10 135	12 927	1 910	18 471	8 225
有色金属	1 340	630	450	145	890	485
轻工、医药产品	13 228	5 569	6 010	2 205	7 219	3 364
农、林、牧、渔业产品	5 494	2 561	1 715	279	3 779	2 282
其他	310 177	132 986	169 731	77 157	140 446	55 829

5-7　沿海港口分货类吞吐量

单位：万吨

货物种类	总计	外贸	出港	外贸	进港	外贸
总　计	948 002	400 457	407 023	94 988	540 980	305 469
煤炭及制品	164 638	22 431	90 369	688	74 269	21 743
石油、天然气及制品	116 956	70 139	31 643	5 374	85 312	64 765
其中：原油	67 533	50 458	9 128	679	58 404	49 779
金属矿石	159 214	125 600	25 712	2 124	133 502	123 476
钢铁	37 989	5 801	22 460	3 345	15 529	2 456
矿建材料	84 443	3 053	45 732	1 671	38 711	1 382
水泥	12 522	1 773	4 240	109	8 281	1 664
木材	6 178	4 969	993	270	5 184	4 698
非金属矿石	27 524	10 873	9 807	759	17 717	10 115
化学肥料及农药	3 276	2 194	2 133	1 530	1 144	664
盐	984	575	229	21	755	554
粮食	21 946	11 539	6 267	176	15 679	11 363
机械、设备、电器	12 267	5 657	7 007	4 177	5 260	1 481
化工原料及制品	18 689	6 569	8 433	1 397	10 257	5 172
有色金属	1 188	538	400	127	787	411
轻工、医药产品	11 312	4 837	5 181	2 049	6 131	2 788
农、林、牧、渔业产品	4 045	2 116	1 197	256	2 848	1 860
其他	264 833	121 795	145 220	70 916	119 613	50 879

5-8 内河港口分货类吞吐量

单位：万吨

货物种类	总计	外贸	出港	外贸	进港	外贸
总　计	**506 989**	**49 096**	**212 243**	**10 199**	**294 746**	**38 898**
煤炭及制品	90 956	2 768	28 604	52	62 352	2 717
石油、天然气及制品	14 050	2 179	4 516	459	9 534	1 720
其中：原油	1 942	7	78		1 864	7
金属矿石	74 900	16 631	23 643	31	51 256	16 599
钢铁	28 819	2 454	13 012	507	15 806	1 947
矿建材料	160 816	602	67 066	190	93 750	412
水泥	31 689	885	25 141	66	6 548	819
木材	4 171	2 427	1 103	16	3 068	2 412
非金属矿石	23 227	926	11 835	286	11 392	640
化学肥料及农药	2 992	749	1 758	677	1 234	72
盐	1 261	28	787	20	474	8
粮食	10 817	2 468	2 976	71	7 841	2 397
机械、设备、电器	1 722	951	1 398	872	323	79
化工原料及制品	12 709	3 566	4 495	513	8 214	3 053
有色金属	152	92	50	18	102	74
轻工、医药产品	1 917	733	829	157	1 088	576
农、林、牧、渔业产品	1 449	446	518	24	931	422
其他	45 344	11 191	24 511	6 241	20 833	4 950

5-9 全国港口煤炭及制品吞吐量

单位：千吨

港　口	总计	外贸	出港	外贸	进港	外贸
全国总计	2 555 934	251 988	1 189 727	7 394	1 366 207	244 594
1.沿海合计	1 646 378	224 306	903 686	6 878	742 692	217 427
辽宁合计	80 919	33 732	3 940		76 979	33 732
丹　东	11 420	7 858	654		10 766	7 858
大　连	27 814	3 703	169		27 645	3 703
营　口	20 226	13 467	477		19 749	13 467
盘　锦	11 788	5 088	10		11 778	5 088
锦　州	6 600	3 375	2 568		4 032	3 375
葫芦岛	3 071	239	63		3 008	239
河北合计	677 451	21 396	652 249	1 142	25 202	20 254
秦皇岛	174 629	213	174 339		290	213
黄　骅	216 565	2 544	213 718	103	2 847	2 440
唐　山	286 258	18 640	264 192	1 038	22 066	17 601
天　津	62 627	1 851	62 251	1 738	376	113
山东合计	132 824	23 844	57 279	2 536	75 546	21 308
滨　州	322		139		183	
东　营	1 213		21		1 192	
潍　坊	3 953	116	427	113	3 526	3
烟　台	41 308	5 418	5 590	136	35 718	5 282
威　海	7 731	149	185		7 546	149
青　岛	24 272	6 029	15 203	795	9 069	5 234
日　照	54 026	12 131	35 714	1 491	18 313	10 641
上　海	46 927	14 960	1 139	25	45 789	14 935
江苏合计	40 230	4 902	19 217	1 096	21 014	3 806
连云港	22 277	4 572	15 365	1 096	6 913	3 476
盐　城	17 953	330	3 852		14 101	330
浙江合计	166 398	16 267	30 497		135 901	16 267
嘉　兴	46 286	916	15 357		30 929	916
宁波舟山	82 686	10 371	14 608		68 077	10 371
其中：宁　波	53 695	3 472	5 892		47 802	3 472
舟　山	28 991	6 899	8 716		20 275	6 899
台　州	16 011	4 388	12		15 999	4 388
温　州	21 415	592	520		20 895	592

5-9（续表一）

单位：千吨

港口	总计	外贸	出港	外贸	进港	外贸
福建合计	**106 371**	**30 267**	**7 214**	**337**	**99 157**	**29 930**
福　州	36 265	8 556	267		35 998	8 556
其中：福州市港口	27 728	6 492	267		27 461	6 492
宁德市港口	8 537	2 065			8 537	2 065
莆　田	25 678	10 006	5 607	14	20 072	9 992
泉　州	17 503	2 035	89		17 413	2 035
厦　门	26 925	9 671	1 252	324	25 673	9 347
其中：厦门市港口	15 389	8 389	940	324	14 449	8 065
漳州市港口	11 536	1 282	311		11 224	1 282
广东合计	**258 576**	**52 357**	**63 757**		**194 819**	**52 357**
潮　州	11 420	5 944	1 104		10 315	5 944
汕　头	9 951	6 068	65		9 886	6 068
揭　阳	7 173	406			7 173	406
汕　尾	12 301	3 085	3		12 299	3 085
惠　州	9 088	427			9 088	427
深　圳	3 332	743			3 332	743
东　莞	42 555	6 835	15 866		26 689	6 835
广　州	67 693	10 698	26 590		41 103	10 698
中　山	18	…	1		17	…
珠　海	44 420	5 747	17 671		26 749	5 747
江　门	9 155	277	…		9 155	277
阳　江	10 674	408	84		10 590	408
茂　名	1 838		56		1 782	
湛　江	28 959	11 720	2 315		26 643	11 720
广西合计	**61 350**	**18 427**	**5 302**	**4**	**56 048**	**18 423**
广西北部湾港	61 350	18 427	5 302	4	56 048	18 423
其中：北　海	5 784	492	14		5 769	492
钦　州	28 929	5 329	4 781	4	24 148	5 325
防　城	26 638	12 606	507		26 131	12 606
海南合计	**12 703**	**6 302**	**841**		**11 863**	**6 302**
海　口	3 103	1 633	219		2 885	1 633
洋　浦	3 062	1 817	622		2 440	1 817
八　所	4 877	2 810			4 877	2 810
三　亚	5		…		5	
清　澜						
海南其他	1 656	43			1 656	43
2. 内河合计	**909 556**	**27 682**	**286 041**	**516**	**623 515**	**27 166**
黑龙江合计	**91**	**35**	**35**		**57**	**35**
黑　河						

5-9（续表二）

单位：千吨

港口	总计	外贸	出港	外贸	进港	外贸
肇 源						
哈尔滨	8		6		3	
佳木斯	83	35	29		54	35
黑龙江其他						
山东合计	43 212		38 932		4 281	
济 宁	36 236		32 243		3 993	
枣 庄	4 876		4 677		199	
山东其他	2 100		2 012		88	
上 海	1				1	
江苏合计	576 510	25 829	202 547	516	373 964	25 313
南 京	71 668	3 530	21 142		50 526	3 530
镇 江	55 232	4 348	17 955	469	37 278	3 879
苏 州	107 407	7 579	31 171		76 236	7 579
南 通	60 132	4 009	22 763		37 370	4 009
常 州	8 189	1 505	2 421		5 768	1 505
江 阴	82 295	1 075	35 134	47	47 161	1 028
扬 州	31 736		13 326		18 410	
泰 州	81 985	3 782	34 757		47 228	3 782
徐 州	26 858		22 051		4 807	
连云港						
无 锡	12 807		432		12 375	
宿 迁	3 415		4		3 411	
淮 安	9 305				9 305	
扬州内河	1 133		1		1 132	
镇江内河	904		96		808	
苏州内河	14 670		282		14 388	
常州内河	4 042		77		3 965	
江苏其他	4 734		936		3 797	
浙江合计	27 692		1 015		26 677	
杭 州	3 549		40		3 509	
嘉兴内河	7 797		884		6 913	
湖 州	8 670		38		8 632	
宁波内河	321				321	
绍 兴	6 103		46		6 057	
金 华	564				564	
青 田	63				63	
浙江其他	625		7		618	

5-9 （续表三）

单位：千吨

港口	总计	外贸	出港	外贸	进港	外贸
安徽合计	**81 183**	**978**	**12 449**		**68 735**	**978**
马鞍山	11 740	977			11 740	977
芜　湖	23 631		5 766		17 864	
铜　陵	16 863		2 336		14 527	
池　州	5 423		3		5 420	
安　庆	7 662		142		7 520	
阜　阳						
合　肥	4 758		…		4 758	…
六　安	25				25	
滁　州	262				262	
淮　南	6 747		2 840		3 907	
蚌　埠	2 955		429		2 526	
亳　州						
安徽其他	1 117		933		184	
江西合计	**46 222**		**4 685**		**41 537**	
南　昌	12 041		36		12 005	
九　江	24 623		1 442		23 181	
樟　树						
江西其他	9 559		3 206		6 352	
河南合计	**3 246**		**1 953**		**1 293**	
湖北合计	**31 542**	**840**	**5 299**		**26 243**	**840**
嘉　鱼	2 476				2 476	
武　汉	3 377		832		2 545	
黄　州						
鄂　州	5 097		9		5 088	
黄　石	5 272	840	33		5 240	840
襄　阳	71		71			
荆　州	5 130		289		4 841	
宜　昌	7 925		4 065		3 859	
潜　江	724				724	
天　门						
汉　川						
湖北其他	1 470				1 470	
湖南合计	**34 991**		**9 760**		**25 230**	
长　沙	1 166				1 166	
湘　潭	5 176				5 176	
株　洲	41				41	

5-9 （续表四）

单位：千吨

港　口	总计	外贸	出港	外贸	进港	外贸
岳　阳	24 785		9 668		15 117	
沅　陵						
常　德						
湖南其他	3 822		93		3 730	
广东合计	30 039	…	160		29 878	…
番　禺	390				390	
新　塘	1 962				1 962	
五　和	255				255	
中　山	9				9	
佛　山	8 665	…	141		8 525	…
江　门	1 470		6		1 464	
东　莞	2 276	…	…		2 276	
肇　庆	5 264		5		5 259	
惠　州	129		2		128	
云　浮	3 881		…		3 881	
韶　关	1 915		2		1 913	
清　远	3 822		4		3 818	
河　源						
广西合计	13 697		715		12 982	
南　宁	1 322		257		1 065	
柳　州	17				17	
贵　港	7 544		339		7 206	
梧　州	3 528		5		3 522	
来　宾	255		51		205	
广西其他	1 030		63		967	
重　庆	19 178		7 466		11 712	
四川合计	1 605	…	735	…	870	…
泸　州	1 524	…	687	…	838	…
宜　宾	53		20		32	
乐　山	27		27			
南　充						
四川其他						
贵州合计	233		233			
云南合计	114		58		56	
昭　通	114		58		56	
云南其他						

5-10 全国港口石油、天然气及制品吞吐量

单位：千吨

港　口	总计	外贸	出港	外贸	进港	外贸
全国总计	1 310 054	723 180	361 590	58 332	948 465	664 848
1.沿海合计	1 169 557	701 385	316 434	53 738	853 124	647 647
辽宁合计	187 027	98 624	82 482	16 497	104 545	82 128
丹　东	8	8	8	8		
大　连	107 052	66 135	44 091	11 062	62 960	55 072
营　口	29 838	19 974	10 400	2 045	19 438	17 929
盘　锦	26 537	3 504	10 239	56	16 298	3 448
锦　州	14 890	9 004	9 164	3 326	5 726	5 678
葫芦岛	8 701		8 579		122	
河北合计	26 841	15 893	2 739	60	24 102	15 833
秦皇岛	3 052	54	1 403		1 649	54
黄　骅	6 437	265	21	3	6 416	262
唐　山	17 352	15 574	1 315	57	16 037	15 517
天　津	73 286	40 722	28 463	2 789	44 823	37 933
山东合计	311 553	227 443	50 222	9 597	261 331	217 847
滨　州	727		92		635	
东　营	43 267	6 404	15 502		27 765	6 404
潍　坊	3 920	318	565		3 355	318
烟　台	53 764	37 489	4 603	104	49 161	37 385
威　海	763	166	79	7	684	159
青　岛	127 802	108 822	25 224	9 129	102 578	99 693
日　照	81 310	74 244	4 156	356	77 154	73 888
上　海	27 113	8 752	8 001	1 879	19 113	6 873
江苏合计	4 170	2 168	1 193	565	2 978	1 603
连云港	3 609	2 044	865	565	2 744	1 479
盐　城	562	125	328		234	125
浙江合计	231 065	128 596	68 725	3 312	162 340	125 285
嘉　兴	7 176	2 735	1 554	306	5 622	2 428
宁波舟山	217 700	125 224	66 552	3 003	151 148	122 221
其中：宁　波	90 207	57 219	15 893	1 730	74 314	55 489
舟　山	127 493	68 005	50 659	1 272	76 834	66 732
台　州	1 800		85		1 715	
温　州	4 389	638	534	3	3 855	635

5-10 （续表一）

单位：千吨

港　口	总计	外贸	出港	外贸	进港	外贸
福建合计	**57 879**	**35 380**	**15 060**	**5 144**	**42 820**	**30 236**
福　州	7 334	103	2 439	31	4 895	73
其中：福州市港口	7 034	103	2 439	31	4 595	73
宁德市港口	300				300	
莆　田	3 171	3 122	6		3 166	3 122
泉　州	37 152	27 635	10 112	4 498	27 040	23 137
厦　门	10 222	4 520	2 503	615	7 719	3 904
其中：厦门市港口	5 451	1 344	1 137	615	4 314	729
漳州市港口	4 771	3 175	1 366		3 405	3 175
广东合计	**192 528**	**107 982**	**42 204**	**8 602**	**150 324**	**99 380**
潮　州	1 234	791	376	46	857	745
汕　头	1 355	532	58		1 296	532
揭　阳	3 707	1 210	119		3 588	1 210
汕　尾						
惠　州	55 797	34 607	10 627	2 080	45 170	32 527
深　圳	15 274	10 455	634	52	14 640	10 403
东　莞	20 417	6 590	6 258	2 331	14 158	4 258
广　州	23 697	6 869	10 404	609	13 294	6 259
中　山	765	…	2	…	763	…
珠　海	16 494	7 880	5 281	760	11 213	7 119
江　门	2 487	115	1 224		1 263	115
阳　江	507		…		507	
茂　名	19 040	13 573	3 511	1 362	15 529	12 211
湛　江	31 754	25 362	3 710	1 363	28 044	23 999
广西合计	**27 945**	**17 210**	**6 384**	**1 340**	**21 561**	**15 870**
广西北部湾港	27 945	17 210	6 384	1 340	21 561	15 870
其中：北　海	8 340	2 669	3 879	38	4 461	2 631
钦　州	16 692	12 675	2 246	1 226	14 445	11 449
防　城	2 914	1 866	259	76	2 655	1 790
海南合计	**30 150**	**18 614**	**10 962**	**3 952**	**19 187**	**14 662**
海　口	1 653	265	243		1 409	265
洋　浦	23 972	18 096	9 018	3 722	14 954	14 374
八　所	3 639	253	1 690	230	1 949	23
三　亚	743		11		731	
清　澜	144				144	
海南其他						
2. 内河合计	**140 497**	**21 795**	**45 156**	**4 594**	**95 341**	**17 201**
黑龙江合计						
黑　河						

5-10 （续表二）

单位：千吨

港　口	总计	外贸	出港	外贸	进港	外贸
肇　源						
哈尔滨						
佳木斯						
黑龙江其他						
山东合计	**235**		**92**		**143**	
济　宁	235		92		143	
枣　庄						
山东其他						
上　海	**363**		**201**		**163**	
江苏合计	**89 157**	**21 732**	**34 682**	**4 572**	**54 475**	**17 160**
南　京	26 817	3 659	14 043	2 249	12 774	1 410
镇　江	5 307	1 461	1 915	67	3 391	1 394
苏　州	6 316	2 247	1 887		4 428	2 247
南　通	23 895	9 136	6 531	106	17 364	9 030
常　州						
江　阴	7 436	2 746	2 562	1 305	4 874	1 441
扬　州	3 800	101	2 031		1 768	101
泰　州	10 237	2 381	4 144	845	6 094	1 536
徐　州	58				58	
连云港						
无　锡	941		4		936	
宿　迁	199		15		184	
淮　安	1 411		582		829	
扬州内河	54		54			
镇江内河	21				21	
苏州内河	774		406		367	
常州内河	501				501	
江苏其他	1 392		506		886	
浙江合计	**5 143**		**592**		**4 551**	
杭　州	1 309				1 309	
嘉兴内河	768		393		375	
湖　州	3 061		199		2 862	
宁波内河						
绍　兴						
金　华	5				5	
青　田						
浙江其他						

5-10 （续表三）

单位：千吨

港口	总计	外贸	出港	外贸	进港	外贸
安徽合计	4 535	39	1 989		2 546	39
马鞍山	595		42		554	
芜　湖	1 206	39	209		996	39
铜　陵	25		2		23	
池　州	625		5		621	
安　庆	1 757		1 730		27	
阜　阳						
合　肥	226				226	
六　安						
滁　州	93				93	
淮　南						
蚌　埠	7		1		6	
亳　州						
安徽其他						
江西合计	3 685		1 684		2 000	
南　昌	403				403	
九　江	3 282		1 684		1 598	
樟　树						
江西其他						
河南合计						
湖北合计	8 224		1 991		6 232	
嘉　鱼						
武　汉	3 997		1 574		2 423	
黄　州	370		…		369	
鄂　州						
黄　石	300		3		296	
襄　阳						
荆　州	1 854		307		1 547	
宜　昌	1 398		99		1 300	
潜　江	6				6	
天　门						
汉　川						
湖北其他	298		8		291	
湖南合计	9 412	20	1 322	19	8 091	…
长　沙	544	20	23	19	521	…
湘　潭						
株　洲						

5-10 （续表四）

单位：千吨

港　口	总计	外贸	出港	外贸	进港	外贸
岳　阳	8 164		1 299		6 864	
沅　陵						
常　德	406				406	
湖南其他	299				299	
广东合计	**8 424**	…	**1 332**	…	**7 092**	…
番　禺	850		137		714	
新　塘	51				51	
五　和						
中　山						
佛　山	5 599	…	927	…	4 673	…
江　门	876		246		629	
东　莞	387		23		364	
肇　庆	404				404	
惠　州						
云　浮	256				256	
韶　关						
清　远						
河　源						
广西合计	**971**	**2**	**99**	**2**	**872**	
南　宁	111		11		100	
柳　州						
贵　港	200	2	56	2	143	
梧　州	516		32		484	
来　宾						
广西其他	145				145	
重　庆	**9 651**		**1 172**		**8 479**	
四川合计	**697**	**2**			**697**	**2**
泸　州	697	2			697	2
宜　宾						
乐　山						
南　充						
四川其他						
贵州合计						
云南合计						
昭　通						
云南其他						

5-11 全国港口原油吞吐量

单位：千吨

港　口	总计	外贸	出港	外贸	进港	外贸
全国总计	**694 742**	**504 646**	**92 063**	**6 790**	**602 680**	**497 856**
1.沿海合计	**675 325**	**504 579**	**91 284**	**6 790**	**584 042**	**497 789**
辽宁合计	**116 369**	**72 604**	**26 905**	**246**	**89 464**	**72 358**
丹　东						
大　连	65 856	48 180	13 353		52 503	48 180
营　口	19 432	16 360	2 288	246	17 144	16 115
盘　锦	14 439	2 686			14 439	2 686
锦　州	8 391	5 378	3 014		5 378	5 378
葫芦岛	8 251		8 251			
河北合计	**20 573**	**11 179**	**1 928**		**18 645**	**11 179**
秦皇岛	1 995		732		1 263	
黄　骅	6 090				6 090	
唐　山	12 488	11 179	1 196		11 292	11 179
天　津	**46 286**	**23 642**	**19 068**	**528**	**27 218**	**23 114**
山东合计	**241 888**	**191 586**	**21 105**	**5 298**	**220 784**	**186 288**
滨　州	216				216	
东　营	24 214	4 277			24 214	4 277
潍　坊	1 674		41		1 633	
烟　台	43 278	32 005	2 134		41 143	32 005
威　海						
青　岛	110 585	97 149	16 522	5 298	94 063	91 851
日　照	61 922	58 154	2 408		59 514	58 154
上　海	**4 790**				**4 790**	
江苏合计	**1 422**	**859**			**1 422**	**859**
连云港	1 422	859			1 422	859
盐　城						
浙江合计	**121 281**	**96 918**	**16 019**	**125**	**105 261**	**96 793**
嘉　兴	360				360	
宁波舟山	120 656	96 918	15 965	125	104 691	96 793
其中：宁　波	62 120	48 089	6 857		55 263	48 089
舟　山	58 536	48 830	9 108	125	49 428	48 704
台　州						
温　州	265		54		210	

5-11 （续表一）

单位：千吨

港 口	总计	外贸	出港	外贸	进港	外贸
福建合计	**25 701**	**25 701**			**25 701**	**25 701**
福　州						
其中：福州市港口						
宁德市港口						
莆　田						
泉　州	22 611	22 611			22 611	22 611
厦　门	3 090	3 090			3 090	3 090
其中：厦门市港口						
漳州市港口	3 090	3 090			3 090	3 090
广东合计	**72 435**	**63 161**	**2 525**	**593**	**69 909**	**62 568**
潮　州						
汕　头						
揭　阳						
汕　尾						
惠　州	34 980	28 803			34 980	28 803
深　圳						
东　莞						
广　州	160		80		80	
中　山						
珠　海						
江　门						
阳　江						
茂　名	10 874	10 874			10 874	10 874
湛　江	26 421	23 485	2 445	593	23 975	22 891
广西合计	**11 330**	**7 713**	**3 482**		**7 848**	**7 713**
广西北部湾港	11 330	7 713	3 482		7 848	7 713
其中：北　海	3 470		3 470			
钦　州	7 860	7 713	12		7 848	7 713
防　城						
海南合计	**13 252**	**11 217**	**252**		**13 000**	**11 217**
海　口	31		20		11	
洋　浦	11 448	11 217	231		11 217	11 217
八　所	1 773				1 773	
三　亚						
清　澜						
海南其他						
2. 内河合计	**19 417**	**67**	**779**		**18 638**	**67**
黑龙江合计						
黑　河						

5-11 （续表二）

单位：千吨

港　口	总计	外贸	出港	外贸	进港	外贸
肇　源						
哈尔滨						
佳木斯						
黑龙江其他						
山东合计						
济　宁						
枣　庄						
山东其他						
上　海						
江苏合计	**11 719**	**67**	**779**		**10 940**	**67**
南　京	4 456				4 456	
镇　江						
苏　州	57	57			57	57
南　通						
常　州						
江　阴	2 052	10	270		1 782	10
扬　州						
泰　州	3 671				3 671	
徐　州						
连云港						
无　锡						
宿　迁						
淮　安	661		121		540	
扬州内河	45		45			
镇江内河						
苏州内河						
常州内河						
江苏其他	778		344		434	
浙江合计						
杭　州						
嘉兴内河						
湖　州						
宁波内河						
绍　兴						
金　华						
青　田						
浙江其他						

5-11 （续表三）

单位：千吨

港口	总计	外贸	出港	外贸	进港	外贸
安徽合计						
马鞍山						
芜　湖						
铜　陵						
池　州						
安　庆						
阜　阳						
合　肥						
六　安						
滁　州						
淮　南						
蚌　埠						
亳　州						
安徽其他						
江西合计						
南　昌						
九　江						
樟　树						
江西其他						
河南合计						
湖北合计	845				845	
嘉　鱼						
武　汉						
黄　州						
鄂　州						
黄　石						
襄　阳						
荆　州	845				845	
宜　昌						
潜　江						
天　门						
汉　川						
湖北其他						
湖南合计	4 562				4 562	
长　沙						
湘　潭						
株　洲						

5-11 （续表四）

单位：千吨

港口	总计	外贸	出港	外贸	进港	外贸
岳　阳	4 562				4 562	
沅　陵						
常　德						
湖南其他						
广东合计	**1 736**				**1 736**	
番　禺						
新　塘						
五　和						
中　山						
佛　山	1 736				1 736	
江　门						
东　莞						
肇　庆						
惠　州						
云　浮						
韶　关						
清　远						
河　源						
广西合计	…				…	
南　宁						
柳　州						
贵　港	…				…	
梧　州						
来　宾						
广西其他						
重　庆	**40**				**40**	
四川合计	**516**				**516**	
泸　州	516				516	
宜　宾						
乐　山						
南　充						
四川其他						
贵州合计						
云南合计						
昭　通						
云南其他						

5-12　全国港口金属矿石吞吐量

单位：千吨

港　口	总计	外贸	出港	外贸	进港	外贸
全国总计	**2 341 135**	**1 422 307**	**493 549**	**21 557**	**1 847 586**	**1 400 750**
1.沿海合计	**1 592 137**	**1 256 001**	**257 116**	**21 244**	**1 335 021**	**1 234 757**
辽宁合计	**104 333**	**95 620**	**8 273**	**5 757**	**96 060**	**89 864**
丹　东	13 068	11 216	850		12 218	11 216
大　连	35 616	34 541	6 822	5 752	28 793	28 789
营　口	42 967	42 081	297	4	42 670	42 077
盘　锦	608	247			608	247
锦　州	7 073	5 717	186		6 888	5 717
葫芦岛	5 001	1 819	118		4 883	1 819
河北合计	**299 898**	**293 616**	**1 301**	**70**	**298 596**	**293 546**
秦皇岛	1 371	1 133	199		1 172	1 133
黄　骅	51 239	47 444			51 239	47 444
唐　山	247 289	245 038	1 103	70	246 186	244 968
天　津	**119 787**	**118 350**	**1 541**	**248**	**118 247**	**118 102**
山东合计	**419 454**	**316 005**	**62 181**	**10 540**	**357 274**	**305 466**
滨　州	29 646		807		28 839	
东　营	231				231	
潍　坊	8 733				8 733	
烟　台	19 546	17 803	7 073	5 908	12 473	11 896
威　海	243				243	
青　岛	168 681	126 879	36 831	4 471	131 850	122 408
日　照	192 374	171 323	17 469	161	174 905	171 162
上　海	**23 807**	**10 127**	**890**	**3**	**22 917**	**10 123**
江苏合计	**124 529**	**89 241**	**27 557**	**276**	**96 973**	**88 965**
连云港	110 416	82 503	24 915	276	85 501	82 227
盐　城	14 113	6 738	2 641		11 472	6 738
浙江合计	**264 368**	**140 100**	**123 778**	**48**	**140 590**	**140 052**
嘉　兴	560	432			560	432
宁波舟山	263 523	139 668	123 778	48	139 745	139 620
其中：宁　波	90 734	53 661	37 049	48	53 685	53 612
舟　山	172 788	86 008	86 728		86 060	86 008
台　州						
温　州	285				285	

5-12 (续表一)

单位：千吨

港口	总计	外贸	出港	外贸	进港	外贸
福建合计	**59 330**	**51 031**	**7 861**	**2 590**	**51 469**	**48 440**
福州	38 142	32 712	3 570		34 572	32 712
其中：福州市港口	28 142	23 567	3 570		24 573	23 567
宁德市港口	10 000	9 145			10 000	9 145
莆田	12 556	10 951	4 056	2 590	8 501	8 361
泉州	637	178	15		622	178
厦门	7 995	7 190	221		7 774	7 190
其中：厦门市港口	6 789	6 381	214		6 575	6 381
漳州市港口	1 206	809	7		1 199	809
广东合计	**97 290**	**74 039**	**15 392**	**760**	**81 898**	**73 279**
潮州	256	256			256	256
汕头	7	7			7	7
揭阳	1 691				1 691	
汕尾						
惠州						
深圳						
东莞	1 192	25	640	…	552	25
广州	6 201	3 311	287	3	5 914	3 308
中山	…		…		…	
珠海	15 912	12 344	2 640		13 272	12 344
江门	5				5	
阳江	12 318	9 782	92		12 226	9 782
茂名	162	157			162	157
湛江	59 546	48 157	11 733	757	47 813	47 400
广西合计	**75 955**	**67 716**	**5 048**	**826**	**70 907**	**66 890**
广西北部湾港	75 955	67 716	5 048	826	70 907	66 890
其中：北海	5 694	5 223	61		5 633	5 223
钦州	14 081	11 394	2 253	805	11 827	10 590
防城	56 180	51 099	2 734	21	53 446	51 078
海南合计	**3 385**	**156**	**3 294**	**126**	**91**	**30**
海口	155	14	88	1	67	13
洋浦	168	25	144	8	24	17
八所	3 062	117	3 062	117		
三亚						
清澜						
海南其他						
2. 内河合计	**748 999**	**166 305**	**236 434**	**313**	**512 565**	**165 993**
黑龙江合计	**10**		**10**			
黑河						

5-12 （续表二）

单位：千吨

港口	总计	外贸	出港	外贸	进港	外贸
肇　源						
哈尔滨	10		10			
佳木斯						
黑龙江其他						
山东合计	**293**		**76**		**217**	
济　宁	42		33		9	
枣　庄	252		43		209	
山东其他						
上　海	**335**		**161**		**174**	
江苏合计	**521 416**	**151 261**	**205 596**	**275**	**315 820**	**150 986**
南　京	48 875	3 861	10 168		38 706	3 861
镇　江	64 341	15 935	32 166		32 175	15 935
苏　州	144 994	56 330	45 475	25	99 518	56 305
南　通	37 474	10 801	18 907		18 567	10 801
常　州	32 969	9 023	15 997		16 972	9 023
江　阴	96 597	45 091	47 234	1	49 363	45 090
扬　州	16 427	5 215	8 185	226	8 242	4 989
泰　州	56 260	4 137	27 278	22	28 982	4 115
徐　州	927		2		925	
连云港						
无　锡	8 360	866	5		8 355	866
宿　迁						
淮　安	3 879				3 879	
扬州内河	40				40	
镇江内河	1 449				1 449	
苏州内河	4 912		81		4 831	
常州内河	3 820		21		3 799	
江苏其他	92		76		16	
浙江合计	**57**		…		**56**	
杭　州						
嘉兴内河	7				7	
湖　州	24				24	
宁波内河						
绍　兴	21		…		20	
金　华						
青　田	6				6	
浙江其他						

5-12 (续表三)

单位：千吨

港口	总计	外贸	出港	外贸	进港	外贸
安徽合计	**64 854**	**9 891**	**9 215**		**55 638**	**9 891**
马鞍山	32 179	9 886	394		31 785	9 886
芜　湖	11 688		1 997		9 691	
铜　陵	10 569		2 249		8 320	
池　州	5 585		882		4 704	
安　庆	702		549		153	
阜　阳						
合　肥	1 698	5	1 484		214	5
六　安	2 219		1 650		569	
滁　州	12				12	
淮　南						
蚌　埠	69				69	
亳　州						
安徽其他	133		12		121	
江西合计	**14 286**		**633**		**13 653**	
南　昌	5 975		51		5 924	
九　江	8 045		474		7 571	
樟　树						
江西其他	266		108		158	
河南合计						
湖北合计	**69 786**	**5 067**	**4 300**	**30**	**65 485**	**5 038**
嘉　鱼	4 989				4 989	
武　汉	41 957		260		41 698	
黄　州						
鄂　州	4 792		603		4 189	
黄　石	9 550	5 067	665	30	8 884	5 038
襄　阳						
荆　州	2 992		4		2 988	
宜　昌	4 410		2 198		2 213	
潜　江	15		15			
天　门						
汉　川						
湖北其他	1 081		556		525	
湖南合计	**52 368**	**35**	**14 312**	**8**	**38 056**	**27**
长　沙	2 534	35	91	8	2 443	27
湘　潭	11 378				11 378	
株　洲						

5-12 （续表四）

单位：千吨

港　　口	总计	外贸	出港	外贸	进港	外贸
岳　阳	36 802		14 055		22 747	
沅　陵						
常　德						
湖南其他	1 654		165		1 488	
广东合计	2 303	…	163	…	2 140	…
番　禺						
新　塘						
五　和	24				24	
中　山						
佛　山	428	…	…	…	428	…
江　门	2				2	
东　莞	…				…	
肇　庆	124		6		119	
惠　州						
云　浮	187		157		30	
韶　关	564				564	
清　远	974				974	
河　源						
广西合计	4 596		475		4 121	
南　宁	4		2		2	
柳　州						
贵　港	4 402		472		3 930	
梧　州	3		…		3	
来　宾						
广西其他	187				187	
重　庆	17 223		838		16 384	
四川合计	1 039	52	219		820	52
泸　州	942	52	166		776	52
宜　宾	83		39		44	
乐　山	14		14			
南　充						
四川其他						
贵州合计						
云南合计	433		433			
昭　通	433		433			
云南其他						

5-13　全国港口钢铁吞吐量

单位：千吨

港　口	总计	外贸	出港	外贸	进港	外贸
全国总计	668 075	82 553	354 723	38 519	313 352	44 034
1.沿海合计	379 887	58 012	224 600	33 452	155 287	24 560
辽宁合计	49 149	5 696	46 663	4 743	2 486	953
丹　东	5 206	509	5 169	509	37	
大　连	8 794	1 036	7 129	410	1 665	627
营　口	29 986	4 036	29 391	3 796	595	240
盘　锦	318		308		9	
锦　州	2 426	115	2 247	28	179	87
葫芦岛	2 419		2 419			
河北合计	56 007	4 409	53 420	2 111	2 587	2 298
秦皇岛	5 185	89	5 092	32	92	58
黄　骅	1 631	786	821		810	786
唐　山	49 192	3 534	47 507	2 079	1 685	1 455
天　津	33 896	14 381	28 652	13 568	5 244	812
山东合计	24 771	4 503	17 642	3 076	7 129	1 427
滨　州						
东　营	1 943		1 061		882	
潍　坊	236	10	13		222	10
烟　台	3 223	579	546	276	2 677	304
威　海	652	466	289	242	363	224
青　岛	5 509	1 592	3 550	827	1 959	765
日　照	13 208	1 856	12 183	1 732	1 025	124
上　海	44 880	8 528	17 327	5 476	27 553	3 052
江苏合计	9 190	3 647	5 937	2 468	3 253	1 178
连云港	5 423	3 593	3 573	2 468	1 850	1 125
盐　城	3 767	54	2 364		1 404	54
浙江合计	34 196	2 008	3 079	194	31 117	1 815
嘉　兴	4 786	317	268		4 518	317
宁波舟山	16 380	710	1 818	194	14 562	516
其中：宁波	14 547	587	1 645	194	12 902	394
舟山	1 833	123	173		1 659	123
台　州	6 975		357		6 618	
温　州	6 055	981	636		5 420	981

5-13 （续表一）

单位：千吨

港　口	总计	外贸	出港	外贸	进港	外贸
福建合计	24 242	4 201	11 080	391	13 162	3 811
福　州	14 586	2 002	9 048	121	5 538	1 881
其中：福州市港口	7 418	368	4 594	9	2 824	359
宁德市港口	7 169	1 634	4 455	112	2 714	1 523
莆　田	988	8	277		711	8
泉　州	3 525	141	26		3 499	141
厦　门	5 142	2 050	1 728	270	3 414	1 781
其中：厦门市港口	3 604	1 580	1 521	270	2 082	1 311
漳州市港口	1 538	470	207		1 331	470
广东合计	76 797	9 307	26 992	1 070	49 805	8 237
潮　州						
汕　头	1 774	121	628	97	1 146	24
揭　阳	5 844		134		5 710	
汕　尾						
惠　州	310		3		307	
深　圳	1 267	340	173		1 094	340
东　莞	11 010	1 451	2 877	33	8 133	1 418
广　州	37 387	6 052	10 736	439	26 651	5 613
中　山	967	75	541	30	427	45
珠　海	4 288	533	1 397	39	2 891	494
江　门	2 079	199	143	26	1 936	173
阳　江	2 144	95	1 968	49	176	47
茂　名	322		1		320	
湛　江	9 404	441	8 390	358	1 013	83
广西合计	21 539	1 329	13 111	354	8 427	974
广西北部湾港	21 539	1 329	13 111	354	8 427	974
其中：北　海	3 324	669	2 483	30	842	639
钦　州	7 948	472	2 907	234	5 041	238
防　城	10 266	188	7 721	90	2 545	97
海南合计	5 219	3	695	…	4 524	3
海　口	4 326	3	412		3 914	3
洋　浦	568	…	283		285	…
八　所	2		…		2	
三　亚	319				319	
清　澜						
海南其他	4				4	
2. 内河合计	288 188	24 541	130 123	5 067	158 064	19 474
黑龙江合计	16	16	16	16		
黑　河	14	14	14	14		

5-13 （续表二）

单位：千吨

港　口	总计	外贸	出港	外贸	进港	外贸
肇　源						
哈尔滨						
佳木斯	2	2	2	2		
黑龙江其他						
山东合计	**549**		**392**		**157**	
济　宁	549		392		157	
枣　庄						
山东其他						
上　海	**2 258**		**588**		**1 670**	
江苏合计	**145 867**	**23 497**	**74 089**	**4 407**	**71 778**	**19 090**
南　京	13 813	503	9 020	78	4 792	425
镇　江	695	352	316	…	380	352
苏　州	55 194	14 975	34 512	3 936	20 682	11 039
南　通	4 842	240	1 349	91	3 493	149
常　州	1 349	296	620	6	728	290
江　阴	20 679	6 647	5 824	274	14 855	6 373
扬　州	2 102	165	490	21	1 613	143
泰　州	4 451	319	1 958		2 493	319
徐　州	1 032		530		502	
连云港						
无　锡	11 605		4 834		6 771	
宿　迁	212		99		114	
淮　安	4 075		3 426		649	
扬州内河	17		9		9	
镇江内河	4 244		2 555		1 689	
苏州内河	8 700		5 109		3 591	
常州内河	7 780		1 227		6 554	
江苏其他	5 074		2 211		2 863	
浙江合计	**40 009**		**4 925**		**35 085**	
杭　州	15 757		751		15 006	
嘉兴内河	9 080		3 107		5 973	
湖　州	14 170		709		13 460	
宁波内河						
绍　兴	717		352		365	
金　华						
青　田	121		2		118	
浙江其他	164		3		161	

5-13 （续表三）

单位：千吨

港 口	总计	外贸	出港	外贸	进港	外贸
安徽合计	**24 133**	**68**	**16 793**	**68**	**7 340**	…
马鞍山	9 447	68	6 060	68	3 387	
芜　湖	4 721	…	3 782		939	…
铜　陵	3 080		2 629		451	
池　州	4 017		3 119		898	
安　庆	76		54		22	
阜　阳	189		110		79	
合　肥	1 179	…	470		709	…
六　安	352		349		3	
滁　州	52		18		34	
淮　南						
蚌　埠	12		6		6	
亳　州						
安徽其他	1 010		197		813	
江西合计	**8 842**		**5 464**		**3 378**	
南　昌	2 984		39		2 945	
九　江	5 771		5 409		363	
樟　树	8				8	
江西其他	79		16		63	
河南合计						
湖北合计	**21 544**	**484**	**15 537**	**471**	**6 008**	**13**
嘉　鱼	2 030		2 030			
武　汉	11 678		8 409		3 268	
黄　州						
鄂　州	2 425		1 824		601	
黄　石	3 859	484	2 918	471	941	13
襄　阳						
荆　州	323		52		271	
宜　昌	914	…	272	…	642	…
潜　江						
天　门						
汉　川	24				24	
湖北其他	292		33		259	
湖南合计	**9 770**	**12**	**4 439**	**9**	**5 331**	**3**
长　沙	3 675	12	382	9	3 293	3
湘　潭	3 119		3 085		34	
株　洲						

5-13 （续表四）

单位：千吨

港 口	总计	外贸	出港	外贸	进港	外贸
岳 阳	2 164		649		1 515	
沅 陵	27				27	
常 德	296				296	
湖南其他	489		322		167	
广东合计	**24 427**	**443**	**2 737**	**79**	**21 690**	**364**
番 禺	201		…		200	
新 塘	32		32			
五 和	564		161		403	
中 山	156		90		67	
佛 山	21 726	303	1 784	74	19 941	229
江 门	222	140	12	5	209	135
东 莞	644	…	310	…	334	…
肇 庆	653		117		536	
惠 州						
云 浮	…	…			…	…
韶 关	231		231			
清 远						
河 源						
广西合计	**2 804**	**7**	**2 485**	**5**	**319**	**2**
南 宁	61		9		52	
柳 州	87		87			
贵 港	2 195	…	2 108	…	87	
梧 州	446	6	267	5	180	2
来 宾						
广西其他	15		15			
重 庆	**7 886**		**2 597**		**5 289**	
四川合计	**72**	**4**	**53**	**3**	**19**	**1**
泸 州	10	4	6	3	4	1
宜 宾	63		47		16	
乐 山						
南 充						
四川其他						
贵州合计						
云南合计	**10**	**10**	**10**	**10**		
昭 通						
云南其他	10	10	10	10		

5-14　全国港口矿建材料吞吐量

单位：千吨

港　　口	总计	外贸	出港	外贸	进港	外贸
全国总计	2 452 595	36 546	1 127 984	18 606	1 324 611	17 940
1.沿海合计	844 432	30 527	457 322	16 705	387 110	13 822
辽宁合计	47 176	300	46 904	300	272	
丹　东	6 877		6 877			
大　连	7 774	35	7 569	35	205	
营　口	13 301	228	13 255	228	46	
盘　锦	5 659	20	5 654	20	4	
锦　州	1 224	17	1 221	17	3	
葫芦岛	12 342		12 327		15	
河北合计	49 793	1 441	45 028	190	4 765	1 252
秦皇岛	2 413		2 297		116	
黄　骅	2 495		80		2 415	
唐　山	44 884	1 441	42 650	190	2 234	1 252
天　津	14 369	997	6 225	828	8 144	170
山东合计	62 030	4 098	43 024	553	19 006	3 545
滨　州	2 312		406		1 906	
东　营	7 145		2 462		4 683	
潍　坊	1 053		201		852	
烟　台	24 334	419	23 007	346	1 328	72
威　海	9 843	280	8 993	19	849	261
青　岛	9 578	1 006	2 684	14	6 894	991
日　照	7 765	2 393	5 272	173	2 494	2 220
上　海	41 278	45	5 010	…	36 267	45
江苏合计	42 377	338	11 323		31 054	338
连云港	16 563		5 626		10 937	
盐　城	25 814	338	5 697		20 117	338
浙江合计	254 712	98	113 403		141 309	98
嘉　兴	27 090		10 034		17 057	
宁波舟山	206 610	52	101 909		104 701	52
其中：宁　波	26 309		5 164		21 144	
舟　山	180 301	52	96 744		83 557	52
台　州	7 771		525		7 246	
温　州	13 241	47	935		12 306	47

5-14 （续表一）

单位：千吨

港　口	总计	外贸	出港	外贸	进港	外贸
福建合计	**93 074**	**12 353**	**71 674**	**6 261**	**21 401**	**6 092**
福　州	79 661	4 165	67 090	3 922	12 572	243
其中：福州市港口	66 334	3 690	53 807	3 483	12 527	207
宁德市港口	13 328	475	13 283	439	45	36
莆　田	1 437	426	17		1 420	426
泉　州	6 619	4 070	2 880	1 564	3 740	2 506
厦　门	5 357	3 692	1 688	775	3 669	2 917
其中：厦门市港口	4 471	3 542	1 030	625	3 441	2 917
漳州市港口	886	150	657	150	228	
广东合计	**213 947**	**9 312**	**100 492**	**7 895**	**113 455**	**1 417**
潮　州	566	205	86		480	205
汕　头	675	115			675	115
揭　阳	1 631				1 631	
汕　尾	20				20	
惠　州	8 747	5 257	5 248	5 232	3 499	26
深　圳	2 677	120	118		2 559	120
东　莞	39 823	1 465	17 401	1 117	22 422	347
广　州	93 346	225	39 717	103	53 630	123
中　山	109	7	36	3	73	4
珠　海	13 426	17	4 615	17	8 811	
江　门	48 795	1 412	30 920	1 410	17 875	2
阳　江	1 191	456	378		813	456
茂　名	968	32	160	13	808	19
湛　江	1 972		1 813		159	
广西合计	**13 041**	**711**	**10 122**	**675**	**2 919**	**35**
广西北部湾港	13 041	711	10 122	675	2 919	35
其中：北　海	386	3	159	…	227	3
钦　州	9 309	695	6 808	663	2 501	32
防　城	3 346	12	3 155	12	191	…
海南合计	**12 634**	**834**	**4 117**	**4**	**8 518**	**829**
海　口	6 700	753	1 463	4	5 237	749
洋　浦	1 630	78	221	…	1 408	78
八　所	307	3	34		272	3
三　亚	739		2		737	
清　澜	2 456		1 840		616	
海南其他	803		556		247	
2. 内河合计	**1 608 163**	**6 018**	**670 662**	**1 900**	**937 501**	**4 118**
黑龙江合计	**1 247**	**154**	**193**		**1 054**	**154**
黑　河	155	154			155	154

5-14 （续表二）

单位：千吨

港口	总计	外贸	出港	外贸	进港	外贸
肇源	50				50	
哈尔滨	1 035		193		842	
佳木斯	7				7	
黑龙江其他						
山东合计	11 676		9 066		2 610	
济宁	3 964		2 466		1 498	
枣庄	6 977		6 591		387	
山东其他	735		9		726	
上海	46 941		4 968		41 973	
江苏合计	730 178	3 299	222 604	472	507 575	2 827
南京	34 445	335	1 385	335	33 060	
镇江	170 144	70	82 539		87 605	70
苏州	77 098		36 762		40 335	
南通	100 394	2 491	40 733	124	59 662	2 368
常州	4 506	42	1 281		3 225	42
江阴	19 029	11	8 349	6	10 680	5
扬州	23 566		1 359		22 207	
泰州	83 183	349	35 811	7	47 371	342
徐州	12 066		902		11 164	
连云港						
无锡	23 096		787		22 309	
宿迁	12 144		68		12 076	
淮安	29 094		627		28 467	
扬州内河	2 201		50		2 151	
镇江内河	2 113		323		1 790	
苏州内河	67 818		3 463		64 355	
常州内河	14 095		3 350		10 745	
江苏其他	55 187		4 815		50 372	
浙江合计	236 508		71 728		164 781	
杭州	65 940		22 468		43 472	
嘉兴内河	88 118		3 179		84 939	
湖州	66 794		42 513		24 282	
宁波内河	1 705		8		1 696	
绍兴	10 965		959		10 006	
金华	259		134		125	
青田	2 068		1 975		93	
浙江其他	659		492		168	

5-14 （续表三）

单位：千吨

港 口	总计	外贸	出港	外贸	进港	外贸
安徽合计	**191 819**	**54**	**104 526**	**15**	**87 293**	**39**
马鞍山	30 386		11 992		18 394	
芜 湖	41 666		27 679		13 987	
铜 陵	8 951		5 659		3 292	
池 州	50 546		49 663		882	
安 庆	5 500		1 703		3 796	
阜 阳	2 531				2 531	
合 肥	22 099	9	3 040	5	19 060	4
六 安	335				335	
滁 州	11 319		970		10 348	
淮 南	869		9		860	
蚌 埠	10 692	45	699	10	9 993	35
亳 州	466				466	
安徽其他	6 460		3 111		3 350	
江西合计	**53 234**		**39 457**		**13 777**	
南 昌	15 842		7 446		8 397	
九 江	34 129		30 967		3 162	
樟 树	7		3		5	
江西其他	3 255		1 042		2 214	
河南合计	**523**		**263**		**259**	
湖北合计	**129 184**	**70**	**99 309**	**47**	**29 875**	**23**
嘉 鱼	143		143			
武 汉	7 056		785		6 271	
黄 州	6 691		1 068		5 623	
鄂 州	2 124		407		1 717	
黄 石	22 274	12	21 682	9	591	3
襄 阳						
荆 州	14 500		5 006		9 495	
宜 昌	26 154	58	23 887	38	2 267	20
潜 江	300				300	
天 门						
汉 川	20				20	
湖北其他	49 922		46 331		3 591	
湖南合计	**5 905**	**20**	**3 026**	**13**	**2 880**	**7**
长 沙	125	20	64	13	61	7
湘 潭	7				7	
株 洲						

5-14 （续表四）

单位：千吨

港 口	总计	外贸	出港	外贸	进港	外贸
岳 阳	2 167		188		1 979	
沅 陵						
常 德						
湖南其他	3 607		2 774		833	
广东合计	**74 072**	**2 329**	**33 482**	**1 263**	**40 591**	**1 066**
番 禺	573				573	
新 塘	2 887				2 887	
五 和	2 892		2		2 890	
中 山						
佛 山	12 168	149	3 415	109	8 753	40
江 门	17 022	475	8 592	475	8 430	
东 莞	160		21		139	
肇 庆	16 884	641	6 878	495	10 006	146
惠 州	4 290		90		4 200	
云 浮	13 624	1 064	10 960	184	2 664	880
韶 关	174		174			
清 远	3 398		3 350		48	
河 源						
广西合计	**76 350**	**87**	**54 237**	**87**	**22 113**	**…**
南 宁	1 850		30		1 820	
柳 州	332		216		116	
贵 港	48 567	4	28 743	4	19 824	
梧 州	23 040	83	22 735	83	305	…
来 宾	1 330		1 330			
广西其他	1 232		1 184		48	
重 庆	**46 654**		**26 256**		**20 398**	
四川合计	**3 431**	**5**	**1 359**	**3**	**2 073**	**2**
泸 州	445	5	64	3	381	2
宜 宾	1 809		1 295		515	
乐 山						
南 充						
四川其他	1 177				1 177	
贵州合计						
云南合计	**439**		**189**		**250**	
昭 通	439		189		250	
云南其他						

5-15 全国港口水泥吞吐量

单位：千吨

港　口	总计	外贸	出港	外贸	进港	外贸
全国总计	**442 104**	**26 579**	**293 815**	**1 748**	**148 290**	**24 831**
1.沿海合计	125 216	17 730	42 402	1 091	82 814	16 639
辽宁合计	11 803		11 793		10	
丹　东	2 200		2 200			
大　连	2 980		2 980			
营　口	491		491			
盘　锦	2 668		2 668			
锦　州	1 999		1 990		10	
葫芦岛	1 465		1 465			
河北合计	7 427		7 427			
秦皇岛	3 577		3 577			
黄　骅						
唐　山	3 849		3 849			
天　津	494	5	7	5	487	…
山东合计	15 703	5 351	4 016	114	11 687	5 237
滨　州	555	30			555	30
东　营	106				106	
潍　坊	2 178	405	32		2 147	405
烟　台	6 835	3 024	369	114	6 466	2 911
威　海	411	71	8		403	71
青　岛	673	560			673	560
日　照	4 945	1 261	3 608		1 337	1 261
上　海	1 941		6		1 936	
江苏合计	4 862	2 709	397		4 464	2 709
连云港	2 458	2 368	37		2 421	2 368
盐　城	2 404	342	360		2 044	342
浙江合计	45 904	4 259	9 911	79	35 993	4 180
嘉　兴						
宁波舟山	26 630	3 938	9 183		17 447	3 938
其中：宁　波	16 897		4 246		12 651	
舟　山	9 733	3 938	4 937		4 796	3 938
台　州	6 245	245	675	79	5 570	166
温　州	13 030	76	53		12 976	76

5-15 （续表一）

单位：千吨

港 口	总计	外贸	出港	外贸	进港	外贸
福建合计	**14 592**	**2 098**	**667**		**13 925**	**2 098**
福　州	9 949	1 690	58		9 891	1 690
其中：福州市港口	6 792	1 440	58		6 734	1 440
宁德市港口	3 157	250			3 157	250
莆　田	687				687	
泉　州	1 381	8	12		1 369	8
厦　门	2 576	400	597		1 979	400
其中：厦门市港口	1 213	400			1 213	400
漳州市港口	1 362		597		765	
广东合计	**17 851**	**2 695**	**5 851**	**889**	**12 000**	**1 807**
潮　州						
汕　头	1 809				1 809	
揭　阳	1 411				1 411	
汕　尾	415		22		394	
惠　州	2 717	17			2 717	17
深　圳						
东　莞	5 601	2 005	3 162	885	2 439	1 120
广　州	832	141	377	…	455	141
中　山	21	…	…	…	20	
珠　海	2 302	237	157	3	2 146	233
江　门	1 309		996		314	
阳　江	1 071		1 071			
茂　名	6		5		…	
湛　江	356	296	60		296	296
广西合计	**2 358**	**547**	**1 357**	**5**	**1 001**	**543**
广西北部湾港	2 358	547	1 357	5	1 001	543
其中：北　海	801	337	196		605	337
钦　州	1 109	5	919	5	190	
防　城	449	206	242		207	206
海南合计	**2 280**	**64**	**970**		**1 309**	**64**
海　口	843		697		147	
洋　浦	267	57	14		253	57
八　所	312		260		52	
三　亚	89	7			89	7
清　澜	152				152	
海南其他	616				616	
2. 内河合计	**316 888**	**8 849**	**251 412**	**657**	**65 476**	**8 192**
黑龙江合计						
黑　河						

5-15 （续表二）

单位：千吨

港口	总计	外贸	出港	外贸	进港	外贸
肇　源						
哈尔滨						
佳木斯						
黑龙江其他						
山东合计	**11**				**11**	
济　宁						
枣　庄						
山东其他	11				11	
上　海	**4 444**		**356**		**4 089**	
江苏合计	**80 177**	**8 710**	**50 096**	**517**	**30 081**	**8 192**
南　京	727	64	672	64	55	
镇　江	6 030	41	5 836		194	41
苏　州	1 342	32	973	32	369	
南　通	24 046	8 058	10 058		13 988	8 058
常　州						
江　阴						
扬　州	4 346	421	4 314	421	32	
泰　州	3 882	94	2 549		1 333	94
徐　州	463		286		177	
连云港						
无　锡	5 738		4 400		1 339	
宿　迁	116		28		88	
淮　安	2 733		1 249		1 484	
扬州内河	141		70		70	
镇江内河	250				250	
苏州内河	8 595		3 288		5 307	
常州内河	8 720		8 709		11	
江苏其他	13 049		7 666		5 383	
浙江合计	**34 241**		**20 986**		**13 255**	
杭　州	5 149		980		4 169	
嘉兴内河	6 692		1 482		5 210	
湖　州	19 671		18 163		1 509	
宁波内河	133				133	
绍　兴	2 593		361		2 232	
金　华						
青　田						
浙江其他	3				3	

5-15 （续表三）

单位：千吨

港口	总计	外贸	出港	外贸	进港	外贸
安徽合计	**95 521**	**4**	**90 767**	**4**	**4 753**	
马鞍山	7 323		6 978		345	
芜　湖	34 857		34 540		316	
铜　陵	31 318		31 300		18	
池　州	15 896		15 896			
安　庆	1 440	4	978	4	462	
阜　阳	1 079				1 079	
合　肥	754		606		149	
六　安						
滁　州	73				73	
淮　南	2 237		279		1 958	
蚌　埠	1				1	
亳　州						
安徽其他	541		190		351	
江西合计	**16 872**		**11 886**		**4 986**	
南　昌	4 989		24		4 965	
九　江	10 768		10 747		21	
樟　树						
江西其他	1 115		1 115			
河南合计	**9**		**7**		**2**	
湖北合计	**12 872**		**10 553**		**2 320**	
嘉　鱼	649		649			
武　汉	1 565		662		903	
黄　州	5		4		1	
鄂　州						
黄　石	3 873		3 873			
襄　阳						
荆　州	768		666		102	
宜　昌	3 265		2 398		867	
潜　江						
天　门						
汉　川						
湖北其他	2 748		2 301		446	
湖南合计	**695**		**627**		**69**	
长　沙	11		11			
湘　潭						
株　洲						

5-15 （续表四）

单位：千吨

港口	总计	外贸	出港	外贸	进港	外贸
岳　阳	62				62	
沅　陵						
常　德						
湖南其他	622		616		6	
广东合计	**26 461**	**135**	**23 555**	**135**	**2 905**	**…**
番　禺	465				465	
新　塘	148				148	
五　和	1 381	120	1 375	120	5	
中　山						
佛　山	2 388	14	2 264	14	124	…
江　门	908	…	381	…	527	
东　莞	226		3		223	
肇　庆	11 672		10 683		990	
惠　州	406				406	
云　浮	5 896		5 879		17	
韶　关						
清　远	2 971		2 971			
河　源						
广西合计	**28 472**	**…**	**26 902**	**…**	**1 570**	
南　宁	2 438		2 136		302	
柳　州	4		4			
贵　港	22 432		21 281		1 151	
梧　州	189	…	72	…	117	
来　宾	274		274			
广西其他	3 135		3 135			
重　庆	**16 694**		**15 634**		**1 060**	
四川合计	**393**		**44**		**349**	
泸　州	393		44		349	
宜　宾						
乐　山						
南　充						
四川其他						
贵州合计						
云南合计	**27**				**27**	
昭　通	27				27	
云南其他						

5-16 全国港口木材吞吐量

单位：千吨

港口	总计	外贸	出港	外贸	进港	外贸
全国总计	103 489	73 959	20 966	2 861	82 523	71 098
1.沿海合计	61 777	49 686	9 934	2 704	51 843	46 981
辽宁合计	193	178	25	11	168	168
丹东	98	98			98	98
大连	70	55	25	11	45	44
营口	25	25			25	25
盘锦						
锦州						
葫芦岛						
河北合计	1 257	1 046	202		1 055	1 046
秦皇岛						
黄骅						
唐山	1 257	1 046	202		1 055	1 046
天津	1 945	217	1 251	35	694	182
山东合计	29 698	29 492	144	4	29 554	29 488
滨州						
东营						
潍坊	3 211	3 168			3 211	3 168
烟台	4 107	3 951	132		3 975	3 951
威海						
青岛	1 168	1 168			1 168	1 168
日照	21 213	21 205	12	4	21 201	21 201
上海	1				1	
江苏合计	4 540	4 477	2 125	2 062	2 415	2 415
连云港	2 372	2 372	2 062	2 062	310	310
盐城	2 168	2 105	63		2 105	2 105
浙江合计	19	2	2		18	2
嘉兴	2				2	
宁波舟山	12	2	2		10	2
其中：宁波	9	2	2		7	2
舟山	3				3	
台州	2				2	
温州	3				3	

5-16 （续表一）

单位：千吨

港口	总计	外贸	出港	外贸	进港	外贸
福建合计	**2 058**	**1 947**	**7**	…	**2 051**	**1 947**
福　州	18				18	
其中：福州市港口	17				17	
宁德市港口	2		…		2	
莆　田	661	650	4		657	650
泉　州	61	35	…	…	61	35
厦　门	1 318	1 263	2	…	1 315	1 263
其中：厦门市港口	…	…	…	…		
漳州市港口	1 317	1 263	2		1 315	1 263
广东合计	**8 578**	**4 059**	**1 866**	**102**	**6 711**	**3 957**
潮　州						
汕　头	2				2	
揭　阳	5				5	
汕　尾						
惠　州	3				3	
深　圳						
东　莞	2 115	1 134	277	16	1 838	1 118
广　州	4 223	1 293	1 324	19	2 899	1 274
中　山	445	85	21	8	423	78
珠　海	4		4			
江　门	191	18	158	11	33	8
阳　江	14				14	
茂　名	7		7			
湛　江	1 569	1 528	75	49	1 494	1 480
广西合计	**6 475**	**2 423**	**3 612**	**487**	**2 863**	**1 936**
广西北部湾港	6 475	2 423	3 612	487	2 863	1 936
其中：北　海	121	101	19	…	103	101
钦　州	6 287	2 295	3 556	487	2 732	1 808
防　城	66	27	37		29	27
海南合计	**7 013**	**5 843**	**699**	**3**	**6 313**	**5 840**
海　口	680	4	332	3	348	2
洋　浦	6 324	5 839	368	…	5 957	5 838
八　所						
三　亚						
清　澜	8				8	
海南其他						
2. 内河合计	**41 712**	**24 273**	**11 032**	**156**	**30 680**	**24 117**
黑龙江合计	**229**	**229**			**229**	**229**
黑　河	12	12			12	12

5-16 （续表二）

单位：千吨

港口	总计	外贸	出港	外贸	进港	外贸
肇 源						
哈尔滨						
佳木斯	214	214			214	214
黑龙江其他	3	3			3	3
山东合计	**49**		**4**		**45**	
济 宁	49		4		45	
枣 庄	…				…	
山东其他						
上 海	…				…	
江苏合计	**33 123**	**22 562**	**9 411**	**20**	**23 711**	**22 542**
南 京	708	361	346		362	361
镇 江	5 288	4 230	1 052		4 236	4 230
苏 州	15 444	12 370	2 818	6	12 626	12 364
南 通	1 115	1 115			1 115	1 115
常 州						
江 阴	27	4	7	…	19	4
扬 州	1 090	758	330		760	758
泰 州	8 326	3 724	4 528	14	3 798	3 710
徐 州	127				127	
连云港						
无 锡						
宿 迁	345		1		344	
淮 安	118		59		59	
扬州内河						
镇江内河	9				9	
苏州内河	503		264		239	
常州内河						
江苏其他	24		6		18	
浙江合计	**246**				**246**	
杭 州						
嘉兴内河	1				1	
湖 州	218				218	
宁波内河						
绍 兴						
金 华						
青 田	24				24	
浙江其他	2				2	

5-16 （续表三）

单位：千吨

港口	总计	外贸	出港	外贸	进港	外贸
安徽合计	**28**	**6**	**6**	**5**	**22**	**…**
马鞍山						
芜 湖	…		…			
铜 陵						
池 州	3				3	
安 庆	18	5	5	5	12	
阜 阳						
合 肥	7	…	…		6	…
六 安						
滁 州						
淮 南						
蚌 埠						
亳 州						
安徽其他						
江西合计	**1 827**				**1 827**	
南 昌	283				283	
九 江	1 438				1 438	
樟 树						
江西其他	105				105	
河南合计						
湖北合计	**58**	**…**	**57**		**…**	
嘉 鱼						
武 汉						
黄 州						
鄂 州						
黄 石						
襄 阳						
荆 州	50		49		…	
宜 昌	7	…	7		…	
潜 江						
天 门						
汉 川						
湖北其他	…		…			
湖南合计	**771**	**…**	**35**	**…**	**736**	**…**
长 沙	29		29			
湘 潭						
株 洲						

5-16 （续表四）

单位：千吨

港口	总计	外贸	出港	外贸	进港	外贸
岳　阳	735				735	
沅　陵						
常　德						
湖南其他	6		6			
广东合计	2 938	1 393	578	68	2 360	1 325
番　禺						
新　塘						
五　和	8	2			8	2
中　山						
佛　山	1 993	1 145	288	66	1 706	1 079
江　门	607	244	89		519	244
东　莞	139		27		112	
肇　庆	190	2	175	2	15	
惠　州						
云　浮						
韶　关	…				…	
清　远						
河　源						
广西合计	954	68	932	60	22	9
南　宁	17		17			
柳　州	…	…	…	…		
贵　港	329	55	317	53	12	2
梧　州	590	13	580	6	10	7
来　宾						
广西其他	17		17			
重　庆	1 461		2		1 459	
四川合计	18	2	6	1	12	…
泸　州	17	2	6	1	10	…
宜　宾	2				2	
乐　山						
南　充						
四川其他						
贵州合计						
云南合计	11	11	…	…	10	10
昭　通						
云南其他	11	11	…	…	10	10

5-17　全国港口非金属矿石吞吐量

单位：千吨

港　口	总计	外贸	出港	外贸	进港	外贸
全国总计	507 507	117 988	216 420	10 441	291 087	107 547
1.沿海合计	275 237	108 733	98 067	7 585	177 171	101 148
辽宁合计	12 913	3 836	12 691	3 736	222	101
丹　东	334	334	334	334		
大　连	534	85	434	63	101	22
营　口	4 860	3 241	4 779	3 164	81	77
盘　锦						
锦　州	5 720	176	5 690	175	30	1
葫芦岛	1 465		1 454		11	
河北合计	24 197	21 311	537		23 661	21 311
秦皇岛	341		293		48	
黄　骅	15 120	13 878	244		14 876	13 878
唐　山	8 737	7 433			8 737	7 433
天　津	2 057	1 359	1 082	926	975	433
山东合计	159 709	72 253	59 998	701	99 711	71 552
滨　州	1 169				1 169	
东　营	491				491	
潍　坊	12 024	28	73	2	11 951	26
烟　台	126 743	56 998	56 573	649	70 170	56 350
威　海	5 332	2 375	2 828		2 504	2 375
青　岛	223	15	213	4	11	11
日　照	13 727	12 836	311	46	13 416	12 790
上　海	3 879	126	132		3 748	126
江苏合计	6 395	1 885	1 256	466	5 139	1 419
连云港	6 205	1 885	1 139	466	5 066	1 419
盐　城	190		117		73	
浙江合计	15 623	1 205	1 041	279	14 582	927
嘉　兴	322	6			322	6
宁波舟山	6 661	1 199	332	279	6 329	921
其中：宁　波	5 608	1 146	279	279	5 329	867
舟　山	1 053	53	53		1 000	53
台　州	6 580		625		5 955	
温　州	2 060		84		1 976	

5-17 （续表一）

单位：千吨

港　　口	总计	外贸	出港	外贸	进港	外贸
福建合计	9 207	2 452	2 227	260	6 981	2 192
福　州	5 675	1 790	413	22	5 262	1 767
其中：福州市港口	3 800	793	212	22	3 588	770
宁德市港口	1 874	997	201		1 673	997
莆　田	240		70		169	
泉　州	1 354	561	494	137	860	425
厦　门	1 939	101	1 249	101	690	
其中：厦门市港口	101	99	99	99	2	
漳州市港口	1 838	2	1 150	2	688	
广东合计	17 757	1 185	5 476	527	12 281	657
潮　州						
汕　头	1				1	
揭　阳	473		2		471	
汕　尾						
惠　州						
深　圳	3	2	2	2	1	
东　莞	7 551	286	3 624	142	3 927	145
广　州	3 062	400	1 342	235	1 721	165
中　山	123	47	5	2	119	45
珠　海	216	2	2	2	214	
江　门	2 843	22	301	19	2 542	2
阳　江	112	23			112	23
茂　名	97	64	65	64	32	
湛　江	3 276	338	134	61	3 141	277
广西合计	14 131	2 802	8 698	679	5 434	2 122
广西北部湾港	14 131	2 802	8 698	679	5 434	2 122
其中：北　海	3 237	223	3 018	139	219	84
钦　州	8 410	451	5 098	240	3 311	211
防　城	2 484	2 128	581	301	1 903	1 827
海南合计	9 368	319	4 929	11	4 439	308
海　口	6 486	199	3 727	9	2 760	190
洋　浦	1 577	32	590	2	987	30
八　所	308	87			308	87
三　亚	102				102	
清　澜						
海南其他	896		612		283	
2. 内河合计	232 269	9 256	118 354	2 856	113 916	6 400
黑龙江合计	608				608	
黑　河						

5-17 （续表二）

单位：千吨

港 口	总计	外贸	出港	外贸	进港	外贸
肇 源						
哈尔滨	608				608	
佳木斯						
黑龙江其他						
山东合计	**361**		**191**		**170**	
济 宁	361		191		170	
枣 庄						
山东其他						
上 海	**2 385**		…		**2 385**	
江苏合计	**49 260**	**8 647**	**13 446**	**2 268**	**35 813**	**6 379**
南 京	5 346	27	2 193		3 152	27
镇 江	9 087	4 128	4 451	1 743	4 636	2 385
苏 州	1 149	171	132	51	1 017	120
南 通	3 353	1 646	1 182	457	2 171	1 189
常 州	49		…		48	
江 阴	72				72	
扬 州	1 886	663	489		1 397	663
泰 州	8 316	2 012	3 916	17	4 399	1 995
徐 州	318		27		292	
连云港						
无 锡	2 030		32		1 998	
宿 迁	915				915	
淮 安	5 979		…		5 978	
扬州内河	46		10		36	
镇江内河						
苏州内河	2 643		81		2 563	
常州内河	5 691		858		4 833	
江苏其他	2 380		74		2 306	
浙江合计	**12 639**		**2 382**		**10 257**	
杭 州	3 319		1 981		1 338	
嘉兴内河	5 707		211		5 496	
湖 州	2 135		126		2 010	
宁波内河						
绍 兴	1 383				1 383	
金 华	27				27	
青 田	67		64		2	
浙江其他						

5-17 （续表三）

单位：千吨

港口	总计	外贸	出港	外贸	进港	外贸
安徽合计	**45 782**	**362**	**30 077**	**362**	**15 705**	
马鞍山	7 923		3 800		4 123	
芜 湖	4 402		250		4 152	
铜 陵	9 716	12	6 199	12	3 517	
池 州	16 949	350	16 766	350	184	
安 庆	107		11		96	
阜 阳						
合 肥	895		84		811	
六 安	10				10	
滁 州	1 382		1 200		182	
淮 南						
蚌 埠	2 435	…	90	…	2 345	
亳 州						
安徽其他	1 963		1 679		284	
江西合计	**12 740**		**6 726**		**6 013**	
南 昌	944		46		899	
九 江	9 201		6 677		2 524	
樟 树						
江西其他	2 595		4		2 591	
河南合计	**43**				**43**	
湖北合计	**46 215**	**5**	**20 770**	**5**	**25 446**	
嘉 鱼	30				30	
武 汉	7 955		33		7 923	
黄 州						
鄂 州						
黄 石	872		546		326	
襄 阳						
荆 州	4 065		1 453		2 612	
宜 昌	20 677	5	12 494	5	8 184	
潜 江	6		6			
天 门						
汉 川						
湖北其他	12 610		6 238		6 372	
湖南合计	**7 015**	**20**	**4 350**	**1**	**2 664**	**19**
长 沙	3 053	20	1 013	1	2 040	19
湘 潭	77				77	
株 洲	16				16	

5-17 （续表四）

单位：千吨

港　口	总计	外贸	出港	外贸	进港	外贸
岳　阳	2 425		2 387		38	
沅　陵						
常　德						
湖南其他	1 443		950		493	
广东合计	15 103	213	9 846	213	5 258	
番　禺						
新　塘	809				809	
五　和	131				131	
中　山						
佛　山	269		…		269	
江　门	804		328		477	
东　莞	1 058	…	326	…	732	
肇　庆	6 000		4 454		1 546	
惠　州	274		65		208	
云　浮	2 505	212	1 507	212	999	
韶　关	14		14			
清　远	3 239		3 152		87	
河　源						
广西合计	24 564	8	22 471	8	2 093	…
南　宁	1 352		1 256		96	
柳　州						
贵　港	9 995	7	8 495	7	1 500	
梧　州	6 307	2	5 839	1	468	…
来　宾	6 617		6 596		21	
广西其他	293		286		7	
重　庆	12 716		6 657		6 060	
四川合计	585	1	334	…	251	1
泸　州	311	1	167	…	144	1
宜　宾	273		166		107	
乐　山	…		…			
南　充						
四川其他						
贵州合计						
云南合计	2 253	…	1 104		1 149	…
昭　通	2 253		1 104		1 149	
云南其他	…		…		…	

5-18　全国港口化学肥料及农药吞吐量

单位：千吨

港口	总计	外贸	出港	外贸	进港	外贸
全国总计	62 681	29 438	38 906	22 071	23 776	7 367
1.沿海合计	32 763	21 944	21 326	15 300	11 437	6 644
辽宁合计	2 635	2 183	963	955	1 673	1 228
丹　东						
大　连	166	33	38	33	128	
营　口	1 670	1 405	259	256	1 411	1 149
盘　锦	452	397	397	397	55	
锦　州	347	347	269	269	78	78
葫芦岛						
河北合计	1 420	678	1 240	519	180	159
秦皇岛	518	497	360	360	157	137
黄　骅	847	126	847	126		
唐　山	55	55	33	33	23	23
天　津	4 727	3 987	4 289	3 573	438	414
山东合计	5 174	4 747	3 306	3 054	1 868	1 693
滨　州						
东　营	85	75	85	75		
潍　坊	42	42			42	42
烟　台	4 156	3 790	2 999	2 766	1 157	1 025
威　海						
青　岛	856	807	186	181	670	627
日　照	36	33	36	33		
上　海	29	8	7	7	22	1
江苏合计	1 309	1 249	172	162	1 137	1 088
连云港	1 309	1 249	172	162	1 137	1 088
盐　城						
浙江合计	136	112	112	112	25	
嘉　兴						
宁波舟山	120	112	112	112	8	
其中：宁　波	8				8	
舟　山	112	112	112	112	…	
台　州	17				17	
温　州						

5-18 （续表一）

单位：千吨

港　　口	总计	外贸	出港	外贸	进港	外贸
福建合计	**1 619**	**1 037**	**1 354**	**1 037**	**265**	
福　　州	922	607	910	607	12	
其中：福州市港口	910	607	910	607		
宁德市港口	12				12	
莆　　田	245	208	208	208	36	
泉　　州	57	27	30	27	27	
厦　　门	396	195	206	195	190	
其中：厦门市港口	356	195	206	195	150	
漳州市港口	40				40	
广东合计	**3 245**	**2 331**	**1 251**	**729**	**1 994**	**1 601**
潮　　州						
汕　　头	2				2	
揭　　阳	23				23	
汕　　尾						
惠　　州						
深　　圳						
东　　莞	1 228	940	239		989	940
广　　州	164	47	60	18	104	29
中　　山	5	3	3	3	2	
珠　　海						
江　　门	25	1	2	1	23	
阳　　江						
茂　　名	6				6	
湛　　江	1 793	1 340	947	708	846	632
广西合计	**10 693**	**5 347**	**7 535**	**4 889**	**3 158**	**458**
广西北部湾港	10 693	5 347	7 535	4 889	3 158	458
其中：北　海	2 629	1 386	1 353	1 284	1 276	102
钦　州	3 074	612	1 507	555	1 567	57
防　城	4 990	3 349	4 675	3 051	314	299
海南合计	**1 775**	**266**	**1 097**	**263**	**678**	**2**
海　　口	792	…	236		556	…
洋　　浦	146	4	41	2	105	2
八　　所	828	262	821	262	8	
三　　亚	9				9	
清　　澜						
海南其他						
2. 内河合计	**29 919**	**7 494**	**17 580**	**6 770**	**12 338**	**723**
黑龙江合计	**5**		**…**		**4**	
黑　　河						

5-18 （续表二）

单位：千吨

港口	总计	外贸	出港	外贸	进港	外贸
肇　源						
哈尔滨	5		…		4	
佳木斯						
黑龙江其他						
山东合计	**131**		**102**		**30**	
济　宁	116		98		19	
枣　庄						
山东其他	15		4		11	
上　海	**43**		**3**		**40**	
江苏合计	**18 799**	**7 435**	**9 321**	**6 727**	**9 478**	**708**
南　京	4 382	2 466	2 448	2 204	1 934	262
镇　江	4 730	2 249	2 284	2 249	2 446	
苏　州	2 687	1 259	1 337	1 192	1 350	67
南　通	912	356	425	198	486	158
常　州	33		6		27	
江　阴	535	22	264	3	272	20
扬　州	56		16		40	
泰　州	1 221	505	562	304	659	201
徐　州	431				431	
连云港						
无　锡	1 480	577	1 162	577	318	
宿　迁	14		4		11	
淮　安	1 050		186		864	
扬州内河						
镇江内河	14				14	
苏州内河	714		496		218	
常州内河	258		61		197	
江苏其他	281		71		210	
浙江合计	**77**		**9**		**69**	
杭　州	43				43	
嘉兴内河	22		9		13	
湖　州	13				13	
宁波内河						
绍　兴						
金　华						
青　田						
浙江其他						

单位：千吨

5-18 （续表三）

单位：千吨

港　口	总计	外贸	出港	外贸	进港	外贸
安徽合计	**675**		**224**		**451**	
马鞍山	7				7	
芜　湖	8		4		5	
铜　陵	141		107		34	
池　州	46		2		44	
安　庆	3				3	
阜　阳	31		28		3	
合　肥	68		23		45	
六　安						
滁　州	132		8		124	
淮　南						
蚌　埠	176				176	
亳　州						
安徽其他	62		51		10	
江西合计	**604**		**61**		**543**	
南　昌	36				36	
九　江	566		61		505	
樟　树	2				2	
江西其他						
河南合计						
湖北合计	**6 798**	**38**	**6 113**	**38**	**685**	
嘉　鱼						
武　汉	42		17		25	
黄　州						
鄂　州						
黄　石						
襄　阳						
荆　州	828		539		289	
宜　昌	4 308	38	3 942	38	366	
潜　江						
天　门						
汉　川	…				…	
湖北其他	1 620		1 616		4	
湖南合计	**148**	**6**	**117**	**…**	**30**	**5**
长　沙	7	6	…	…	6	5
湘　潭						
株　洲						

5-18 （续表四）

单位：千吨

港　口	总计		出港		进港	
		外贸		外贸		外贸
岳　阳	136		116		19	
沅　陵						
常　德						
湖南其他	5				5	
广东合计	**142**	**3**	**8**	**3**	**134**	…
番　禺						
新　塘	21				21	
五　和	…		…			
中　山						
佛　山	4		1		3	
江　门	3	3	3	3	…	…
东　莞	63		4		60	
肇　庆	50				50	
惠　州						
云　浮						
韶　关						
清　远						
河　源						
广西合计	**218**	**11**	**42**	…	**176**	**10**
南　宁	7				7	
柳　州						
贵　港	153	11	41	…	111	10
梧　州	46		1		45	
来　宾						
广西其他	12				12	
重　庆	**1 684**		**1 254**		**430**	
四川合计	**578**	…	**314**	…	**264**	…
泸　州	234	…	226	…	8	…
宜　宾	344		89		255	
乐　山						
南　充						
四川其他						
贵州合计						
云南合计	**16**	…	**11**	…	**5**	
昭　通	15		11		5	
云南其他	…	…	…	…		

5-19　全国港口盐吞吐量

单位：千吨

港　口	总计	外贸	出港	外贸	进港	外贸
全国总计	22 445	6 033	10 160	409	12 285	5 625
1.沿海合计	9 838	5 750	2 293	210	7 546	5 541
辽宁合计	971	877			971	877
丹　东						
大　连	52				52	
营　口	123	123			123	123
盘　锦	89	55			89	55
锦　州	707	699			707	699
葫芦岛						
河北合计	641	429			641	429
秦皇岛						
黄　骅						
唐　山	641	429			641	429
天　津	605	422	105	12	501	410
山东合计	3 195	1 399	1 890	156	1 305	1 243
滨　州	309		309			
东　营	8		8			
潍　坊	880	143	871	143	10	
烟　台	1 375	679	702	13	672	666
威　海	46				46	
青　岛	576	576			576	576
日　照						
上　海	966	801			966	801
江苏合计	237	37	199	37	38	
连云港	168	37	140	37	27	
盐　城	70		59		11	
浙江合计	2 187	1 389	6	4	2 181	1 386
嘉　兴	579	87			579	87
宁波舟山	1 607	1 302	6	4	1 601	1 299
其中:宁　波	1 524	1 236	2	2	1 522	1 234
舟　山	83	67	4	2	79	65
台　州	2				2	
温　州						

5-19 （续表一）

单位：千吨

港　　口	总计	外贸	出港	外贸	进港	外贸
福建合计	**477**	**290**			**477**	**290**
福　州	309	122			309	122
其中：福州市港口	309	122			309	122
宁德市港口						
莆　田						
泉　州	167	167			167	167
厦　门						
其中：厦门市港口						
漳州市港口						
广东合计	**292**	…	**42**	…	**249**	…
潮　州						
汕　头						
揭　阳						
汕　尾						
惠　州						
深　圳						
东　莞	85	…	38		47	…
广　州	97	…	2		95	…
中　山	43	…	…	…	43	…
珠　海						
江　门	65				65	
阳　江						
茂　名						
湛　江	2		2			
广西合计	**173**	**32**	**46**	…	**127**	**32**
广西北部湾港	173	32	46	…	127	32
其中：北　海	23	…	…		23	…
钦　州	141	32	46	…	95	31
防　城	9		…		9	
海南合计	**94**	**74**	**5**		**89**	**74**
海　口	7		2		5	
洋　浦	88	74	3		84	74
八　所						
三　亚						
清　澜						
海南其他						
2. 内河合计	**12 606**	**283**	**7 867**	**199**	**4 739**	**84**
黑龙江合计	**12**	**12**	**12**	**12**		
黑　河	12	12	12	12		

5-19 （续表二）

单位：千吨

港口	总计	外贸	出港	外贸	进港	外贸
肇　源						
哈尔滨						
佳木斯						
黑龙江其他						
山东合计						
济　宁						
枣　庄						
山东其他						
上　海	**102**				**102**	
江苏合计	**10 181**	**270**	**7 480**	**187**	**2 701**	**83**
南　京	99				99	
镇　江	2 006	65	1 753	65	253	
苏　州	185	4	4	4	180	
南　通	633		188		446	
常　州						
江　阴						
扬　州						
泰　州	1 059	200	129	117	929	83
徐　州						
连云港						
无　锡	10				10	
宿　迁						
淮　安	4 216		4 011		205	
扬州内河						
镇江内河						
苏州内河	330				330	
常州内河	1 393		1 393		…	
江苏其他	249		2		248	
浙江合计	**135**		**5**		**131**	
杭　州	15				15	
嘉兴内河	106		4		102	
湖　州	15		…		14	
宁波内河						
绍　兴						
金　华						
青　田						
浙江其他	…				…	

5-19 （续表三）

单位：千吨

港 口	总计	外贸	出港	外贸	进港	外贸
安徽合计	**339**		**24**		**315**	
马鞍山						
芜　湖	216		2		214	
铜　陵						
池　州						
安　庆						
阜　阳						
合　肥	61		22		40	
六　安						
滁　州						
淮　南	60				60	
蚌　埠	1				1	
亳　州						
安徽其他						
江西合计	**614**		**40**		**573**	
南　昌	15		15			
九　江	459				459	
樟　树	25		25			
江西其他	115				115	
河南合计						
湖北合计	**645**		**3**		**642**	
嘉　鱼						
武　汉	64		…		63	
黄　州						
鄂　州						
黄　石						
襄　阳						
荆　州						
宜　昌	579		3		577	
潜　江						
天　门						
汉　川						
湖北其他	2				2	
湖南合计	**129**	…	**24**	…	**105**	…
长　沙	4	…	1		3	…
湘　潭						
株　洲						

5-19 （续表四）

单位：千吨

港口	总计	外贸	出港	外贸	进港	外贸
岳阳	112		10		102	
沅陵						
常德						
湖南其他	13		13			
广东合计	**65**		…		**65**	
番禺						
新塘						
五和						
中山						
佛山	50				50	
江门						
东莞	12		…		11	
肇庆	4				4	
惠州						
云浮						
韶关						
清远						
河源						
广西合计	**22**				**22**	
南宁						
柳州						
贵港	5				5	
梧州	17				17	
来宾						
广西其他						
重庆	**331**		**268**		**63**	
四川合计	**31**	…	**10**	…	**20**	
泸州	…	…	…	…		
宜宾	30		10		20	
乐山						
南充						
四川其他						
贵州合计						
云南合计						
昭通						
云南其他						

5-20　全国港口粮食吞吐量

单位：千吨

港口	总计	外贸	出港	外贸	进港	外贸
全国总计	327 629	140 066	92 427	2 470	235 201	137 596
1.沿海合计	219 462	115 391	62 669	1 762	156 792	113 629
辽宁合计	39 086	13 485	26 479	1 248	12 607	12 237
丹东	1 656	370	1 286		370	370
大连	14 551	7 347	8 404	1 238	6 147	6 110
营口	8 429	3 034	5 396	…	3 033	3 033
盘锦	3 555	2 516	795		2 760	2 516
锦州	7 349	218	7 052	9	297	208
葫芦岛	3 546		3 546			
河北合计	5 544	4 973	185	10	5 359	4 963
秦皇岛	2 494	2 393	10	10	2 484	2 383
黄骅	1 961	1 758	175		1 786	1 758
唐山	1 089	823			1 089	823
天津	12 843	10 488	1 975	94	10 868	10 394
山东合计	30 457	26 951	580	262	29 877	26 689
滨州	45				45	
东营	11		…		11	
潍坊	222	56	59	56	163	
烟台	7 323	4 616	23	…	7 300	4 615
威海	6		3		3	
青岛	8 805	8 634	316	205	8 489	8 429
日照	14 045	13 645	179		13 866	13 645
上海	4 005	1 917	1 609		2 396	1 917
江苏合计	8 680	6 669	936		7 744	6 669
连云港	5 447	5 396	40		5 408	5 396
盐城	3 233	1 273	896		2 337	1 273
浙江合计	11 249	6 763	4 337	97	6 912	6 666
嘉兴	3				3	
宁波舟山	11 103	6 763	4 321	97	6 783	6 666
其中：宁波	2 099	1 546	459		1 639	1 546
舟山	9 005	5 216	3 861	97	5 143	5 119
台州	27		10		17	
温州	115		6		109	

5-20 （续表一）

单位：千吨

港　　口	总计	外贸	出港	外贸	进港	外贸
福建合计	7 816	5 538	72		7 744	5 538
福　州	2 574	2 441	15		2 558	2 441
其中：福州市港口	2 569	2 441	15		2 554	2 441
宁德市港口	5				5	
莆　田	223	32	22		202	32
泉　州	1 450	1 031			1 450	1 031
厦　门	3 569	2 035	35		3 534	2 035
其中：厦门市港口	919	760	8		911	760
漳州市港口	2 651	1 275	27		2 623	1 275
广东合计	75 881	28 886	24 022	35	51 860	28 851
潮　州						
汕　头	2				2	
揭　阳	683		…		682	
汕　尾						
惠　州	11				11	
深　圳	11 746	3 271	5 233	7	6 512	3 264
东　莞	22 226	5 340	8 561	…	13 665	5 340
广　州	32 429	15 699	10 118	27	22 311	15 671
中　山	380	2	27	…	354	1
珠　海	37		7		31	
江　门	1 185		61		1 124	
阳　江	1 761	1 271	6		1 755	1 271
茂　名	1 533	19			1 533	19
湛　江	3 886	3 284	8		3 879	3 284
广西合计	19 165	9 649	1 597	14	17 569	9 635
广西北部湾港	19 165	9 649	1 597	14	17 569	9 635
其中：北　海	2 100	1 726	105		1 995	1 726
钦　州	11 241	3 605	1 062	14	10 180	3 591
防　城	5 824	4 318	430		5 394	4 318
海南合计	4 736	71	878	1	3 857	70
海　口	3 691		548		3 143	
洋　浦	945	71	330	1	614	70
八　所						
三　亚						
清　澜	100				100	
海南其他						
2. 内河合计	108 167	24 675	29 758	708	78 409	23 968
黑龙江合计	210	205	3		207	205
黑　河	201	201			201	201

5-20 （续表二）

单位：千吨

港口	总计	外贸	出港	外贸	进港	外贸
肇　源						
哈尔滨	5		3		2	
佳木斯	4	4			4	4
黑龙江其他	…	…			…	…
山东合计	16		4		12	
济　宁	2				2	
枣　庄	4		4			
山东其他	9				9	
上　海	1 074		630		444	
江苏合计	70 061	23 434	24 890	602	45 172	22 832
南　京	2 474	1 518	837	295	1 636	1 223
镇　江	8 461	5 149	2 460	…	6 001	5 149
苏　州	8 950	5 190	2 363	300	6 587	4 890
南　通	13 523	6 383	3 871		9 651	6 383
常　州						
江　阴	1 694	740	241	6	1 453	735
扬　州	29		16		13	
泰　州	27 399	4 445	11 995	1	15 404	4 444
徐　州	257		213		45	
连云港						
无　锡	425		76		350	
宿　迁	409		99		310	
淮　安	1 898		1 177		721	
扬州内河	10		8		2	
镇江内河	336		3		333	
苏州内河	489		230		259	
常州内河	287		27		260	
江苏其他	3 422	8	1 275		2 147	8
浙江合计	2 156		395		1 761	
杭　州	489		51		437	
嘉兴内河	1 325		259		1 066	
湖　州	239		65		174	
宁波内河						
绍　兴	35		16		19	
金　华						
青　田						
浙江其他	68		4		64	

5-20 （续表三）

单位：千吨

港口	总计	外贸	出港	外贸	进港	外贸
安徽合计	**3 859**	**76**	**1 600**	**10**	**2 259**	**66**
马鞍山	287		207		81	
芜　湖	564		78		486	
铜　陵	1				1	
池　州	130		23		106	
安　庆	164	65	26		138	65
阜　阳	89		41		48	
合　肥	1 393	…	665	…	728	…
六　安	27		27			
滁　州	266		154		111	
淮　南	3		3			
蚌　埠	724	11	343	10	381	1
亳　州	33		18		15	
安徽其他	178		14		164	
江西合计	**2 421**		**38**		**2 383**	
南　昌	1 881		6		1 875	
九　江	516		30		485	
樟　树	22		2		21	
江西其他	2				2	
河南合计						
湖北合计	**4 450**	…	**876**	…	**3 574**	…
嘉　鱼						
武　汉	1 459		67		1 392	
黄　州	570		419		151	
鄂　州	97		14		83	
黄　石	225		4		221	
襄　阳						
荆　州	1 267		141		1 126	
宜　昌	575	…	227	…	348	…
潜　江						
天　门						
汉　川	…				…	
湖北其他	255		3		252	
湖南合计	**2 441**	…	**136**	…	**2 305**	…
长　沙	454	…	12		442	…
湘　潭						
株　洲	94				94	

5-20 （续表四）

单位：千吨

港　口	总计	外贸	出港	外贸	进港	外贸
岳　阳	1 514		25		1 489	
沅　陵						
常　德						
湖南其他	378		99		279	
广东合计	7 681	540	741	93	6 940	448
番　禺	1 615		23		1 592	
新　塘						
五　和	509				509	
中　山	…		…			
佛　山	2 187	385	328	38	1 859	347
江　门	1 002	9	234	2	767	8
东　莞	259	…	12		247	…
肇　庆	1 727	145	144	53	1 583	93
惠　州	80				80	
云　浮	79				79	
韶　关	31				31	
清　远	192				192	
河　源						
广西合计	7 430	60	435	3	6 995	56
南　宁	1 059				1 059	
柳　州	8	…	…	…	8	
贵　港	4 953	…	260	…	4 694	
梧　州	1 191	59	18	3	1 173	56
来　宾	…				…	
广西其他	219		158		61	
重　庆	5 663		3		5 660	
四川合计	704	358	7		697	358
泸　州	674	358	3		670	358
宜　宾	30		4		27	
乐　山						
南　充						
四川其他						
贵州合计						
云南合计	…		…		…	…
昭　通						
云南其他	…				…	…

5-21 全国港口机械、设备、电器吞吐量

单位：千吨

港口	总计	外贸	出港	外贸	进港	外贸
全国总计	139 888	66 084	84 056	50 489	55 832	15 595
1.沿海合计	122 670	56 572	70 072	41 766	52 599	14 806
辽宁合计	2 046	1 730	1 844	1 672	202	59
丹东						
大连	1 817	1 603	1 712	1 589	106	13
营口	223	127	131	82	92	45
盘锦	…	…	…	…	…	
锦州	4		…		4	
葫芦岛	…				…	
河北合计	123	87	92	87	31	…
秦皇岛	64	53	57	53	7	…
黄骅	13				13	
唐山	46	34	35	34	11	
天津	27 419	21 455	19 006	15 617	8 413	5 838
山东合计	11 875	2 295	4 810	2 239	7 065	56
滨州	16		16			
东营	2 725		1 570		1 156	
潍坊						
烟台	1 271	1 047	1 184	1 036	86	11
威海	6	2	3	2	3	…
青岛	7 765	1 236	1 990	1 191	5 776	45
日照	92	11	47	11	45	
上海	3 577	3 052	3 041	2 916	536	136
江苏合计	12 406	9 272	9 657	9 168	2 748	104
连云港	2 775	2 770	2 668	2 666	107	104
盐城	9 631	6 502	6 989	6 502	2 641	
浙江合计	1 269	39	75	18	1 194	21
嘉兴	3		…		2	
宁波舟山	1 266	39	74	18	1 192	21
其中：宁波	95	21	63	13	32	9
舟山	1 171	18	11	6	1 160	12
台州	…		…			
温州	…				…	

5-21 （续表一）

单位：千吨

港口	总计	外贸	出港	外贸	进港	外贸
福建合计	**289**	**75**	**189**	**57**	**99**	**18**
福 州	135	1	107	1	28	…
其中：福州市港口	132	1	107	1	25	…
宁德市港口	3				3	
莆 田	16		12		5	
泉 州	18	1	3	…	15	1
厦 门	119	72	68	56	51	17
其中：厦门市港口	50	40	35	29	15	11
漳州市港口	70	32	33	27	37	5
广东合计	**51 949**	**17 410**	**25 522**	**9 144**	**26 427**	**8 266**
潮 州						
汕 头	4 512	606	1 992	396	2 520	210
揭 阳						
汕 尾						
惠 州	5				5	
深 圳	16	14	3	2	13	12
东 莞	1 047	176	326	50	721	127
广 州	38 496	14 829	18 245	7 079	20 251	7 751
中 山	2 375	1 576	2 164	1 487	211	89
珠 海	177	124	117	84	60	40
江 门	160	56	113	45	47	10
阳 江	129	28	77		53	28
茂 名	150	…	27	…	123	
湛 江	4 883		2 458		2 425	
广西合计	**1 448**	**862**	**914**	**737**	**533**	**125**
广西北部湾港	1 448	862	914	737	533	125
其中：北 海	54	25	13	9	41	15
钦 州	1 329	808	864	700	465	108
防 城	64	29	37	28	27	1
海南合计	**10 270**	**294**	**4 921**	**111**	**5 350**	**183**
海 口	9 920	72	4 785	46	5 135	26
洋 浦	334	217	127	65	207	152
八 所	15	5	7		8	5
三 亚	…		…		…	
清 澜						
海南其他						
2. 内河合计	**17 218**	**9 513**	**13 985**	**8 723**	**3 233**	**790**
黑龙江合计	**112**	**85**	**101**	**85**	**11**	**…**
黑 河	85	85	84	84	…	…

5-21 （续表二）

单位：千吨

港口	总计	外贸	出港	外贸	进港	外贸
肇　源						
哈尔滨	27		16		11	
佳木斯	…	…	…	…		
黑龙江其他						
山东合计						
济　宁						
枣　庄						
山东其他						
上　海	**28**		**26**		**2**	
江苏合计	**10 701**	**5 873**	**9 567**	**5 689**	**1 134**	**183**
南　京	1 666	229	1 663	226	3	3
镇　江						
苏　州	4 856	3 715	4 114	3 659	742	56
南　通	2 222	273	1 999	265	223	8
常　州	…		…			
江　阴	331	116	301	109	30	7
扬　州	1 247	1 215	1 246	1 214	1	…
泰　州	24	…	15	…	9	
徐　州						
连云港						
无　锡						
宿　迁						
淮　安	17		2		15	
扬州内河						
镇江内河						
苏州内河	323	323	215	215	108	108
常州内河						
江苏其他	14		11		3	
浙江合计	**69**		**65**		**4**	
杭　州	64		63		1	
嘉兴内河	3				3	
湖　州	2		2			
宁波内河						
绍　兴						
金　华						
青　田						
浙江其他						

5-21 (续表三)

单位：千吨

港 口	总计	外贸	出港	外贸	进港	外贸
安徽合计	**583**	**109**	**556**	**99**	**27**	**11**
马鞍山	7		1		6	
芜　湖	8	8	8	8	…	
铜　陵						
池　州						
安　庆	7	7	5	5	2	2
阜　阳						
合　肥	560	94	541	85	19	9
六　安						
滁　州						
淮　南						
蚌　埠						
亳　州						
安徽其他						
江西合计	**94**		**6**		**88**	
南　昌						
九　江	94		6		88	
樟　树						
江西其他						
河南合计						
湖北合计	**259**	**32**	**182**	**22**	**77**	**10**
嘉　鱼						
武　汉	141		114		27	
黄　州						
鄂　州	…		…			
黄　石	26	16	18	14	8	2
襄　阳						
荆　州	2		2			
宜　昌	90	15	48	8	42	7
潜　江						
天　门						
汉　川						
湖北其他						
湖南合计	**1 052**	**107**	**97**	**73**	**955**	**34**
长　沙	126	107	83	73	43	34
湘　潭						
株　洲	915		6		909	

5-21 （续表四）

单位：千吨

港口	总计	外贸	出港	外贸	进港	外贸
岳　阳	10		8		2	
沅　陵						
常　德						
湖南其他	…				…	
广东合计	**4 082**	**3 173**	**3 297**	**2 725**	**784**	**447**
番　禺	153		153		…	
新　塘						
五　和	151	45	53		97	45
中　山	72	72	72	72	…	…
佛　山	3 124	2 748	2 524	2 410	600	339
江　门	477	263	420	210	57	54
东　莞	11	…	9	…	2	…
肇　庆	95	43	66	34	28	9
惠　州						
云　浮						
韶　关						
清　远						
河　源						
广西合计	**43**	**25**	**14**	**3**	**30**	**22**
南　宁	…				…	
柳　州						
贵　港	17	…	10	…	7	…
梧　州	26	25	3	3	22	22
来　宾						
广西其他						
重　庆	**17**		**15**		**2**	
四川合计	**178**	**109**	**60**	**26**	**118**	**83**
泸　州	130	109	33	26	97	83
宜　宾	31		10		21	
乐　山	17		16		…	
南　充						
四川其他						
贵州合计						
云南合计	…		…		…	
昭　通						
云南其他	…		…		…	

5-22　全国港口化工原料及制品吞吐量

单位：千吨

港口	总计	外贸	出港	外贸	进港	外贸
全国总计	313 984	101 348	129 274	19 099	184 710	82 249
1.沿海合计	186 894	65 685	84 329	13 966	102 566	51 719
辽宁合计	29 295	4 191	22 477	177	6 819	4 015
丹　东	28				28	
大　连	27 885	3 990	21 252	31	6 633	3 958
营　口	564	47	502	47	62	
盘　锦	…	…	…	…		
锦　州	817	154	722	98	96	57
葫芦岛						
河北合计	692	252	508	94	184	158
秦皇岛	117	108	30	30	87	78
黄　骅	25		16		9	
唐　山	550	144	462	64	88	80
天　津	27 245	10 845	18 024	7 369	9 221	3 475
山东合计	7 730	2 633	4 342	1 006	3 388	1 627
滨　州						
东　营	358		348		11	
潍　坊	412	260	86	5	326	255
烟　台	3 344	646	1 536	238	1 808	408
威　海	14	3	11	…	3	3
青　岛	3 215	1 402	2 280	731	935	671
日　照	388	321	82	33	306	289
上　海	8 908	1 941	3 420	98	5 488	1 843
江苏合计	5 456	3 960	1 056	454	4 400	3 506
连云港	5 144	3 706	1 048	452	4 096	3 253
盐　城	312	255	8	2	304	253
浙江合计	32 676	16 225	6 504	285	26 171	15 940
嘉　兴	10 984	4 539	608	31	10 377	4 508
宁波舟山	21 157	11 686	5 866	254	15 292	11 432
其中：宁波	17 621	11 040	3 312	254	14 310	10 786
舟山	3 536	646	2 554		982	646
台　州	128		1		127	
温　州	406		29		376	

5-22 （续表一）

单位：千吨

港口	总计	外贸	出港	外贸	进港	外贸
福建合计	**15 056**	**3 627**	**6 057**	**733**	**8 999**	**2 894**
福　州	4 245	1 358	242	2	4 003	1 356
其中：福州市港口	4 234	1 358	231	2	4 003	1 356
宁德市港口	11		11			
莆　田	786	741	751	709	36	32
泉　州	5 008	865	2 686	4	2 322	860
厦　门	5 017	664	2 378	18	2 638	646
其中：厦门市港口	451	334	21	18	430	317
漳州市港口	4 566	329	2 357		2 209	329
广东合计	**36 636**	**14 088**	**10 282**	**1 473**	**26 354**	**12 614**
潮　州	56				56	
汕　头	23		1		22	
揭　阳	134				134	
汕　尾						
惠　州	5 146	521	3 688	24	1 458	497
深　圳	203				203	
东　莞	12 376	4 165	1 833	150	10 543	4 015
广　州	8 124	5 449	1 358	963	6 766	4 487
中　山	1 333	437	261	161	1 072	276
珠　海	4 240	2 103	798	25	3 441	2 078
江　门	761	199	340	124	421	75
阳　江	1 873	30	1 087		786	30
茂　名	809	36	774	22	35	14
湛　江	1 558	1 149	142	6	1 416	1 143
广西合计	**12 327**	**5 944**	**5 345**	**2 161**	**6 983**	**3 783**
广西北部湾港	12 327	5 944	5 345	2 161	6 983	3 783
其中：北　海	2 661	1 387	1 240	168	1 422	1 219
钦　州	5 526	1 733	3 133	1 472	2 393	261
防　城	4 140	2 824	972	521	3 168	2 303
海南合计	**10 872**	**1 979**	**6 313**	**116**	**4 559**	**1 863**
海　口	1 959	20	904	13	1 055	7
洋　浦	7 330	1 951	3 931	94	3 399	1 856
八　所	1 583	8	1 478	8	105	
三　亚						
清　澜						
海南其他						
2. 内河合计	**127 089**	**35 663**	**44 945**	**5 133**	**82 144**	**30 530**
黑龙江合计						
黑　河						

5-22 （续表二）

单位：千吨

港口	总计	外贸	出港	外贸	进港	外贸
肇源						
哈尔滨						
佳木斯						
黑龙江其他						
山东合计	96		11		85	
济宁	75		11		64	
枣庄						
山东其他	22				22	
上海	182		4		178	
江苏合计	88 838	33 623	29 399	4 271	59 439	29 352
南京	10 699	2 792	4 833	841	5 867	1 951
镇江	8 016	2 486	2 449	451	5 568	2 035
苏州	25 259	13 625	6 015	1 129	19 244	12 497
南通	6 943	2 423	2 049	160	4 893	2 263
常州	2 748	1 214	688		2 059	1 214
江阴	13 545	7 191	2 081	432	11 465	6 760
扬州	1 142	164	354		788	164
泰州	7 876	3 727	3 258	1 260	4 619	2 467
徐州	11		7		3	
连云港						
无锡	1 427		592		834	
宿迁						
淮安	5 702		5 205		497	
扬州内河						
镇江内河	28		22		5	
苏州内河	2 762		406		2 356	
常州内河	381		372		8	
江苏其他	2 299		1 067		1 232	
浙江合计	5 753		951		4 803	
杭州	290				290	
嘉兴内河	3 509		628		2 881	
湖州	1 583		104		1 478	
宁波内河						
绍兴	372		219		154	
金华						
青田						
浙江其他						

5-22 （续表三）

单位：千吨

港口	总计	外贸	出港	外贸	进港	外贸
安徽合计	7 625	76	5 832	9	1 792	67
马鞍山	340		81		259	
芜　湖	1 211		1 116		95	
铜　陵	2 954		2 954			
池　州	1 321		445		876	
安　庆	711	27	478	8	234	19
阜　阳	29		29			
合　肥	899	49	718	1	181	48
六　安						
滁　州	130				130	
淮　南						
蚌　埠	17		9		7	
亳　州						
安徽其他	13		1		12	
江西合计	3 110	15	898	15	2 212	
南　昌	131		20		111	
九　江	1 824		853		971	
樟　树	14		…		13	
江西其他	1 141	15	25	15	1 116	
河南合计						
湖北合计	9 130	490	2 716	345	6 415	145
嘉　鱼						
武　汉	1 352		519		833	
黄　州						
鄂　州						
黄　石	500	329	273	205	227	124
襄　阳						
荆　州	1 543		811		731	
宜　昌	3 446	161	891	140	2 555	21
潜　江						
天　门						
汉　川	11				11	
湖北其他	2 278		220		2 057	
湖南合计	1 263	240	358	175	905	65
长　沙	496	240	214	175	282	65
湘　潭	5				5	
株　洲	25				25	

5-22 （续表四）

单位：千吨

港 口	总计	外贸	出港	外贸	进港	外贸
岳 阳	662		128		534	
沅 陵						
常 德						
湖南其他	75		17		58	
广东合计	**5 285**	**910**	**660**	**145**	**4 626**	**765**
番 禺	12		12			
新 塘	2 502		74		2 428	
五 和	6	6			6	6
中 山	31				31	
佛 山	1 209	688	121	70	1 088	617
江 门	649	72	102	23	547	49
东 莞	226	5	40	…	187	4
肇 庆	651	140	311	52	340	88
惠 州						
云 浮						
韶 关						
清 远						
河 源						
广西合计	**1 083**	**173**	**700**	**142**	**382**	**31**
南 宁	24		23		…	
柳 州	…		…			
贵 港	291	10	222	3	69	7
梧 州	722	163	431	139	290	24
来 宾						
广西其他	45		23		22	
重 庆	**3 804**		**2 800**		**1 004**	
四川合计	**919**	**137**	**615**	**31**	**303**	**106**
泸 州	551	137	338	31	213	106
宜 宾	199		108		91	
乐 山	170		170			
南 充						
四川其他						
贵州合计						
云南合计						
昭 通						
云南其他						

单位：千吨

5-23　全国港口有色金属吞吐量

单位：千吨

港　口	总计	外贸	出港	外贸	进港	外贸
全国总计	**13 399**	**6 300**	**4 503**	**1 454**	**8 895**	**4 846**
1. 沿海合计	**11 877**	**5 379**	**4 002**	**1 273**	**7 875**	**4 106**
辽宁合计	**2 097**	**1 251**	**10**		**2 087**	**1 251**
丹　东						
大　连						
营　口	1 294	1 251			1 294	1 251
盘　锦						
锦　州	803		10		793	
葫芦岛						
河北合计	**51**	**16**	**45**	**10**	**6**	**6**
秦皇岛	16	16	10	10	6	6
黄　骅	35		35			
唐　山						
天　津	**3 386**	**2 144**	**1 743**	**981**	**1 643**	**1 163**
山东合计	**990**	**133**	**906**	**49**	**84**	**84**
滨　州	837		837			
东　营						
潍　坊	10		10			
烟　台	62	62	45	45	17	17
威　海						
青　岛	45	34	15	4	30	30
日　照	37	37			37	37
上　海	**518**	**307**	**13**		**505**	**307**
江苏合计	**710**	**442**	**92**	**44**	**618**	**397**
连云港	710	442	92	44	618	397
盐　城						
浙江合计	**15**		…		**14**	
嘉　兴						
宁波舟山	15		…		14	
其中：宁　波	15		…		14	
舟　山						
台　州						
温　州						

5-23 （续表一）

单位：千吨

港口	总计	外贸	出港	外贸	进港	外贸
福建合计	**245**	**34**			**245**	**34**
福州	233	22			233	22
其中：福州市港口	197	22			197	22
宁德市港口	37				37	
莆田						
泉州						
厦门	12	12			12	12
其中：厦门市港口	12	12			12	12
漳州市港口						
广东合计	**2 347**	**845**	**399**	**58**	**1 948**	**787**
潮州						
汕头						
揭阳						
汕尾						
惠州						
深圳	7	7			7	7
东莞	775	27	279	2	496	25
广州	922	498	100	41	822	457
中山	31	24	16	12	16	12
珠海						
江门	6	3	4	3	2	…
阳江	606	287			606	287
茂名						
湛江						
广西合计	**1 466**	**207**	**779**	**130**	**687**	**76**
广西北部湾港	1 466	207	779	130	687	76
其中：北海	428	9	14		414	9
钦州	871	170	650	130	221	39
防城	167	28	115		51	28
海南合计	**52**	**…**	**14**	**…**	**38**	**…**
海口	2		…		2	
洋浦	50	…	14	…	36	…
八所						
三亚						
清澜						
海南其他						
2. 内河合计	**1 521**	**921**	**501**	**181**	**1 021**	**740**
黑龙江合计						
黑河						

5-23 （续表二）

单位：千吨

港口	总计	外贸	出港	外贸	进港	外贸
肇源						
哈尔滨						
佳木斯						
黑龙江其他						
山东合计						
济宁						
枣庄						
山东其他						
上海						
江苏合计	**240**	**71**	**63**	**5**	**178**	**67**
南京						
镇江	22	22			22	22
苏州	34	27			34	27
南通						
常州	7	7			7	7
江阴	47	2	25	2	21	…
扬州						
泰州	35	13	19	3	16	10
徐州						
连云港						
无锡	29		16		13	
宿迁						
淮安						
扬州内河						
镇江内河						
苏州内河						
常州内河	65		2		63	
江苏其他	1		…		…	
浙江合计	…				…	
杭州						
嘉兴内河						
湖州	…				…	
宁波内河						
绍兴						
金华						
青田						
浙江其他						

5-23（续表三）

单位：千吨

港口	总计	外贸	出港	外贸	进港	外贸
安徽合计	**37**		**27**		**10**	
马鞍山	2				2	
芜　湖						
铜　陵	14		14			
池　州	13		13			
安　庆						
阜　阳						
合　肥						
六　安						
滁　州						
淮　南						
蚌　埠						
亳　州						
安徽其他	8				8	
江西合计	**55**		**27**		**27**	
南　昌						
九　江	55		27		27	
樟　树						
江西其他						
河南合计						
湖北合计	**171**	**71**	**110**	**14**	**61**	**58**
嘉　鱼						
武　汉						
黄　州						
鄂　州						
黄　石	154	59	95	2	59	58
襄　阳						
荆　州						
宜　昌	15	12	15	12	...	...
潜　江						
天　门						
汉　川						
湖北其他	2				2	
湖南合计	**26**	**18**	**18**	**16**	**8**	**2**
长　沙	22	18	18	16	4	2
湘　潭						
株　洲						

5-23 （续表四）

单位：千吨

港口	总计	外贸	出港	外贸	进港	外贸
岳阳	3				3	
沅陵						
常德						
湖南其他	…				…	
广东合计	**810**	**659**	**237**	**146**	**573**	**513**
番禺						
新塘						
五和						
中山						
佛山	673	535	166	75	507	459
江门						
东莞	13	…	…	…	12	…
肇庆	124	124	70	70	54	54
惠州						
云浮						
韶关						
清远						
河源						
广西合计	**168**	**100**	**16**	…	**152**	**100**
南宁						
柳州						
贵港	17	…	11		6	…
梧州	152	100	5	…	146	100
来宾						
广西其他						
重庆	…		…		…	
四川合计	**12**	…	**2**	…	**10**	
泸州	…	…	…	…		
宜宾	12		2		10	
乐山						
南充						
四川其他						
贵州合计						
云南合计						
昭通						
云南其他						

5-24 全国港口轻工、医药产品吞吐量

单位：千吨

港口	总计	外贸	出港	外贸	进港	外贸
全国总计	**132 285**	**55 693**	**60 095**	**22 054**	**72 189**	**33 640**
1. 沿海合计	**113 118**	**48 367**	**51 807**	**20 487**	**61 312**	**27 880**
辽宁合计	**1 091**	**1 056**	**15**	**15**	**1 076**	**1 041**
丹东						
大连	54	19	15	15	39	5
营口	1 008	1 008			1 008	1 008
盘锦						
锦州	29	29			29	29
葫芦岛						
河北合计	**461**	**448**			**461**	**448**
秦皇岛						
黄骅	201	200			201	200
唐山	261	248			261	248
天津	**63 196**	**31 347**	**32 758**	**18 334**	**30 437**	**13 013**
山东合计	**4 945**	**4 693**	**166**	**13**	**4 779**	**4 680**
滨州						
东营	…		…			
潍坊	33				33	
烟台	64	64	10	10	54	54
威海						
青岛	4 221	4 026	144	3	4 077	4 024
日照	627	602	12		615	602
上海	**1 386**	**480**	**696**	**5**	**690**	**474**
江苏合计	**1 365**	**1 233**	**120**		**1 245**	**1 233**
连云港	1 038	918	120		918	918
盐城	327	315			327	315
浙江合计	**949**	**619**	**38**		**912**	**619**
嘉兴						
宁波舟山	949	619	38		912	619
其中：宁波	942	619	35		907	619
舟山	7		2		4	
台州						
温州						

5-24 （续表一）

单位：千吨

港　口	总计	外贸	出港	外贸	进港	外贸
福建合计	**462**	**460**	**2**	**2**	**460**	**458**
福　州						
其中：福州市港口						
宁德市港口						
莆　田						
泉　州	4	4	…	…	4	4
厦　门	458	456	1	1	457	455
其中：厦门市港口	335	333	…	…	335	333
漳州市港口	123	123	…	…	122	122
广东合计	**23 425**	**6 779**	**8 603**	**1 654**	**14 822**	**5 124**
潮　州						
汕　头	2		2			
揭　阳						
汕　尾						
惠　州						
深　圳						
东　莞	8 322	379	2 917	241	5 405	138
广　州	10 515	3 408	3 489	210	7 026	3 198
中　山	1 983	1 093	1 403	874	581	220
珠　海	990	588	424	22	566	566
江　门	895	730	352	307	543	422
阳　江	69	60			69	60
茂　名						
湛　江	649	521	17		632	521
广西合计	**10 182**	**1 107**	**6 292**	**409**	**3 890**	**697**
广西北部湾港	10 182	1 107	6 292	409	3 890	697
其中：北　海	705	87	473	24	232	63
钦　州	8 789	634	5 555	386	3 233	248
防　城	688	386	264	…	424	386
海南合计	**5 656**	**145**	**3 117**	**54**	**2 539**	**91**
海　口	2 776	19	1 146	13	1 630	6
洋　浦	2 804	126	1 933	41	872	85
八　所						
三　亚	76		38		38	
清　澜						
海南其他						
2. 内河合计	**19 167**	**7 327**	**8 289**	**1 567**	**10 878**	**5 760**
黑龙江合计						
黑　河						

5-24 （续表二）

单位：千吨

港　口	总计	外贸	出港	外贸	进港	外贸
肇　源						
哈尔滨						
佳木斯						
黑龙江其他						
山东合计	**11**				**11**	
济　宁						
枣　庄	5				5	
山东其他	6				6	
上　海	**99**		**78**		**21**	
江苏合计	**11 031**	**5 139**	**4 681**	**84**	**6 350**	**5 055**
南　京	37		1		36	
镇　江	42				42	
苏　州	8 928	5 032	3 763	…	5 165	5 032
南　通	65	15	51		15	15
常　州	135		28		107	
江　阴	482	9	108	3	374	6
扬　州	41		4		37	
泰　州	171	84	151	81	20	3
徐　州	10				10	
连云港						
无　锡	117		117			
宿　迁	56		48		8	
淮　安	827		320		507	
扬州内河						
镇江内河						
苏州内河	31		5		27	
常州内河						
江苏其他	87		84		3	
浙江合计	**213**		**1**		**212**	
杭　州	104				104	
嘉兴内河	87		1		85	
湖　州	22				22	
宁波内河						
绍　兴						
金　华						
青　田						
浙江其他						

5-24 （续表三）

单位：千吨

港 口	总计	外贸	出港	外贸	进港	外贸
安徽合计	**473**	**130**	**143**	**110**	**330**	**20**
马鞍山	14		14			
芜 湖	10		1		9	
铜 陵						
池 州						
安 庆	180	125	112	109	68	16
阜 阳						
合 肥	269	5	16	…	252	4
六 安						
滁 州						
淮 南						
蚌 埠						
亳 州						
安徽其他						
江西合计	**148**		**79**		**69**	
南 昌	57		29		28	
九 江	90		49		41	
樟 树	…		…			
江西其他						
河南合计						
湖北合计	**1 254**	**196**	**522**	**181**	**732**	**15**
嘉 鱼						
武 汉	321		10		311	
黄 州	35				35	
鄂 州						
黄 石	91	17	38	7	53	10
襄 阳						
荆 州	421		277		144	
宜 昌	386	179	197	174	188	5
潜 江						
天 门						
汉 川						
湖北其他						
湖南合计	**461**	**188**	**200**	**104**	**261**	**85**
长 沙	274	188	112	104	162	85
湘 潭						
株 洲						

5-24 （续表四）

单位：千吨

港口	总计	外贸	出港	外贸	进港	外贸
岳 阳	184		88		96	
沅 陵						
常 德						
湖南其他	3				3	
广东合计	3 952	1 619	1 942	1 047	2 010	572
番 禺	523				523	
新 塘	386	54	56	23	330	31
五 和	95	93	89	87	6	6
中 山						
佛 山	405	282	45	39	359	243
江 门	1 522	1 100	1 236	822	286	278
东 莞	763	8	382	…	381	8
肇 庆	259	82	134	76	125	6
惠 州						
云 浮						
韶 关						
清 远						
河 源						
广西合计	510	48	368	36	142	12
南 宁	189		176		14	
柳 州	…		…			
贵 港	95	…	63	…	32	…
梧 州	220	48	124	36	96	12
来 宾						
广西其他	5		5			
重 庆	565		43		522	
四川合计	448	5	230	4	218	1
泸 州	147	5	119	4	27	1
宜 宾	301		110		191	
乐 山						
南 充						
四川其他						
贵州合计						
云南合计	…	…	…	…		
昭 通						
云南其他	…	…	…	…		

5-25　全国港口农、林、牧、渔业产品吞吐量

单位：千吨

港　　口	总计	外贸	出港	外贸	进港	外贸
全国总计	54 943	25 615	17 154	2 793	37 789	22 821
1.沿海合计	40 452	21 155	11 973	2 558	28 479	18 597
辽宁合计	1 126	954	59	15	1 066	940
丹　东	14	14	12	12	2	2
大　连	875	860	10	3	864	857
营　口	220	80	27		193	80
盘　锦	7				7	
锦　州	10		10			
葫芦岛						
河北合计	302	155	6		295	155
秦皇岛	104	92	6		98	92
黄　骅	185	50			185	50
唐　山	13	13			13	13
天　津	13 328	7 191	5 449	1 472	7 879	5 719
山东合计	1 607	1 410	247	127	1 360	1 283
滨　州						
东　营	117	4	113		4	4
潍　坊	70	70	62	62	8	8
烟　台	242	239	46	45	197	194
威　海	347	283	10	10	337	272
青　岛	297	281	16	10	281	271
日　照	534	534			534	534
上　海	1 214	654	378		836	654
江苏合计	622	587	2		620	587
连云港	612	577	2		610	577
盐　城	10	10			10	10
浙江合计	1 167	976	158	2	1 009	974
嘉　兴	291	291			291	291
宁波舟山	757	598	158	2	599	596
其中：宁　波	48	41	8	…	40	40
舟　山	709	557	150	…	559	556
台　州	18	8			18	8
温　州	101	79			101	79

5-25 （续表一）

单位：千吨

港　口	总计		出港		进港	
		外贸		外贸		外贸
福建合计	**2 099**	**2 011**	**187**	**145**	**1 912**	**1 866**
福　州	245	245	1	1	243	243
其中：福州市港口	245	245	1	1	243	243
宁德市港口						
莆　田						
泉　州	321	291	115	115	206	176
厦　门	1 534	1 476	71	29	1 463	1 447
其中：厦门市港口	1 292	1 255	64	29	1 228	1 226
漳州市港口	241	221	7		234	221
广东合计	**5 596**	**3 657**	**929**	**135**	**4 667**	**3 522**
潮　州						
汕　头						
揭　阳						
汕　尾						
惠　州						
深　圳	354	317	9		345	317
东　莞	1 986	781	494	3	1 492	778
广　州	2 673	2 424	267	108	2 406	2 316
中　山	34	6	2	2	31	4
珠　海	32	15	16	15	16	
江　门	403	37	102	6	301	32
阳　江	70	49	21		49	49
茂　名						
湛　江	44	26	18		26	26
广西合计	**5 225**	**2 621**	**1 431**	**352**	**3 795**	**2 269**
广西北部湾港	5 225	2 621	1 431	352	3 795	2 269
其中：北　海	151	72	94	49	57	23
钦　州	2 966	824	1 030	241	1 936	583
防　城	2 109	1 725	307	61	1 801	1 663
海南合计	**8 167**	**939**	**3 127**	**311**	**5 040**	**627**
海　口	7 391	478	2 933	192	4 458	286
洋　浦	776	460	194	119	582	341
八　所						
三　亚						
清　澜						
海南其他						
2. 内河合计	**14 491**	**4 459**	**5 181**	**235**	**9 310**	**4 224**
黑龙江合计	**2**		**2**			
黑　河						

5-25 （续表二）

单位：千吨

港　口	总计	外贸	出港	外贸	进港	外贸
肇　源						
哈尔滨	2		2			
佳木斯						
黑龙江其他						
山东合计						
济　宁						
枣　庄						
山东其他						
上　海	**41**		**24**		**17**	
江苏合计	**9 345**	**3 996**	**4 062**	**32**	**5 283**	**3 964**
南　京	166	75	65		100	75
镇　江						
苏　州	4 615	2 109	2 025		2 590	2 109
南　通	2 339	1 574	700	31	1 639	1 543
常　州						
江　阴	199	5	165	1	34	4
扬　州						
泰　州	326	234	78		248	234
徐　州						
连云港						
无　锡	2				2	
宿　迁	139		61		78	
淮　安	277				277	
扬州内河	89				89	
镇江内河						
苏州内河	60		15		45	
常州内河	3		3			
江苏其他	1 130		949		181	
浙江合计	**9**		**1**		**8**	
杭　州						
嘉兴内河	9		1		8	
湖　州						
宁波内河						
绍　兴						
金　华						
青　田						
浙江其他						

5-25 （续表三）

单位：千吨

港口	总计	外贸	出港	外贸	进港	外贸
安徽合计	**660**	**213**	**321**	**128**	**339**	**85**
马鞍山						
芜　湖	115				115	
铜　陵						
池　州						
安　庆	29	29			29	29
阜　阳	3				3	
合　肥	512	184	321	128	191	56
六　安						
滁　州						
淮　南						
蚌　埠						
亳　州						
安徽其他						
江西合计	**613**		…		**612**	
南　昌	608		…		607	
九　江						
樟　树	5				5	
江西其他						
河南合计						
湖北合计	**1 429**	…	**75**	…	**1 355**	…
嘉　鱼						
武　汉	383		3		380	
黄　州	824				824	
鄂　州						
黄　石						
襄　阳						
荆　州	179		68		111	
宜　昌	39	…	5	…	35	…
潜　江						
天　门						
汉　川						
湖北其他	5				5	
湖南合计	**314**	**37**	**24**	**15**	**290**	**22**
长　沙	200	37	17	15	183	22
湘　潭						
株　洲						

5-25 （续表四）

单位：千吨

港口	总计	外贸	出港	外贸	进港	外贸
岳　阳	115		7		108	
沅　陵						
常　德						
湖南其他						
广东合计	**805**	**99**	**562**	**53**	**243**	**46**
番　禺	317		317			
新　塘						
五　和	42	30			42	30
中　山	…	…	…	…		
佛　山	56	10	39	…	17	9
江　门	92		26		66	
东　莞	24		12		12	
肇　庆	275	59	167	52	107	8
惠　州						
云　浮						
韶　关						
清　远						
河　源						
广西合计	**125**	**3**	**16**	…	**108**	**2**
南　宁	11		11			
柳　州	1		1			
贵　港	77	2	…	…	76	2
梧　州	36	…	4	…	32	…
来　宾						
广西其他						
重　庆	**715**		11		705	
四川合计	**429**	**106**	**82**	**5**	**347**	**100**
泸　州	429	106	82	5	347	100
宜　宾						
乐　山						
南　充						
四川其他						
贵州合计						
云南合计	**4**	**4**	…	…	**3**	**3**
昭　通						
云南其他	4	4	…	…	3	3

5-26　全国港口其他吞吐量

单位：千吨

港　口	总计	外贸	出港	外贸	进港	外贸
全国总计	3 101 767	1 329 857	1 697 305	771 570	1 404 461	558 286
1.沿海合计	2 648 326	1 217 948	1 452 197	709 161	1 196 128	508 787
辽宁合计	248 180	44 911	174 767	26 125	73 413	18 786
丹　东	3 268	219	2 745	158	523	60
大　连	97 970	44 057	55 995	25 593	41 975	18 463
营　口	82 981	405	58 115	313	24 867	93
盘　锦	5 817	44	5 112	44	705	
锦　州	56 413	187	51 331	17	5 082	170
葫芦岛	1 730		1 469		261	
河北合计	52 355	2 361	30 462	1 329	21 893	1 031
秦皇岛	6 734	924	4 611	617	2 123	306
黄　骅	4 493		3 088		1 405	
唐　山	41 128	1 437	22 763	712	18 365	725
天　津	41 694	18 916	21 888	10 034	19 806	8 882
山东合计	467 090	205 220	257 029	124 970	210 061	80 250
滨　州	708		192		517	
东　营	2 518		1 235		1 283	
潍　坊	16 259	1 690	6 082	1 477	10 177	213
烟　台	101 648	7 313	51 670	4 940	49 979	2 373
威　海	13 238	8 051	7 762	5 355	5 477	2 696
青　岛	240 901	181 508	140 275	110 264	100 627	71 244
日　照	91 817	6 658	49 815	2 934	42 002	3 724
上　海	440 616	336 942	235 595	185 425	205 021	151 517
江苏合计	57 389	19 354	31 833	11 821	25 556	7 533
连云港	55 298	17 998	30 820	11 216	24 478	6 782
盐　城	2 091	1 357	1 013	605	1 078	752
浙江合计	352 531	243 531	187 448	149 961	165 082	93 570
嘉　兴	19 062	5 507	9 801	3 558	9 261	1 950
宁波舟山	315 220	234 509	170 906	143 963	144 314	90 546
其中：宁波	280 622	226 377	158 900	139 917	121 721	86 460
舟山	34 598	8 132	12 005	4 046	22 593	4 086
台　州	5 334	984	2 225	673	3 109	311
温　州	12 914	2 530	4 516	1 767	8 398	763

5-26 （续表一）

单位：千吨

港口	总计	外贸	出港	外贸	进港	外贸
福建合计	**226 508**	**82 694**	**108 287**	**45 477**	**118 220**	**37 217**
福　州	48 675	13 626	23 324	8 844	25 351	4 782
其中：福州市港口	43 576	13 519	20 056	8 842	23 520	4 676
宁德市港口	5 099	107	3 268	1	1 831	106
莆　田	121	88	46	17	76	71
泉　州	42 793	619	19 677	401	23 116	218
厦　门	134 918	68 362	65 240	36 216	69 678	32 146
其中：厦门市港口	129 579	68 331	63 369	36 206	66 209	32 125
漳州市港口	5 339	31	1 871	10	3 468	21
广东合计	**675 190**	**260 363**	**362 478**	**152 144**	**312 712**	**108 220**
潮　州	132		113		19	
汕　头	13 396	3 111	4 940	1 879	8 456	1 232
揭　阳	921		326		596	
汕　尾						
惠　州	6 513	116	3 025	59	3 487	58
深　圳	230 179	173 697	145 205	103 897	84 974	69 801
东　莞	12 390	1 625	6 019	349	6 371	1 276
广　州	282 530	70 880	138 692	39 665	143 838	31 215
中　山	4 086	2 140	1 756	1 216	2 331	924
珠　海	31 130	5 002	16 506	3 459	14 624	1 543
江　门	6 802	1 387	2 516	404	4 286	983
阳　江	959		350		609	
茂　名	1 890	130	828	76	1 063	54
湛　江	84 261	2 274	42 203	1 140	42 058	1 134
广西合计	**12 199**	**1 347**	**6 113**	**698**	**6 087**	**649**
广西北部湾港	12 199	1 347	6 113	698	6 087	649
其中：北　海	920	37	538	28	382	9
钦　州	9 790	1 207	4 833	648	4 957	559
防　城	1 489	103	742	21	747	82
海南合计	**74 574**	**2 309**	**36 298**	**1 177**	**38 277**	**1 131**
海　口	67 326	195	32 505	85	34 821	110
洋　浦	6 603	2 112	3 316	1 091	3 288	1 021
八　所	80	2	76	2	5	
三　亚	129		11		118	
清　澜	404		379		24	
海南其他	32		11		21	
2. 内河合计	**453 441**	**111 909**	**245 108**	**62 410**	**208 333**	**49 499**
黑龙江合计	**226**	**197**	**151**	**132**	**74**	**65**
黑　河	150	150	123	123	27	27

5-26 （续表二）

单位：千吨

港　口	总计	外贸	出港	外贸	进港	外贸
肇　源						
哈尔滨	29		20		9	
佳木斯	37	37	4	4	33	33
黑龙江其他	10	10	5	5	5	5
山东合计	**605**		**187**		**419**	
济　宁	167		4		163	
枣　庄	222		18		204	
山东其他	216		165		51	
上　海	**1 688**		**1 254**		**434**	
江苏合计	**196 173**	**60 716**	**93 112**	**33 691**	**103 061**	**27 025**
南　京	29 200	12 673	16 836	8 860	12 364	3 813
镇　江	11 240	3 018	3 925	1 544	7 316	1 474
苏　州	89 619	35 666	42 790	17 993	46 829	17 672
南　通	28 249	4 482	13 816	1 993	14 433	2 489
常　州	4 432	1 746	2 194	1 297	2 239	449
江　阴	4 076	220	1 904	126	2 172	94
扬　州	10 122	1 634	3 356	1 152	6 766	482
泰　州	6 357	542	1 516	294	4 841	248
徐　州	1 353		675		678	
连云港						
无　锡	880	411	530	216	350	196
宿　迁	2 537		1 378		1 160	
淮　安	940		500		439	
扬州内河						
镇江内河	276		168		108	
苏州内河	1 817	323	779	215	1 038	108
常州内河	4		…		3	
江苏其他	5 071		2 745		2 326	
浙江合计	**75 145**	**2 573**	**63 951**	**1 148**	**11 194**	**1 425**
杭　州	58 108	16	56 943		1 165	16
嘉兴内河	7 879	397	4 146	278	3 734	119
湖　州	5 527	2 159	2 070	870	3 457	1 289
宁波内河						
绍　兴	2 179		690		1 490	
金　华						
青　田	16		1		15	
浙江其他	1 435		101		1 334	

5-26 （续表三）

单位：千吨

港口	总计	外贸	出港	外贸	进港	外贸
安徽合计	**18 843**	**4 089**	**8 786**	**2 386**	**10 057**	**1 703**
马鞍山	2 012	211	729	114	1 283	98
芜 湖	11 063	3 219	5 511	1 959	5 552	1 260
铜 陵	663	299	208	101	455	198
池 州	832		667		165	
安 庆	2 307	229	1 089	145	1 218	84
阜 阳	25		12		13	
合 肥	735	128	364	66	371	63
六 安						
滁 州	221		96		126	
淮 南						
蚌 埠	223	3	89	2	134	…
亳 州						
安徽其他	763		23		740	
江西合计	**22 180**	**3 776**	**6 033**	**1 790**	**16 147**	**1 987**
南 昌	2 468		1 450		1 018	
九 江	19 608	3 776	4 539	1 790	15 069	1 987
樟 树	78		35		43	
江西其他	26		9		17	
河南合计						
湖北合计	**36 193**	**11 021**	**18 356**	**6 012**	**17 838**	**5 009**
嘉 鱼						
武 汉	24 037	10 449	12 581	5 704	11 457	4 745
黄 州	212		91		120	
鄂 州						
黄 石	138	63	71	35	66	28
襄 阳						
荆 州	1 637	382	884	208	753	174
宜 昌	6 998	127	2 810	66	4 188	61
潜 江						
天 门						
汉 川	9				9	
湖北其他	3 161		1 918		1 243	
湖南合计	**9 044**	**4 446**	**4 217**	**2 189**	**4 827**	**2 257**
长 沙	782	242	283	135	499	108
湘 潭	3				3	
株 洲						

5-26 （续表四）

单位：千吨

港口	总计	外贸	出港	外贸	进港	外贸
岳 阳	7 441	4 203	3 428	2 053	4 012	2 150
沅 陵						
常 德	387		198		189	
湖南其他	430	1	308	1	123	
广东合计	**57 783**	**19 068**	**30 324**	**12 050**	**27 459**	**7 018**
番 禺	153		77		77	
新 塘	432	13	406	6	26	7
五 和	3 503	1 023	1 745	311	1 758	713
中 山	126	112	62	49	64	63
佛 山	31 903	14 296	18 011	9 736	13 892	4 560
江 门	4 160	1 718	1 798	864	2 362	855
东 莞	1 609	6	382	3	1 227	3
肇 庆	3 516	1 024	1 795	683	1 721	341
惠 州	2 849		944		1 904	
云 浮	5 428	356	3 106	183	2 322	173
韶 关	60		60			
清 远	4 043	519	1 938	216	2 105	303
河 源						
广西合计	**11 454**	**437**	**6 381**	**309**	**5 073**	**128**
南 宁	7		5		2	
柳 州	2		2			
贵 港	4 253	21	1 767	11	2 486	9
梧 州	7 138	416	4 571	298	2 566	119
来 宾	50		32		18	
广西其他	4		4		…	
重 庆	**20 736**	**5 283**	**10 695**	**2 623**	**10 040**	**2 660**
四川合计	**2 457**	**300**	**1 271**	**79**	**1 187**	**221**
泸 州	433	104	231	42	202	62
宜 宾	1 987	196	1 002	37	984	159
乐 山	37		37			
南 充						
四川其他						
贵州合计						
云南合计	**914**	**3**	**390**	**…**	**524**	**2**
昭 通	911		389		523	
云南其他	3	3	…	…	2	2

5-27　全国港口集装箱吞吐量

港口	总计（TEU）	出港（TEU）	40英尺	20英尺	进港（TEU）	40英尺	20英尺	重量（万吨）	货重
全国总计	264 301 619	134 086 649	40 035 647	52 868 955	130 214 969	38 553 339	51 990 045	304 456	249 448
1.沿海合计	234 292 159	118 846 873	36 323 450	45 092 512	115 445 286	35 089 855	44 199 213	264 788	215 833
辽宁合计	13 107 663	6 727 898	1 254 530	4 216 266	6 379 765	1 165 856	4 045 641	17 806	14 767
丹东	210 309	106 278	8 091	90 096	104 031	8 003	88 025	270	228
大连	5 109 829	2 606 206	708 018	1 187 598	2 503 623	688 847	1 123 517	6 001	4 820
营口	5 648 690	2 907 715	456 651	1 994 413	2 740 975	431 669	1 877 637	8 290	7 123
盘锦	396 280	198 739	10 638	177 463	197 541	11 220	175 101	577	488
锦州	1 642 748	857 094	67 641	721 812	785 654	24 122	737 410	2 495	1 960
葫芦岛	99 807	51 866	3 491	44 884	47 941	1 995	43 951	172	147
河北合计	4 468 217	2 221 008	109 038	2 002 925	2 247 209	113 142	2 020 144	5 535	3 731
秦皇岛	621 862	311 392	44 250	222 892	310 470	43 578	223 314	654	467
黄骅	730 743	365 561	15 348	334 865	365 182	15 258	333 892	860	694
唐山	3 115 612	1 544 055	49 440	1 445 168	1 571 557	54 306	1 462 938	4 021	2 570
天津	18 353 088	9 325 002	2 090 111	5 125 587	9 028 086	2 063 220	4 882 755	19 322	15 549
山东合计	31 911 158	16 243 168	4 727 542	6 712 303	15 667 990	4 552 883	6 490 809	36 866	30 082
滨州									
东营									
潍坊	518 502	256 962	31 020	194 922	261 540	31 589	198 362	1 040	931
烟台	3 300 159	1 715 433	284 928	1 145 577	1 584 726	284 179	1 016 368	3 817	3 072
威海	1 223 298	613 112	199 732	199 857	610 186	199 828	196 364	983	713
青岛	22 008 148	11 231 490	3 824 920	3 519 752	10 776 659	3 648 859	3 421 955	23 150	18 546
日照	4 861 051	2 426 171	386 942	1 652 195	2 434 879	388 428	1 657 760	7 876	6 820
上海	43 497 321	22 033 164	8 013 474	5 777 461	21 464 157	7 827 091	5 588 059	43 466	35 012
江苏合计	5 068 622	2 624 098	876 185	870 882	2 444 524	797 132	849 081	5 100	4 062
连云港	4 804 316	2 490 017	843 265	802 641	2 314 299	765 711	781 698	4 891	3 905
盐城	264 306	134 081	32 920	68 241	130 225	31 421	67 383	209	156
浙江合计	32 191 809	16 355 018	5 920 863	4 230 647	15 836 791	5 676 497	4 201 132	32 143	25 569
嘉兴	1 955 744	1 043 899	337 234	369 429	911 844	289 255	333 332	1 905	1 485
宁波舟山	28 721 938	14 563 935	5 390 538	3 502 786	14 158 003	5 195 781	3 486 102	28 537	22 694
其中：宁波	27 053 738	13 735 772	5 064 949	3 336 256	13 317 966	4 865 339	3 317 711	27 440	21 924
舟山	1 668 201	828 164	325 589	166 530	840 037	330 442	168 391	1 097	770
台州	503 164	240 266	50 894	138 037	262 898	50 773	160 933	528	419
温州	1 010 964	506 918	142 197	220 395	504 047	140 688	220 765	1 173	971

5-27（续表一）

港 口	总计 （TEU）	出港 （TEU）	40 英尺	20 英尺	进港 （TEU）	40 英尺	20 英尺	重量 （万吨）	货重
福建合计	**17 201 906**	**8 625 245**	**2 410 901**	**3 705 895**	**8 576 661**	**2 377 498**	**3 725 029**	**22 364**	**18 825**
福 州	3 524 670	1 741 690	364 210	1 004 093	1 782 980	361 688	1 050 664	4 617	3 860
其中：福州市港口	3 379 642	1 668 677	360 715	938 070	1 710 965	358 432	985 161	4 333	3 608
宁德市港口	145 028	73 013	3 495	66 023	72 015	3 256	65 503	283	252
莆 田	12 813	5 981	2 225	1 531	6 832	2 681	1 470	9	7
泉 州	2 259 165	1 138 692	178 279	782 078	1 120 473	172 552	775 353	4 279	3 793
厦 门	11 405 258	5 738 882	1 866 187	1 918 193	5 666 376	1 840 577	1 897 542	13 459	11 166
其中：厦门市港口	11 084 221	5 574 692	1 840 111	1 806 205	5 509 528	1 816 829	1 788 190	12 939	10 715
漳州市港口	321 038	164 190	26 076	111 988	156 848	23 748	109 352	520	451
广东合计	**60 442 907**	**30 685 631**	**10 281 732**	**9 722 375**	**29 757 276**	**9 885 263**	**9 616 653**	**67 487**	**55 290**
潮 州	1 358	500	120	260	858	206	446	2	2
汕 头	1 593 820	813 723	240 177	330 367	780 097	232 514	312 241	1 967	1 648
揭 阳	114 630	57 906	7 282	43 342	56 724	7 139	42 446	149	124
汕 尾									
惠 州	269 913	137 297	51 269	34 703	132 616	49 463	33 636	323	275
深 圳	26 547 878	13 602 925	5 477 291	2 320 929	12 944 952	5 201 777	2 221 135	19 723	14 359
东 莞	3 415 494	1 707 877	407 910	891 717	1 707 618	404 754	897 718	4 831	4 148
广 州	23 170 996	11 627 638	3 352 057	4 878 932	11 543 358	3 306 824	4 888 404	33 155	28 491
中 山	1 382 846	696 600	267 926	156 356	686 246	263 281	155 409	1 073	797
珠 海	1 838 655	931 707	212 828	505 675	906 948	199 470	507 632	3 098	2 725
江 门	752 409	438 368	124 638	169 530	314 041	81 357	150 773	994	843
阳 江	51 674	26 039	1 637	22 765	25 635	1 589	22 457	95	83
茂 名	77 818	38 709	4 666	29 377	39 109	4 644	29 821	153	137
湛 江	1 225 417	606 343	133 931	338 422	619 075	132 245	354 535	1 924	1 658
广西合计	**5 051 611**	**2 508 466**	**307 189**	**1 893 849**	**2 543 145**	**298 529**	**1 945 799**	**9 650**	**8 535**
广西北部湾港	5 051 611	2 508 466	307 189	1 893 849	2 543 145	298 529	1 945 799	9 650	8 535
其中：北 海	500 130	249 483	26 325	196 833	250 647	25 419	199 809	996	885
钦 州	3 950 396	1 955 247	275 238	1 404 532	1 995 149	267 345	1 460 171	7 578	6 711
防 城	601 085	303 736	5 626	292 484	297 349	5 765	285 819	1 076	938
海南合计	**2 997 860**	**1 498 178**	**331 885**	**834 322**	**1 499 682**	**332 744**	**834 111**	**5 048**	**4 412**
海 口	1 970 676	985 982	202 812	580 315	984 694	202 688	579 275	3 551	3 130
洋 浦	1 019 352	508 168	128 561	251 003	511 185	129 434	252 276	1 487	1 273
八 所									
三 亚	7 832	4 028	512	3 004	3 804	622	2 560	10	9
清 澜									
海南其他									
2. 内河合计	**30 009 459**	**15 239 776**	**3 712 197**	**7 776 443**	**14 769 683**	**3 463 484**	**7 790 832**	**39 669**	**33 615**
黑龙江合计	**1 103**	**511**	**8**	**446**	**592**	**11**	**531**	**1**	**…**
黑 河	606	304		263	302		272	…	…

5-27 (续表二)

港口	总计(TEU)	出港(TEU)	40英尺	20英尺	进港(TEU)	40英尺	20英尺	重量(万吨)	货重
肇 源									
哈尔滨									
佳木斯	497	207	8	183	290	11	259	…	…
黑龙江其他									
山东合计									
济 宁									
枣 庄									
山东其他									
上 海									
江苏合计	13 882 161	7 105 828	1 746 750	3 605 974	6 776 333	1 598 641	3 574 041	18 087	15 319
南 京	3 021 718	1 500 959	376 800	746 925	1 520 759	364 678	790 980	2 867	2 257
镇 江	372 586	185 190	25 782	133 626	187 396	25 144	137 108	594	520
苏 州	6 288 572	3 224 425	940 571	1 339 350	3 064 147	876 405	1 309 034	8 279	7 039
南 通	1 911 043	968 750	130 441	707 827	942 294	127 536	687 206	2 981	2 579
常 州	351 124	215 680	64 159	87 362	135 444	24 971	85 502	434	363
江 阴	506 073	271 062	52 532	165 998	235 011	35 784	163 443	921	820
扬 州	524 450	290 177	76 284	137 028	234 274	65 486	103 198	533	448
泰 州	326 006	163 696	49 733	64 230	162 310	48 672	64 966	354	291
徐 州	64 939	33 674	4 133	25 408	31 265	3 906	23 453	134	119
连云港									
无 锡	51 099	26 017	4 526	16 965	25 082	4 097	16 888	69	59
宿 迁	116 747	58 042	2 328	53 386	58 705	2 475	53 755	238	213
淮 安	258 764	123 522	3 322	115 512	135 243	4 182	124 714	566	514
扬州内河									
镇江内河									
苏州内河	78 372	39 495	15 897	7 701	38 877	14 977	8 923	93	74
常州内河									
江苏其他	10 667	5 140	242	4 656	5 527	328	4 871	23	21
浙江合计	1 078 111	520 808	109 981	287 521	557 304	107 403	305 438	1 318	1 088
杭 州	99 787	49 176	1 557	46 062	50 611	1 346	47 919	148	128
嘉兴内河	309 310	139 983	24 981	76 696	169 328	23 745	84 778	384	319
湖 州	557 986	276 552	82 922	110 708	281 434	81 766	117 902	549	427
宁波内河									
绍 兴	99 294	49 117	211	48 695	50 177	212	49 753	218	197
金 华									
青 田									
浙江其他	11 734	5 980	310	5 360	5 754	334	5 086	20	18

5-27 （续表三）

港　口	总计 （TEU）	出港 （TEU）	40 英尺	20 英尺	进港 （TEU）	40 英尺	20 英尺	重量 （万吨）	货重
安徽合计	1 944 209	911 388	281 762	345 576	1 032 821	317 985	396 049	1 990	1 637
马鞍山	193 766	95 524	34 162	27 200	98 242	35 516	27 210	198	177
芜　湖	1 102 582	493 829	158 957	173 627	608 753	192 140	223 710	956	738
铜　陵	33 046	16 267	1 182	13 903	16 779	1 160	14 459	49	41
池　州	17 034	8 557	426	7 705	8 477	363	7 751	28	25
安　庆	165 368	83 267	19 844	43 579	82 101	19 597	42 907	266	248
阜　阳	1 936	956	5	946	980	5	931	2	2
合　肥	370 671	183 436	66 220	50 996	187 235	68 115	51 005	355	282
六　安									
滁　州	6 462	2 867		2 867	3 595		3 595	15	13
淮　南									
蚌　埠	53 344	26 685	966	24 753	26 659	1 089	24 481	121	110
亳　州									
安徽其他									
江西合计	753 588	372 150	72 578	226 832	381 438	75 838	229 548	1 143	993
南　昌	140 007	66 813	8 326	49 999	73 194	10 885	51 210	269	241
九　江	610 288	304 000	64 233	175 534	306 288	64 724	176 840	866	745
樟　树	3 293	1 337	19	1 299	1 956	229	1 498	8	7
江西其他									
河南合计									
湖北合计	2 289 287	1 142 134	293 609	554 115	1 147 153	292 455	561 639	2 792	2 323
嘉　鱼									
武　汉	1 963 766	977 080	272 883	430 677	986 686	273 767	438 585	2 278	1 879
黄　州									
鄂　州									
黄　石	61 236	31 859	3 759	24 309	29 378	3 207	22 932	115	102
襄　阳									
荆　州	123 763	62 126	7 347	47 432	61 637	6 596	48 445	157	132
宜　昌	125 545	63 784	9 562	44 660	61 761	8 837	44 087	214	187
潜　江									
天　门									
汉　川									
湖北其他	14 977	7 286	58	7 037	7 691	48	7 590	28	25
湖南合计	673 085	335 797	94 124	147 468	337 288	94 024	149 163	918	782
长　沙	145 026	71 247	22 327	26 586	73 779	23 012	27 748	157	128
湘　潭									
株　洲									

5-27 （续表四）

港 口	总计 （TEU）	出港 （TEU）	40 英尺	20 英尺	进港 （TEU）	40 英尺	20 英尺	重量 （万吨）	货重
岳 阳	508 667	254 701	71 797	111 033	253 966	71 012	111 872	714	612
沅 陵									
常 德	15 687	8 034		8 034	7 653		7 653	39	35
湖南其他	3 705	1 815		1 815	1 890		1 890	8	7
广东合计	6 846 546	3 569 687	903 059	1 748 569	3 276 859	779 218	1 711 286	9 014	7 623
番 禺	76 546	38 245	19 068	109	38 301	19 068	165	59	44
新 塘	22 562	9 505	1 507	6 491	13 057	1 725	9 607	38	33
五 和	235 150	116 650	25 473	65 389	118 500	25 664	66 668	443	389
中 山	35 544	18 288	8 632	1 004	17 256	8 177	902	18	11
佛 山	4 049 670	2 164 367	572 072	1 009 009	1 885 303	454 337	975 571	5 123	4 302
江 门	916 483	465 878	164 549	133 334	450 605	159 316	130 897	852	668
东 莞	380 767	189 399	61 739	65 916	191 368	62 329	66 710	496	420
肇 庆	575 980	289 102	29 164	230 774	286 878	28 111	226 156	948	830
惠 州	194 027	97 008	7 404	82 200	97 019	7 532	81 955	285	250
云 浮	189 463	95 484	4 122	87 240	93 979	4 027	85 925	392	349
韶 关									
清 远	170 355	85 761	9 329	67 103	84 594	8 932	66 730	360	326
河 源									
广西合计	1 118 259	556 396	34 567	486 811	561 863	34 705	492 453	2 350	2 098
南 宁	326	326	21	284				…	…
柳 州									
贵 港	349 457	172 804	15 380	141 593	176 653	15 657	145 339	730	651
梧 州	763 808	380 962	19 166	342 630	382 846	19 048	344 750	1 614	1 441
来 宾	4 416	2 178		2 178	2 238		2 238	5	4
广西其他	252	126		126	126		126	…	…
重 庆	1 147 416	577 411	145 170	286 643	570 005	134 746	299 571	1 617	1 375
四川合计	274 175	146 918	30 589	85 740	127 257	28 458	70 341	436	375
泸 州	155 219	81 337	14 991	51 355	73 882	15 673	42 536	237	203
宜 宾	118 956	65 581	15 598	34 385	53 375	12 785	27 805	199	171
乐 山									
南 充									
四川其他									
贵州合计									
云南合计	1 520	748		748	772		772	2	2
昭 通	1 520	748		748	772		772	2	2
云南其他									

5-28　全国港口集装箱吞吐量（重箱）

港　口	总计（TEU）	出港（TEU）	40英尺	20英尺	进港（TEU）	40英尺	20英尺
全国总计	171 382 930	101 930 372	32 124 900	36 757 740	69 452 558	19 277 423	30 785 946
1.沿海合计	151 609 012	91 268 357	29 433 840	31 496 215	60 340 656	17 328 495	25 581 126
辽宁合计	8 085 844	5 585 767	965 047	3 653 799	2 500 077	648 408	1 202 811
丹　东	123 075	102 418	6 861	88 696	20 657	4 585	11 487
大　连	3 209 597	1 886 100	474 130	935 966	1 323 497	400 311	522 425
营　口	3 792 361	2 744 646	443 017	1 858 612	1 047 715	235 183	577 349
盘　锦	198 708	188 873	10 404	168 065	9 835	198	9 439
锦　州	704 743	612 250	27 286	557 678	92 493	7 643	77 207
葫芦岛	57 360	51 480	3 349	44 782	5 880	488	4 904
河北合计	1 506 126	1 097 224	92 227	912 768	408 902	38 589	331 719
秦皇岛	213 181	163 246	43 439	76 368	49 935	8 327	33 281
黄　骅	276 658	217 848	14 725	188 398	58 810	2 487	53 836
唐　山	1 016 287	716 130	34 063	648 002	300 157	27 775	244 602
天　津	9 677 542	5 831 652	1 477 311	2 865 247	3 845 889	1 042 379	1 759 401
山东合计	18 825 450	11 605 864	3 487 433	4 574 396	7 219 586	2 091 691	3 030 867
滨　州							
东　营							
潍　坊	363 559	166 390	28 995	108 400	197 169	8 152	180 865
烟　台	1 574 548	1 003 268	179 856	643 556	571 280	127 245	316 790
威　海	603 240	404 682	139 804	111 420	198 558	50 936	94 908
青　岛	13 062 829	8 251 938	2 881 194	2 446 694	4 810 891	1 677 466	1 452 424
日　照	3 221 275	1 779 586	257 584	1 264 326	1 441 689	227 892	985 880
上　海	32 195 118	19 277 569	7 027 634	5 028 252	12 917 550	4 492 565	3 908 352
江苏合计	2 107 477	1 213 617	268 974	675 140	893 860	124 416	644 866
连云港	1 992 315	1 144 959	239 522	665 386	847 356	110 530	626 134
盐　城	115 162	68 658	29 452	9 754	46 504	13 886	18 732
浙江合计	19 751 447	13 149 488	5 211 321	2 512 052	6 601 959	2 152 026	2 282 112
嘉　兴	1 077 197	639 814	224 767	190 278	437 383	132 115	173 153
宁波舟山	17 891 254	12 125 758	4 849 037	2 215 255	5 765 496	1 950 421	1 848 861
其中:宁波	17 206 977	11 689 246	4 666 497	2 150 231	5 517 730	1 860 264	1 786 508
舟山	684 278	436 512	182 540	65 024	247 766	90 157	62 353
台　州	210 723	107 212	32 207	42 364	103 511	8 772	85 967
温　州	572 273	276 703	105 310	64 155	295 569	60 718	174 131

5-28 (续表一)

港口	总计(TEU)	出港(TEU)	40英尺	20英尺	进港(TEU)	40英尺	20英尺
福建合计	12 383 510	6 712 605	2 047 339	2 536 675	5 670 905	1 333 751	2 987 198
福 州	2 175 821	1 141 231	291 309	550 846	1 034 590	147 017	740 204
其中：福州市港口	2 075 137	1 105 720	288 260	521 433	969 417	145 386	678 293
宁德市港口	100 684	35 511	3 049	29 413	65 173	1 631	61 911
莆 田	7 105	645	306	33	6 460	2 502	1 456
泉 州	1 916 425	871 935	142 584	586 722	1 044 490	156 823	730 839
厦 门	8 284 160	4 698 794	1 613 140	1 399 074	3 585 366	1 027 409	1 514 699
其中：厦门市港口	8 067 674	4 632 822	1 603 624	1 352 143	3 434 852	1 004 347	1 410 309
漳州市港口	216 486	65 972	9 516	46 931	150 514	23 062	104 390
广东合计	41 304 638	24 005 040	8 402 051	6 857 458	17 299 599	4 985 581	7 289 725
潮 州	1 051	193	68	57	858	206	446
汕 头	1 076 975	542 424	204 345	130 847	534 551	139 005	256 498
揭 阳	79 209	22 486	5 598	11 290	56 723	7 139	42 445
汕 尾							
惠 州	155 275	103 729	46 914	9 851	51 546	9 811	31 924
深 圳	17 538 775	12 402 487	5 118 875	1 865 779	5 136 289	1 918 724	1 265 934
东 莞	2 250 731	842 852	172 201	498 259	1 407 879	345 454	716 615
广 州	16 519 070	7 989 939	2 256 268	3 440 666	8 529 131	2 254 922	4 014 135
中 山	811 890	613 397	248 608	112 077	198 493	48 733	101 022
珠 海	1 428 178	792 028	190 409	411 066	636 150	124 553	386 808
江 门	429 163	184 840	51 291	81 891	244 323	57 417	129 489
阳 江	38 646	13 011	145	12 721	25 635	1 589	22 457
茂 名	60 317	25 073	3 808	17 457	35 244	3 880	27 484
湛 江	915 359	472 582	103 521	265 497	442 778	74 148	294 468
广西合计	3 558 448	1 757 172	236 217	1 284 664	1 801 276	184 114	1 433 032
广西北部湾港	3 558 448	1 757 172	236 217	1 284 664	1 801 276	184 114	1 433 032
其中：北 海	328 565	148 230	16 113	116 004	180 335	13 451	153 433
钦 州	2 828 184	1 438 157	216 292	1 005 499	1 390 027	167 681	1 054 649
防 城	401 699	170 785	3 812	163 161	230 914	2 982	224 950
海南合计	2 213 412	1 032 359	218 286	595 764	1 181 054	234 975	711 043
海 口	1 520 344	645 119	118 389	408 341	875 225	168 079	539 024
洋 浦	689 408	387 240	99 897	187 423	302 168	66 345	169 460
八 所							
三 亚	3 661				3 661	551	2 559
清 澜							
海南其他							
2. 内河合计	19 773 918	10 662 016	2 691 060	5 261 525	9 111 902	1 948 928	5 204 820
黑龙江合计	592				592	11	531
黑 河	302				302		272

5-28 （续表二）

港口	总计 （TEU）	出港 （TEU）	40英尺	20英尺	进港 （TEU）	40英尺	20英尺
肇源							
哈尔滨							
佳木斯	290				290	11	259
黑龙江其他							
山东合计							
济宁							
枣庄							
山东其他							
上海							
江苏合计	9 351 698	5 143 548	1 362 765	2 415 632	4 208 150	963 438	2 279 314
南京	1 550 291	1 036 003	329 496	376 635	514 288	116 996	280 215
镇江	249 876	144 411	21 457	101 497	105 465	16 378	72 709
苏州	4 780 453	2 448 785	716 368	1 015 551	2 331 667	668 794	993 296
南通	1 308 345	659 364	112 732	433 884	648 981	84 226	480 527
常州	180 445	93 199	21 571	50 057	87 246	10 078	67 090
江阴	372 278	173 893	31 019	111 855	198 385	28 246	141 893
扬州	294 068	195 252	53 349	88 369	98 816	21 405	55 970
泰州	208 792	152 858	47 828	57 202	55 934	6 584	42 766
徐州	53 131	26 097	3 672	18 753	27 034	3 796	19 442
连云港							
无锡	36 507	21 067	4 097	12 873	15 440	2 652	10 136
宿迁	80 588	45 666	2 058	41 550	34 922	1 060	32 802
淮安	183 985	103 525	3 135	95 943	80 461	1 446	76 511
扬州内河							
镇江内河							
苏州内河	44 535	38 859	15 752	7 355	5 676	1 548	2 580
常州内河							
江苏其他	8 405	4 570	231	4 108	3 835	229	3 377
浙江合计	660 581	320 181	98 813	109 782	340 400	34 902	270 148
杭州	56 227	10 243	1 352	7 539	45 984	502	44 980
嘉兴内河	173 570	77 233	19 790	24 880	96 337	16 133	63 623
湖州	353 371	210 481	77 455	55 571	142 890	17 792	107 306
宁波内河							
绍兴	70 477	21 030	211	20 608	49 447	141	49 165
金华							
青田							
浙江其他	6 936	1 194	5	1 184	5 742	334	5 074

5-28 （续表三）

港 口	总计 （TEU）	出港 （TEU）	40英尺	20英尺	进港 （TEU）	40英尺	20英尺
安徽合计	**1 156 040**	**601 402**	**189 776**	**221 746**	**554 639**	**129 108**	**296 416**
马鞍山	111 205	32 107	6 709	18 689	79 098	31 018	17 062
芜 湖	628 234	309 662	106 389	96 780	318 573	79 541	159 484
铜 陵	23 350	8 551	548	7 455	14 799	957	12 885
池 州	9 983	7 921	370	7 181	2 062	59	1 944
安 庆	121 809	66 458	16 016	34 426	55 351	9 549	36 253
阜 阳	750	367		367	383		383
合 肥	214 197	154 153	58 899	36 355	60 044	7 252	45 540
六 安							
滁 州	5 672	2 705		2 705	2 967		2 967
淮 南							
蚌 埠	40 840	19 478	845	17 788	21 362	732	19 898
亳 州							
安徽其他							
江西合计	**536 693**	**264 087**	**48 798**	**166 329**	**272 606**	**41 645**	**189 316**
南 昌	102 795	58 205	8 037	41 969	44 590	1 833	40 924
九 江	431 299	204 685	40 742	123 201	226 614	39 792	147 030
樟 树	2 599	1 197	19	1 159	1 402	20	1 362
江西其他							
河南合计							
湖北合计	**1 379 202**	**745 365**	**169 919**	**404 858**	**633 837**	**151 806**	**330 004**
嘉 鱼							
武 汉	1 160 082	626 309	153 411	318 951	533 773	142 151	249 255
黄 州							
鄂 州							
黄 石	44 228	22 091	3 389	15 313	22 137	1 447	19 243
襄 阳							
荆 州	75 837	38 721	5 279	28 163	37 116	3 111	30 894
宜 昌	90 266	53 452	7 836	37 780	36 814	5 049	26 716
潜 江							
天 门							
汉 川							
湖北其他	8 789	4 792	4	4 651	3 997	48	3 896
湖南合计	**483 859**	**237 334**	**66 356**	**104 559**	**246 525**	**60 437**	**125 644**
长 沙	98 887	60 094	21 325	17 437	38 793	7 199	24 395
湘 潭							
株 洲							

5-28 （续表四）

港　口	总计（TEU）	出港（TEU）			进港（TEU）		
			40 英尺	20 英尺		40 英尺	20 英尺
岳　阳	366 409	168 201	45 031	78 083	198 208	53 238	91 725
沅　陵							
常　德	15 687	8 034		8 034	7 653		7 653
湖南其他	2 876	1 005		1 005	1 871		1 871
广东合计	**4 383 279**	**2 340 994**	**584 570**	**1 170 049**	**2 042 286**	**421 482**	**1 193 719**
番　禺	38 301				38 301	19 068	165
新　塘	16 701	3 645	1 155	1 335	13 056	1 725	9 606
五　和	161 359	50 459	13 765	22 823	110 900	22 325	65 746
中　山	19 691	17 687	8 535	597	2 004	737	530
佛　山	2 532 810	1 460 518	369 081	721 688	1 072 292	235 953	599 949
江　门	564 604	396 566	144 987	105 582	168 037	46 055	75 765
东　莞	241 624	52 392	9 985	32 422	189 232	61 799	65 634
肇　庆	400 697	207 855	24 283	159 289	192 842	16 365	155 612
惠　州	138 854	42 755	5 657	31 441	96 099	7 093	81 913
云　浮	133 720	47 830	1 620	44 590	85 890	3 271	79 348
韶　关							
清　远	134 919	61 286	5 502	50 282	73 633	7 091	59 451
河　源							
广西合计	**771 331**	**482 167**	**32 010**	**418 147**	**289 164**	**16 091**	**256 982**
南　宁	157	157	13	131			
柳　州							
贵　港	261 925	119 892	13 774	92 344	142 033	9 041	123 951
梧　州	507 757	361 065	18 223	324 619	146 692	7 050	132 592
来　宾	1 366	927		927	439		439
广西其他	126	126		126			
重　庆	**853 533**	**437 956**	**118 390**	**200 766**	**415 577**	**108 222**	**198 191**
四川合计	**196 380**	**88 253**	**19 663**	**48 927**	**108 127**	**21 786**	**64 555**
泸　州	117 239	47 621	10 032	27 557	69 618	14 634	40 350
宜　宾	79 141	40 632	9 631	21 370	38 509	7 152	24 205
乐　山							
南　充							
四川其他							
贵州合计							
云南合计	**730**	**730**		**730**			
昭　通	730	730		730			
云南其他							

主要统计指标解释

码头泊位长度 指报告期末用于停系靠船舶，进行货物装卸和上下旅客地段的实际长度，包括固定的、浮动的各种型式码头的泊位长度。计算单位：米。

泊位数 指报告期末泊位的实际数量。计算单位：个。

旅客吞吐量 指报告期内经由水路乘船进、出港区范围的旅客数量，不包括免票儿童、船员人数，以及轮渡和港内短途客运的旅客人数。计算单位：人。

货物吞吐量 指报告期内经由水路进、出港区范围并经过装卸的货物数量，包括邮件、办理托运手续的行李、包裹及补给的船舶的燃料、物料和淡水。计算单位：吨。

集装箱吞吐量 指报告期内由水路进、出港区范围并经过装卸的集装箱箱量重量。计算单位：箱、TEU、吨。

六、交通固定资产投资

简 要 说 明

一、本篇资料反映我国公路水路交通固定资产投资的基本情况，主要包括固定资产投资额、公路建设投资完成额。

二、公路和水路建设投资的统计范围为全社会固定资产投资，由各省（自治区、直辖市）交通运输厅（局、委）提供。其他投资的统计范围为交通运输部门投资，交通运输部所属单位和有关运输企业的数据由各单位直接报送。

三、根据《"十三五"交通扶贫规划》，贫困地区包括集中连片特困地区、国家扶贫开发重点县，以及上述范围之外的一批革命老区县、少数民族县和边境县。

6-1 交通固定资产投资额（按地区和使用方向分）

单位：万元

地 区	总 计	公路建设	沿海建设	内河建设	其他建设
全国总计	258 828 650	243 115 732	6 261 722	7 042 905	2 408 292
东部地区	90 660 592	80 827 296	5 706 658	2 986 952	1 139 687
中部地区	55 052 176	51 684 803		2 850 690	516 683
西部地区	113 115 882	110 603 633	555 064	1 205 263	751 922
北 京	1 356 475	1 323 361			33 114
天 津	1 033 704	613 049	338 827		81 828
河 北	9 375 657	8 986 282	329 651		59 724
山 西	6 365 990	6 308 740			57 250
内蒙古	4 227 445	4 138 185			89 260
辽 宁	1 367 015	859 062	413 323	5 800	88 830
吉 林	2 239 510	2 228 911			10 600
黑龙江	3 121 720	3 069 463			52 257
上 海	1 943 277	1 608 863		331 202	3 212
江 苏	10 341 426	8 685 121	546 274	986 112	123 919
浙 江	19 401 589	17 319 916	1 213 950	824 268	43 456
安 徽	8 349 921	7 227 800		1 115 565	6 556
福 建	7 415 678	6 334 690	781 408	52 002	247 578
江 西	10 259 854	9 612 568		619 618	27 668
山 东	14 665 040	13 226 818	719 422	703 001	15 799
河 南	7 087 759	6 671 718		176 875	239 166
湖 北	10 304 219	9 483 631		760 213	60 375
湖 南	7 323 204	7 081 973		178 419	62 811
广 东	21 930 551	20 163 031	1 243 947	84 567	439 007
广 西	14 290 696	13 342 921	555 064	293 047	99 664
海 南	1 830 180	1 707 105	119 856		3 219
重 庆	6 482 315	6 170 259		308 043	4 014
四 川	19 185 818	18 698 277		392 946	94 594
贵 州	11 386 514	11 071 615		89 916	224 983
云 南	27 650 098	27 517 735		117 333	15 030
西 藏	4 200 907	4 198 781			2 126
陕 西	6 211 048	6 199 675		978	10 395
甘 肃	9 299 769	9 281 846			17 923
青 海	2 303 377	2 273 481		3 000	26 896
宁 夏	1 449 796	1 360 798			88 999
新 疆	6 428 098	6 350 060			78 038
#兵 团	1 050 263	1 050 263			

6-2 公路建设投资完成额

单位：万元

地 区	总 计	高速公路	其他公路	农村公路
全国总计	243 115 732	134 793 987	61 294 227	47 027 518
东部地区	80 827 296	40 785 344	21 446 762	18 595 190
中部地区	51 684 803	20 920 037	17 043 527	13 721 239
西部地区	110 603 633	73 088 606	22 803 939	14 711 089
北 京	1 323 361	1 000 195	222 799	100 367
天 津	613 049	321 230	260 716	31 103
河 北	8 986 282	6 003 248	1 799 600	1 183 434
山 西	6 308 740	2 061 061	1 990 237	2 257 441
内蒙古	4 138 185	1 485 863	1 467 369	1 184 953
辽 宁	859 062	102 300	420 593	336 169
吉 林	2 228 911	1 293 207	281 802	653 902
黑龙江	3 069 463	1 397 926	943 165	728 372
上 海	1 608 863	512 370	243 567	852 926
江 苏	8 685 121	2 180 571	4 275 302	2 229 248
浙 江	17 319 916	6 622 681	4 546 637	6 150 597
安 徽	7 227 800	2 348 236	3 389 396	1 490 168
福 建	6 334 690	2 388 803	2 492 239	1 453 648
江 西	9 612 568	3 636 614	3 235 453	2 740 501

6-2 （续表一）

单位：万元

地 区	总 计	高速公路	其他公路	农村公路
山 东	13 226 818	7 601 922	2 128 646	3 496 250
河 南	6 671 718	3 733 570	1 533 749	1 404 399
湖 北	9 483 631	3 716 557	2 939 132	2 827 942
湖 南	7 081 973	2 732 866	2 730 593	1 618 514
广 东	20 163 031	13 402 559	4 482 209	2 278 263
广 西	13 342 921	9 593 472	1 552 651	2 196 798
海 南	1 707 105	649 465	574 454	483 186
重 庆	6 170 259	3 214 325	1 529 535	1 426 398
四 川	18 698 277	10 444 976	5 579 988	2 673 314
贵 州	11 071 615	8 403 421	1 270 263	1 397 931
云 南	27 517 735	25 235 563	1 184 474	1 097 699
西 藏	4 198 781	1 392 699	1 296 426	1 509 656
陕 西	6 199 675	4 602 034	1 104 076	493 566
甘 肃	9 281 846	5 700 273	2 181 060	1 400 513
青 海	2 273 481	617 955	1 558 147	97 379
宁 夏	1 360 798	841 341	294 044	225 413
新 疆	6 350 060	1 556 684	3 785 908	1 007 469
#兵团	1 050 263		972 330	77 933

注：其他公路指普通国道、普通省道、专用公路项目和场站项目。

6-3 公路建设投资

地 区	总 计	国 道	国家高速公路	省 道	县 道	乡 道
全国总计	**243 115 732**	**81 859 838**	**47 988 286**	**103 082 931**	**19 100 440**	**8 394 837**
东部地区	**80 827 296**	**23 966 243**	**12 665 456**	**32 874 945**	**9 691 029**	**2 202 532**
中部地区	**51 684 803**	**14 740 489**	**6 633 967**	**20 480 156**	**4 897 732**	**2 798 271**
西部地区	**110 603 633**	**43 153 107**	**28 688 863**	**49 727 829**	**4 511 679**	**3 394 033**
北 京	1 323 361	295 799	230 068	914 192	90 277	9 466
天 津	613 049	374 653	304 276	155 524	6 515	8 783
河 北	8 986 282	3 866 426	2 989 158	3 757 913	128 943	462 303
山 西	6 308 740	2 957 794	1 357 735	1 022 743	839 670	550 085
内蒙古	4 138 185	2 393 966	1 405 654	399 277	422 677	162 850
辽 宁	859 062	157 172	30 900	137 776	17 969	37 894
吉 林	2 228 911	1 259 430	1 076 214	278 527	146 905	201 018
黑龙江	3 069 463	1 428 835	744 130	694 398	10 134	228 834
上 海	1 608 863	119 024		606 813	852 926	
江 苏	8 685 121	1 310 740	777 007	2 753 996	865 371	192 432
浙 江	17 319 916	6 870 816	2 525 245	3 497 284	5 202 421	235 305
安 徽	7 227 800	2 243 368	1 010 728	3 287 567	24 180	223 380
福 建	6 334 690	2 711 217	1 211 428	1 754 845	857 961	465 342
江 西	9 612 568	3 087 463	1 466 706	3 411 920	1 057 878	1 132 290
山 东	13 226 818	4 111 512	2 755 673	5 323 617	408 933	333 346
河 南	6 671 718	933 819	150 242	4 107 011	169 697	105 316
湖 北	9 483 631	1 424 268	255 780	4 244 670	2 396 444	119 665
湖 南	7 081 973	1 405 512	572 432	3 433 321	252 824	237 684
广 东	20 163 031	3 554 592	1 532 536	13 370 284	1 157 742	385 027
广 西	13 342 921	2 613 498	1 897 275	8 372 557	1 127 621	253 498
海 南	1 707 105	594 291	309 165	602 702	101 971	72 634
重 庆	6 170 259	1 602 246	987 891	3 067 133	381 720	137 379
四 川	18 698 277	5 642 851	3 448 009	9 804 816	750 576	499 109
贵 州	11 071 615	2 838 832	2 347 603	6 549 219	1 122 431	29 548
云 南	27 517 735	11 497 771	8 797 546	14 810 894	261 882	285 717
西 藏	4 198 781	2 073 003	1 392 699	85 079	392	1 505 308
陕 西	6 199 675	4 369 008	3 234 566	1 128 488	183 196	169 977
甘 肃	9 281 846	4 454 624	3 068 530	3 109 987	89 972	106 098
青 海	2 273 481	1 567 614	306 160	557 805	1 469	48 511
宁 夏	1 360 798	882 819	735 417	188 539	18 972	39 640
新 疆	6 350 060	3 216 873	1 067 512	1 654 034	150 771	156 399
#兵 团	1 050 263	123 611		777 233	70 928	3 251

注：国道（国家高速公路）投资完成额中不包括属于国家高速公路网中的独立桥梁、隧道部分。

完成额（按设施分）

单位：万元

村道	专用公路	农村公路渡口改造、渡改桥	独立桥梁	独立隧道	客运站	货运站	普通国省道服务区
16 822 281	1 989 546	61 300	4 447 442	652 572	3 385 195	3 175 680	143 670
5 630 406	332 574		1 974 464	451 462	2 309 836	1 377 787	16 019
5 210 671	280 883	18 313	1 364 689	44 673	592 871	1 156 975	99 080
5 981 205	1 376 089	42 986	1 108 289	156 437	482 489	640 918	28 571
624			9 873			3 130	
15 805	810					50 959	
501 185	4 330		103 980	8 201	65 603	87 397	
851 754			15 882	3 851	60 400	5 400	1 160
530 339	87 190		76 572		11 092	53 621	600
276 539			38 146	4 056	44 578	143 538	1 394
266 403	361		47 134		18 813	10 319	
273 965	28 017		314 030		40 425	46 316	4 509
				30 100			
588 033	66 845		1 070 744	258 966	1 358 575	219 010	410
658 343	1 184		39 192		308 000	504 292	3 079
1 180 903	15 080		64 489		113 552	71 237	4 045
41 016	259 405		101 398	18 166	54 668	68 267	2 405
415 690	51 100		259 059	1 455	41 032	81 148	73 533
2 611 589			147 619		81 856	201 846	6 501
957 426	19 548		189 373	13 261	52 297	122 730	1 240
255 484			366 286	7 106	94 694	566 517	8 497
1 009 046	166 777	18 313	108 435	19 000	171 658	253 308	6 096
713 327			376 132	131 973	373 111	99 349	1 494
715 343	30 279	12 400	145 906		40 895	29 339	1 585
223 944			87 382		23 446		736
879 455		437	30 112	15 302	40 379	14 716	1 380
1 045 041	286 412	3 350	425 644	46 534	93 581	98 388	1 975
175 743	73 063		122 099	22 333	82 235	55 500	611
521 147			91 690	10 272	24 163	12 069	2 131
2 339	483 936		21 950	22 633	3 056	173	912
77 124		7 722	73 494		37 764	152 903	
1 177 022	69 438		35 817	39 363	59 212	133 719	6 592
23 269		19 077	3 123		44 743	3 500	4 370
148 180	17 170		53 108		8 914	2 250	1 206
686 203	328 601		28 775		36 455	84 740	7 208
1 184	48 051		14 211		11 794		

主要统计指标解释

交通固定资产投资额 是以货币形式表现的在一定时期内建造和购置固定资产活动的工作量以及与此有关的费用的总称。它是反映交通固定资产投资规模、结构和发展速度的综合性指标,又是观察工程进展和考核投资效果的重要依据。交通固定资产投资一般按以下分组标志进行分类:

按照构成,分为建筑、安装工程,设备、器具购置,其他。

按照行业分类,分为水上运输业、公路运输业、支持系统和交通部门其他。

固定资产投资的资金来源 指固定资产投资建设单位和建设项目在报告期收到的,用于固定资产建造和购置的各项资金,是反映固定资产投资的资金投入规模、结构以及投资过程中的资金运转情况的重要指标。

根据固定资产投资的资金来源,分为国家预算(包括中央预算、中央国债、地方预算、地方政府债务)、部专项资金、国内贷款、利用外资、企事业单位自筹资金和其他资金。中央预算、中央国债和部专项资金合称为中央投资。

新增生产能力或工程效益 指通过固定资产投资活动而新增加的设计生产能力或工程效益,是以实物形态表现的固定资产投资成果的指标。新增生产能力或工程效益的计算,是以能独立发挥生产能力或工程效益的单项工程(或项目)为对象。当单项工程(或项目)实际建成,经有关部门验收合格,正式移交投入生产,即可计算新增生产能力。

七、交通运输科技

简 要 说 明

一、本篇资料反映交通运输行业科技机构、人员、研发（R&D）经费内部支出、科技项目、科技成果基本情况。

二、交通运输机构的统计范围为每年有持续性的、达到一定规模的交通运输行业科研投入及产出的机构。

三、交通运输科技活动人员、研发（R&D）人员、研发（R&D）经费内部支出、科技项目、科技成果的统计范围，是纳入统计的交通运输科技机构所拥有的交通运输科技活动人员、研发（R&D）人员、研发（R&D）经费内部支出和在研的科技项目、产出的科技成果。

四、本篇资料由交通运输部科技司提供。

7-1　交通运输科技机构数量（按地区分）

单位：个

地区	合计	事业性科研机构	转制为企业的科研机构	高等院校	交通运输企业	其他性质科研机构
全国总计	453	65	26	37	275	50
东部地区	221	29	9	19	141	23
北京	48	9	2	3	28	6
天津	16	3		1	9	3
河北	4				3	1
辽宁	26	3	2	4	17	
上海	26	4	3	2	13	4
江苏	19	3		4	8	4
浙江	13	2		1	10	
福建	6			2	3	1
山东	18	2	1	2	11	2
广东	45	3	1		39	2
海南						
中部地区	84	15	6	10	46	7
山西	12		1		11	
吉林	13	9	1		3	
黑龙江	6	1		2	3	
安徽	8	1	1	1	5	
江西	15	1	1	2	11	
河南	8			1	6	1
湖北	17	3	1	2	5	6
湖南	5		1	2	2	
西部地区	142	21	11	8	82	20
内蒙古	14	2			6	6
广西	11	2	1	1	5	2
重庆	17	2	2	1	11	1
四川	8	1		1	6	
贵州	15	4	1	1	8	1
云南	29	1	1	1	20	6
西藏	4	2	2			
陕西	14	1	1	1	10	1
甘肃	5	1	1		3	
青海	13	2		1	7	3
宁夏	7	2	1		4	
新疆	5	1	1	1	2	
其他地区	6				6	

7-2 交通运输人员结构

单位：人

	交通运输从业人员		交通运输科技活动人员			交通运输研发（R&D）人员		
	总计	学士及以上	总计	硕士及以上	高级职称	总计	硕士及以上	高级职称
总　计	1 045 072	402 790	137 453	36 819	39 335	68 376	24 065	22 936
事业性科研机构	20 230	11 943	7 137	3 905	3 209	3 794	2 493	1 926
转制为企业的科研机构	9 159	6 010	4 120	1 673	1 556	2 861	1 282	1 053
高等院校	15 929	14 260	11 583	9 156	5 476	7 312	6 288	3 639
交通运输企业	973 943	353 875	106 641	19 544	26 527	49 581	12 030	14 678
其他性质机构	25 811	16 702	7 972	2 541	2 567	4 828	1 972	1 640
东部地区	717 120	260 006	91 311	23 032	23 327	44 642	15 015	13 873
北　京	195 333	61 781	19 388	4 679	6 032	8 026	2 936	3 026
天　津	30 717	22 819	7 313	1 217	2 492	3 097	710	1 519
河　北	45 713	11 302	5 187	627	1 161	1 048	245	254
辽　宁	53 407	12 964	3 872	2 255	1 691	1 987	1 246	877
上　海	152 130	81 909	19 135	5 433	4 289	13 493	4 128	3 414
江　苏	16 819	11 842	6 525	2 785	1 986	4 784	2 317	1 563
浙　江	31 736	10 574	7 320	1 015	1 273	2 667	584	768
福　建	19 907	4 356	1 683	667	702	784	373	374
山　东	56 273	19 645	8 571	2 190	1 552	3 050	1 346	961
广　东	115 085	22 814	12 317	2 164	2 149	5 706	1 130	1 117
海　南								
中部地区	147 513	56 915	19 954	6 258	6 329	9 855	3 623	3 512
山　西	14 478	5 979	2 380	538	803	951	362	458
吉　林	10 770	2 445	620	296	313	212	105	93
黑龙江	19 994	7 263	1 477	344	517	576	170	201
安　徽	33 986	9 493	1 905	772	619	443	135	135
江　西	8 645	3 642	2 754	925	793	699	342	314
河　南	22 488	6 719	2 728	504	460	1 108	319	254
湖　北	30 795	16 744	5 623	1 771	1 710	3 954	1 315	1 068
湖　南	6 357	4 630	2 467	1 108	1 114	1 912	875	989
西部地区	173 525	83 115	26 025	7 487	9 667	13 870	5 423	5 549
内蒙古	16 422	7 804	960	299	388	653	260	311
广　西	34 411	16 625	3 479	1 012	1 023	2 481	817	737
重　庆	37 584	15 269	2 655	1 248	1 032	1 616	984	495
四　川	8 881	5 198	4 735	916	2 375	1 709	612	857
贵　州	15 791	7 379	3 069	750	1 352	1 631	313	815
云　南	8 339	4 766	2 941	588	667	1 659	510	544
西　藏	546	459	117	27	54	42	10	16
陕　西	35 448	14 330	4 523	1 812	1 601	2 859	1 486	1 321
甘　肃	8 596	6 330	1 122	403	439	457	200	169
青　海	1 342	728	945	133	297	223	63	102
宁　夏	3 103	1 817	762	98	240	270	87	98
新　疆	3 062	2 410	717	201	199	270	81	84
其他地区	6 914	2 754	163	42	12	9	4	2

7-3 交通运输研发（R&D）经费内部支出

单位：万元

	总　　计	研发（R&D）经常费支出	研发（R&D）基本建设费支出
总　计	2 312 422	2 008 486	303 936
事业性科研机构	105 803	89 935	15 868
转制为企业的科研机构	56 809	50 628	6 181
高等院校	102 398	80 423	21 975
交通运输企业	1 948 185	1 691 968	256 216
其他性质机构	99 228	95 533	3 695
东部地区	1 293 973	1 144 492	149 481
北　京	333 578	301 800	31 777
天　津	53 364	52 325	1 039
河　北	17 720	17 227	493
辽　宁	35 895	34 069	1 827
上　海	430 217	350 941	79 277
江　苏	82 868	70 033	12 834
浙　江	65 975	60 282	5 693
福　建	11 691	11 241	450
山　东	83 345	73 163	10 183
广　东	179 320	173 412	5 908
海　南			
中部地区	552 661	531 514	21 147
山　西	19 850	14 850	5 000
吉　林	3 970	2 961	1 009
黑龙江	21 433	21 063	370
安　徽	10 611	8 810	1 801
江　西	19 549	18 805	744
河　南	47 878	44 897	2 980
湖　北	378 587	374 535	4 053
湖　南	50 783	45 593	5 190
西部地区	465 274	332 459	132 815
内蒙古	14 024	13 814	210
广　西	29 639	24 754	4 885
重　庆	32 248	21 748	10 500
四　川	137 029	22 916	114 113
贵　州	29 139	28 150	988
云　南	18 671	18 531	140
西　藏	1 006	608	398
陕　西	189 856	189 149	707
甘　肃	4 575	4 572	3
青　海	2 717	2 280	438
宁　夏	3 372	2 983	389
新　疆	2 999	2 955	44
其他地区	513	20	493

7-4 交通运输科技项目

	项目数量（个）		本年资金支出（万元）		本年全时工作量投入（人年）	
	在研项目	新签项目	在研项目	新签项目	在研项目	新签项目
总　　计	10 549	4 403	861 680	341 331	35 596	14 494
事业性科研机构	2 212	1 051	77 800	25 939	3 384	1 383
转制为企业的科研机构	405	113	18 352	5 413	1 981	565
高等院校	3 097	1 199	41 940	14 452	5 725	1 801
交通运输企业	4 330	1 829	676 504	276 320	21 481	9 421
其他性质机构	505	211	47 085	19 207	3 024	1 324
东部地区	7 543	3 400	717 230	291 662	23 537	10 436
北　京	2 698	1 017	225 170	62 841	6 938	2 333
天　津	502	238	34 102	15 502	952	408
河　北	204	68	11 181	6 158	622	119
辽　宁	813	446	18 983	10 172	1 089	538
上　海	861	486	112 034	62 833	3 417	1 994
江　苏	463	240	48 299	14 613	2 034	641
浙　江	795	438	73 495	53 662	3 008	1 965
福　建	371	134	6 104	1 619	611	206
山　东	179	72	22 858	4 464	899	415
广　东	657	261	165 004	59 798	3 969	1 818
海　南						
中部地区	1 258	435	63 928	27 538	5 074	1 862
山　西	175	54	5 434	1 688	780	185
吉　林	108	18	2 083	578	340	79
黑龙江	149	70	18 411	12 079	803	457
安　徽	63	19	3 529	2 015	387	121
江　西	203	40	7 009	1 503	581	114
河　南	120	57	4 632	2 020	670	284
湖　北	334	154	18 900	6 020	1 187	539
湖　南	106	23	3 931	1 634	327	84
西部地区	1 734	561	77 108	21 703	6 949	2 189
内蒙古	115	18	2 009	422	458	81
广　西	355	133	11 236	5 055	881	282
重　庆	119	31	3 345	412	494	119
四　川	113	35	4 065	1 194	466	124
贵　州	103	22	4 763	1 481	573	168
云　南	200	57	17 976	3 883	1 253	291
西　藏	8	5	556	119	84	17
陕　西	504	191	22 163	5 401	1 377	544
甘　肃	115	40	7 715	2 120	906	344
青　海	41	12	1 817	946	189	85
宁　夏	21	8	1 234	635	174	116
新　疆	40	9	230	37	96	19
其他地区	14	7	3 414	429	36	7

7-5　交通运输科技成果、效益及影响情况

指　　标		计量单位	数　　量
形成研究报告数		篇	6 463
发表科技论文数		篇	17 850
其中：核心期刊		篇	5 650
向国外发表		篇	3 497
SCI、EI、ISTP 收录		篇	4 240
出版著作数		部	531
		万字	12 886
专利申请受理数		项	15 227
其中：发明专利		项	6 583
实用新型专利		项	8 109
外观设计专利		项	244
其中：国外专利申请受理数		项	130
技术开发、技术咨询、技术服务	合同数	项	11 888
	合同金额	万元	1 046 156
专利授权数		项	10 785
其中：发明专利		项	2 606
实用新型专利		项	7 824
外观设计专利		项	238
其中：国外专利授权数		项	83
软件著作权登记数		项	4 356
科技成果推广应用数		项	2 047
科技成果转让	合同数	项	630
	合同金额	万元	43 441
科技成果许可	合同数	项	187
	合同金额	万元	2 510
科技成果作价投资	合同数	项	14
	合同金额	万元	4 213

主要统计指标解释

交通运输科技活动人员 指交通运输领域从业人员中的科技管理人员、课题活动人员和科技服务人员，不包括全年从事科技活动工作量不到0.1年的人员。

交通运输研发（R&D）人员 指参加研发（R&D）的人员、研发（R&D）管理人员和为研发（R&D）活动提供直接服务的人员，不包括为研发（R&D）提供间接服务的人员（如生活服务人员），也不包括全年从事研发（R&D）活动工作量不到0.1年的人员。

研发（R&D）经费内部支出 指当年为进行研发（R&D）活动而实际用于本单位内的全部支出，应按"全成本核算"的口径进行计量。其中，经常费支出包括人员工资、劳务费和其他日常支出；基本建设费支出包括仪器设备购置费、土地使用和建造费。研发（R&D）经费内部支出不包括与外单位合作研究而拨给对方使用的经费。

专利申请受理数 指当年向专利管理部门提出申请并被受理的专利申请件数。

专利授权数 指当年由专利管理部门授予专利权的专利件数。

软件著作权登记数 是指依照《中华人民共和国计算机软件保护条例》和《计算机软件著作权登记办法》的规定，向软件登记管理机构办理软件著作权的登记，并领取软件登记管理机构发放的登记证明文件的软件产品的数量。

八、救助打捞

简 要 说 明

一、本篇资料反映交通运输救助打捞系统执行救助和抢险打捞任务、完成生产,以及救助打捞系统装备的基本情况。

二、填报范围:交通运输部各救助局、打捞局、救助飞行队。

三、本篇资料由交通运输部救助打捞局提供。

8-1　救助任务执行情况

项　目	计算单位	总　计
一、船舶值班待命艘天	艘天	23 084
二、应急救助任务	次	1 174
三、救捞力量出动	次	1 793
救捞船舶	艘次	278
救助艇	艘次	199
救助飞机	架次	583
应急救助队	队次	733
四、海上救助志愿力量出动	人次	95
出动救助志愿船	艘次	
五、获救遇险人员	人	1 515
中国籍	人	1 350
外国籍	人	165
六、获救遇险船舶	艘	66
中国籍	艘	60
外国籍	艘	6
七、获救财产价值	万元	546 500
八、打捞任务	次	126
其中：打捞沉船	艘	1
中国籍	艘	1
外国籍	艘	
打捞沉物	件/批	22
打捞航空器	架	
打捞遇难人员	人	145
其他抢险任务	次	16
九、应急清污任务	次	46
抽取沉船存油	吨	4 414
清除海面溢油	平方海里	4 146

8-2 救捞系统船舶拥有量

项目		计算单位	总计
救捞船舶合计	艘数	艘	198
	总吨位	吨	928 258
	功率	千瓦	905 803
	起重能力	吨	30 550
	载重能力	吨	97 870
一、海洋救助船	艘数	艘	32
	总吨位	吨	112 701
	功率	千瓦	289 540
二、近海快速救助船	艘数	艘	10
	总吨位	吨	5 325
	功率	千瓦	49 280
三、沿海救生艇	艘数	艘	32
	总吨位	吨	801
	功率	千瓦	23 633
四、救捞拖轮	艘数	艘	77
	总吨位	吨	199 980
	功率	千瓦	449 896
五、救捞工程船	艘数	艘	14
	总吨位	吨	203 525
	功率	千瓦	115 153
六、起重船	艘数	艘	17
	总吨位	吨	340 935
	起重量	吨	30 550
七、货船	艘数	艘	16
	总吨位	吨	64 991
	载重量	吨	97 870

8-3 救助航空器飞行情况

项　目	计算单位	总　计
一、航空器飞行次数	架次	8 430
救助（任务）飞行次数	架次	641
训练飞行次数	架次	7 737
二、航空器飞行时间	小时：分钟	3 870：33
其中：夜间飞行时间	小时：分钟	360：46
救助飞行时间	小时：分钟	1 273：42
训练飞行时间	小时：分钟	2 596：51

8-4 捞、拖完成情况

项　目	计算单位	总　计
一、打捞业务	次	
其中：抢险打捞	次	
内：(一) 打捞沉船	艘	
(二) 救助遇险船舶	艘	3
(三) 打捞货物	吨	
二、拖航运输	次	41
三、海洋工程船舶服务	艘天	2 622
拖轮	艘天	1 841
工程船	艘天	524
其他	艘天	257
四、大件吊装	次	
五、其他综合业务	次	

主要统计指标解释

救捞力量 指交通运输部各救助局、打捞局、救助飞行队的救捞船舶、救助艇、救助飞机、应急救助队等。

防污 指执行清除海洋污染任务。

海洋救助船 指交通运输部各救助局拥有航速在 30 节以下的专业海洋救助船。

近海快速救助船 指交通运输部各救助局拥有航速在 30 节以上的专业近海救助船。

沿海救生艇 指交通运输部各救助局拥有的船长小于 16 米的专业小型沿海救生艇。

救捞拖轮 指交通运输部各打捞局拥有的拖轮，包括救助拖轮、三用拖轮、平台供应船、港作拖轮等。

救捞工程船 指交通运输部各打捞局拥有起重能力在 300 吨以下的各类用于海洋工程、抢险打捞等工作的船舶（含起重驳船）。

起重船 指交通运输部各打捞局拥有起重能力在 300 吨以上的起重船舶。

货船 指交通运输部各打捞局拥有用于货物运输的船舶，包括货船、集装箱船、滚装船、甲板驳、半潜（驳）船、油船等。

附录 交通运输历年主要指标

简要说明

本篇资料列示了 1978 年以来的交通运输主要指标的历史数据，主要包括：公路总里程、内河航道里程、公路水路客货运输量、沿海内河港口泊位及吞吐量、交通固定资产投资。

附录1-1 全国公路总里程（按行政等级分）

单位：公里

年份	总计	国道	省道	县道	乡道	专用公路	村道
1978	890 236	237 646		586 130		66 460	
1979	875 794	249 167		311 150	276 183	39 294	
1980	888 250	249 863		315 097	281 000	42 290	
1981	897 462	250 966		319 140	285 333	42 023	
1982	906 963	252 048		321 913	290 622	42 380	
1983	915 079	254 227		322 556	295 485	42 811	
1984	926 746	255 173		325 987	302 485	43 101	
1985	942 395	254 386		331 199	313 620	43 190	
1986	962 769	255 287		341 347	322 552	43 583	
1987	982 243	106 078	161 537	329 442	343 348	41 838	
1988	999 553	106 290	162 662	334 238	353 216	43 147	
1989	1 014 342	106 799	163 562	338 368	362 444	43 169	
1990	1 028 348	107 511	166 082	340 801	370 153	43 801	
1991	1 041 136	107 238	169 352	340 915	379 549	44 082	
1992	1 056 707	107 542	173 353	344 227	386 858	44 727	
1993	1 083 476	108 235	174 979	352 308	402 199	45 755	
1994	1 117 821	108 664	173 601	364 654	425 380	45 522	
1995	1 157 009	110 539	175 126	366 358	454 379	50 607	
1996	1 185 789	110 375	178 129	378 212	469 693	49 380	
1997	1 226 405	112 002	182 559	379 816	500 266	51 762	
1998	1 278 474	114 786	189 961	383 747	536 813	53 167	
1999	1 351 691	117 135	192 517	398 045	589 886	54 108	
2000	1 679 848	118 983	212 450	461 872	800 681	85 861	
2001	1 698 012	121 587	213 044	463 665	813 699	86 017	
2002	1 765 222	125 003	216 249	471 239	865 635	87 096	
2003	1 809 828	127 899	223 425	472 935	898 300	87 269	
2004	1 870 661	129 815	227 871	479 372	945 180	88 424	
2005	1 930 543	132 674	233 783	494 276	981 430	88 380	
2006	3 456 999	133 355	239 580	506 483	987 608	57 986	1 531 987
2007	3 583 715	137 067	255 210	514 432	998 422	57 068	1 621 516
2008	3 730 164	155 294	263 227	512 314	1 011 133	67 213	1 720 981
2009	3 860 823	158 520	266 049	519 492	1 019 550	67 174	1 830 037
2010	4 008 229	164 048	269 834	554 047	1 054 826	67 736	1 897 738
2011	4 106 387	169 389	304 049	533 576	1 065 996	68 965	1 964 411
2012	4 237 508	173 353	312 077	539 519	1 076 651	73 692	2 062 217
2013	4 356 218	176 814	317 850	546 818	1 090 522	76 793	2 147 421
2014	4 463 913	179 178	322 799	552 009	1 105 056	80 338	2 224 533
2015	4 577 296	185 319	329 662	554 331	1 113 173	81 744	2 313 066
2016	4 695 250	353 980	313 180	562 103	1 147 192	68 325	2 250 469
2017	4 773 469	358 389	333 782	550 702	1 157 727	72 038	2 300 831
2018	4 846 532	362 979	372 214	549 678	1 173 813	71 669	2 316 179
2019	5 012 496	366 135	374 812	580 287	1 198 160	71 093	2 422 008
2020	5 198 120	370 719	382 747	661 384	1 238 528	62 317	2 482 426

附录1-2 全国公路总里程（按技术等级分）

单位：公里

年份	总计	合计	等级公路 高速	一级	二级	三级	四级	等外公路
1978	890 236							
1979	875 794	506 444		188	11 579	106 167	388 510	369 350
1980	888 250	521 134		196	12 587	108 291	400 060	367 116
1981	897 462	536 670		203	14 434	111 602	410 431	360 792
1982	906 963	550 294		231	15 665	115 249	419 149	356 669
1983	915 079	562 815		255	17 167	119 203	426 190	352 264
1984	926 746	580 381		328	18 693	124 031	437 329	346 365
1985	942 395	606 443		422	21 194	128 541	456 286	335 952
1986	962 769	637 710		748	23 762	136 790	476 410	325 059
1987	982 243	668 390		1 341	27 999	147 838	491 212	313 853
1988	999 553	697 271	147	1 673	32 949	159 376	503 126	302 282
1989	1 014 342	715 923	271	2 101	38 101	164 345	511 105	298 419
1990	1 028 348	741 104	522	2 617	43 376	169 756	524 833	287 244
1991	1 041 136	764 668	574	2 897	47 729	178 024	535 444	276 468
1992	1 056 707	786 935	652	3 575	54 776	184 990	542 942	269 772
1993	1 083 476	822 133	1 145	4 633	63 316	193 567	559 472	261 343
1994	1 117 821	861 400	1 603	6 334	72 389	200 738	580 336	256 421
1995	1 157 009	910 754	2 141	9 580	84 910	207 282	606 841	246 255
1996	1 185 789	946 418	3 422	11 779	96 990	216 619	617 608	239 371
1997	1 226 405	997 496	4 771	14 637	111 564	230 787	635 737	228 909
1998	1 278 474	1 069 243	8 733	15 277	125 245	257 947	662 041	209 231
1999	1 351 691	1 156 736	11 605	17 716	139 957	269 078	718 380	194 955
2000	1 679 848	1 315 931	16 285	25 219	177 787	305 435	791 206	363 916
2001	1 698 012	1 336 044	19 437	25 214	182 102	308 626	800 665	361 968
2002	1 765 222	1 382 926	25 130	27 468	197 143	315 141	818 044	382 296
2003	1 809 828	1 438 738	29 745	29 903	211 929	324 788	842 373	371 090
2004	1 870 661	1 515 826	34 288	33 522	231 715	335 347	880 954	354 835
2005	1 930 543	1 591 791	41 005	38 381	246 442	344 671	921 293	338 752
2006	3 456 999	2 282 872	45 339	45 289	262 678	354 734	1 574 833	1 174 128
2007	3 583 715	2 535 383	53 913	50 093	276 413	363 922	1 791 042	1 048 332
2008	3 730 164	2 778 521	60 302	54 216	285 226	374 215	2 004 563	951 642
2009	3 860 823	3 056 265	65 055	59 462	300 686	379 023	2 252 038	804 558
2010	4 008 229	3 304 709	74 113	64 430	308 743	387 967	2 469 456	703 520
2011	4 106 387	3 453 590	84 946	68 119	320 536	393 613	2 586 377	652 796
2012	4 237 508	3 609 600	96 200	74 271	331 455	401 865	2 705 809	627 908
2013	4 356 218	3 755 567	104 438	79 491	340 466	407 033	2 824 138	600 652
2014	4 463 913	3 900 834	111 936	85 362	348 351	414 199	2 940 986	563 079
2015	4 577 296	4 046 290	123 523	90 964	360 410	418 237	3 053 157	531 005
2016	4 695 250	4 225 484	129 990	99 165	370 197	424 658	3 201 474	469 766
2017	4 773 469	4 338 560	136 449	105 224	380 481	429 035	3 287 372	434 909
2018	4 846 532	4 465 864	142 593	111 703	393 471	437 060	3 381 036	380 667
2019	5 012 496	4 698 725	149 571	117 061	405 345	446 107	3 580 640	313 771
2020	5 198 120	4 944 489	160 980	123 101	418 300	457 375	3 784 732	253 632

附录1-3 全国内河航道里程及构筑物数量

年份	内河航道里程(公里)	等级航道	通航河流上永久性构筑物(座) 碍航闸坝	船闸	升船机
1978	135 952	57 408	4 163	706	35
1979	107 801	57 472	2 796	756	40
1980	108 508	53 899	2 674	760	41
1981	108 665	54 922	2 672	758	41
1982	108 634	55 595	2 699	768	40
1983	108 904	56 177	2 690	769	41
1984	109 273	56 732	3 310	770	44
1985	109 075	57 456	3 323	758	44
1986	109 404	57 491	2 590	744	44
1987	109 829	58 165	3 134	784	44
1988	109 364	57 971	3 136	782	55
1989	109 040	58 131	3 187	825	46
1990	109 192	59 575	3 208	824	45
1991	109 703	60 336	3 193	830	45
1992	109 743	61 430	3 184	798	43
1993	110 174	63 395	3 063	790	44
1994	110 238	63 894	3 177	817	51
1995	110 562	64 323	3 157	816	48
1996	110 844	64 915	3 154	823	50
1997	109 827	64 328	3 045	823	48
1998	110 263	66 682	3 278	872	56
1999	116 504	60 156	1 193	918	59
2000	119 325	61 367	1 192	921	59
2001	121 535	63 692	1 713	906	60
2002	121 557	63 597	1 711	907	60
2003	123 964	60 865	1 813	821	43
2004	123 337	60 842	1 810	821	43
2005	123 263	61 013	1 801	826	42
2006	123 388	61 035	1 803	833	42
2007	123 495	61 197	1 804	835	42
2008	122 763	61 093	1 799	836	42
2009	123 683	61 546	1 809	847	42
2010	124 242	62 290	1 825	860	43
2011	124 612	62 648	1 827	865	44
2012	124 995	63 719	1 826	864	44
2013	125 853	64 900	1 835	864	45
2014	126 280	65 362	1 836	864	45
2015	127 001	66 257	1 839	856	45
2016	127 099	66 409	1 838	859	46
2017	127 019	66 160	1 839	858	46
2018	127 126	66 442	1 841	863	46
2019	127 298	66 749	1 848	858	46
2020	127 686	67 269	2 611	769	43

注：等级航道里程数，1973—1998年为水深1米以上航道里程数；自2004年始，内河航道里程为内河航道通航里程数。

附录 1-4 公路客、货运输量

年 份	客运量 （万人）	旅客周转量 （亿人公里）	货运量 （万吨）	货物周转量 （亿吨公里）
1978	149 229	521.30	151 602	350.27
1979	178 618	603.29	147 935	350.99
1980	222 799	729.50	142 195	342.87
1981	261 559	839.00	134 499	357.76
1982	300 610	963.86	138 634	411.54
1983	336 965	1 105.61	144 051	462.68
1984	390 336	1 336.94	151 835	527.38
1985	476 486	1 724.88	538 062	1 903.00
1986	544 259	1 981.74	620 113	2 117.99
1987	593 682	2 190.43	711 424	2 660.39
1988	650 473	2 528.24	732 315	3 220.39
1989	644 508	2 662.11	733 781	3 374.80
1990	648 085	2 620.32	724 040	3 358.10
1991	682 681	2 871.74	733 907	3 428.00
1992	731 774	3 192.64	780 941	3 755.39
1993	860 719	3 700.70	840 256	4 070.50
1994	953 940	4 220.30	894 914	4 486.30
1995	1 040 810	4 603.10	939 787	4 694.90
1996	1 122 110	4 908.79	983 860	5 011.20
1997	1 204 583	5 541.40	976 536	5 271.50
1998	1 257 332	5 942.81	976 004	5 483.38
1999	1 269 004	6 199.24	990 444	5 724.31
2000	1 347 392	6 657.42	1 038 813	6 129.39
2001	1 402 798	7 207.08	1 056 312	6 330.44
2002	1 475 257	7 805.77	1 116 324	6 782.46
2003	1 464 335	7 695.60	1 159 957	7 099.48
2004	1 624 526	8 748.38	1 244 990	7 840.86
2005	1 697 381	9 292.08	1 341 778	8 693.19
2006	1 860 487	10 130.85	1 466 347	9 754.25
2007	2 050 680	11 506.77	1 639 432	11 354.69
2008	2 682 114	12 476.11	1 916 759	32 868.19
2009	2 779 081	13 511.44	2 127 834	37 188.82
2010	3 052 738	15 020.81	2 448 052	43 389.67
2011	3 286 220	16 760.25	2 820 100	51 374.74
2012	3 557 010	18 467.55	3 188 475	59 534.86
2013	1 853 463	11 250.94	3 076 648	55 738.08
2014	1 736 270	10 997.00	3 113 334	56 847.00
2015	1 619 097	10 742.66	3 150 019	57 955.72
2016	1 542 759	10 228.71	3 341 259	61 080.10
2017	1 456 784	9 765.18	3 686 858	66 771.52
2018	1 367 170	9 279.68	3 956 871	71 249.21
2019	1 301 173	8 857.08	3 435 480	59 636.39
2020	689 425	4 641.01	3 426 413	60 171.85

附录 1-5　水路客、货运输量

年　份	客运量 （万人）	旅客周转量 （亿人公里）	货运量 （万吨）	货物周转量 （亿吨公里）
1949	1 562	15.17	2 543	63.12
1950	2 377	14.72	2 684	51.31
1951	2 945	21.66	3 860	103.51
1952	3 605	24.50	5 141	145.75
1953	5 324	34.12	7 237	185.64
1954	5 523	34.38	10 163	241.73
1955	5 646	35.20	11 715	303.98
1956	7 177	42.29	13 892	343.63
1957	8 780	46.38	15 806	417.39
1958	9 492	45.75	22 540	522.26
1959	10 626	53.35	34 337	704.10
1960	12 333	61.90	38 630	784.90
1961	15 152	79.49	25 903	554.47
1962	16 397	83.92	18 013	455.97
1963	12 678	58.80	17 659	471.19
1964	11 878	51.32	21 044	555.03
1965	11 369	47.37	24 155	676.44
1966	12 780	64.23	25 067	771.81
1967	13 548	65.96	21 868	686.42
1968	14 038	67.76	19 976	791.69
1969	15 531	74.71	22 804	867.30
1970	15 767	71.01	26 848	939.85
1971	15 638	73.35	30 230	1 285.24
1972	17 297	77.10	32 916	1 523.62
1973	19 270	83.60	35 423	1 965.90
1974	19 647	86.87	35 198	2 180.55
1975	21 015	90.59	38 968	2 827.83
1976	21 298	94.28	39 875	2 490.41
1977	22 452	97.48	43 731	2 787.90
1978	23 042	100.63	47 357	3 801.76
1979	24 360	114.01	47 080	4 586.72
1980	26 439	129.12	46 833	5 076.49
1981	27 584	137.81	45 532	5 176.33
1982	27 987	144.54	48 632	5 505.25
1983	27 214	153.93	49 489	5 820.03
1984	25 974	153.53	51 527	6 569.44
1985	30 863	178.65	63 322	7 729.30

附录 1-5 （续表一）

年　份	客运量 （万人）	旅客周转量 （亿人公里）	货运量 （万吨）	货物周转量 （亿吨公里）
1986	34 377	182.06	82 962	8 647.87
1987	38 951	195.92	80 979	9 465.06
1988	35 032	203.92	89 281	10 070.38
1989	31 778	188.27	87 493	11 186.80
1990	27 225	164.91	80 094	11 591.90
1991	26 109	177.20	83 370	12 955.40
1992	26 502	198.35	92 490	13 256.20
1993	27 074	196.45	97 938	13 860.80
1994	26 165	183.50	107 091	15 686.60
1995	23 924	171.80	113 194	17 552.20
1996	22 895	160.57	127 430	17 862.50
1997	22 573	155.70	113 406	19 235.00
1998	20 545	120.27	109 555	19 405.80
1999	19 151	107.28	114 608	21 262.82
2000	19 386	100.54	122 391	23 734.18
2001	18 645	89.88	132 675	25 988.89
2002	18 693	81.78	141 832	27 510.64
2003	17 142	63.10	158 070	28 715.76
2004	19 040	66.25	187 394	41 428.69
2005	20 227	67.77	219 648	49 672.28
2006	22 047	73.58	248 703	55 485.75
2007	22 835	77.78	281 199	64 284.85
2008	20 334	59.18	294 510	50 262.74
2009	22 314	69.38	318 996	57 556.67
2010	22 392	72.27	378 949	68 427.53
2011	24 556	74.53	425 968	75 423.84
2012	25 752	77.48	458 705	81 707.58
2013	23 535	68.33	559 785	79 435.65
2014	26 293	74.34	598 283	92 774.56
2015	27 072	73.08	613 567	91 772.45
2016	27 234	72.33	638 238	97 338.80
2017	28 300	77.66	667 846	98 611.25
2018	27 981	79.57	702 684	99 052.82
2019	27 267	80.22	747 225	103 963.04
2020	14 987	32.99	761 630	105 834.44

附录 2-1 全国沿海港口泊位及吞吐量

年份	生产用泊位数（个）	万吨级	旅客吞吐量（千人）	货物吞吐量（千吨）	外贸	集装箱吞吐量（TEU）
1978	311	133	5 035	198 340	59 110	
1979	313	133	6 850	212 570	70 730	2 521
1980	330	139	7 480	217 310	75 220	62 809
1981	325	141	15 970	219 310	74 970	103 196
1982	328	143	16 290	237 640	81 490	142 614
1983	336	148	17 560	249 520	88 530	191 868
1984	330	148	17 990	275 490	104 190	275 768
1985	373	173	22 220	311 540	131 450	474 169
1986	686	197	38 660	379 367	140 487	591 046
1987	759	212	40 409	406 039	146 970	588 046
1988	893	226	57 498	455 874	161 288	900 961
1989	905	253	52 890	490 246	161 688	1 090 249
1990	967	284	46 776	483 209	166 515	1 312 182
1991	968	296	51 231	532 203	195 714	1 896 000
1992	1 007	342	62 596	605 433	221 228	2 401 692
1993	1 057	342	69 047	678 348	242 869	3 353 252
1994	1 056	359	60 427	743 700	270 565	4 008 173
1995	1 263	394	65 016	801 656	309 858	5 515 145
1996	1 282	406	58 706	851 524	321 425	7 157 709
1997	1 330	449	57 548	908 217	366 793	9 135 402
1998	1 321	468	60 885	922 373	341 366	11 413 127
1999	1 392	490	64 014	1 051 617	388 365	15 595 479
2000	1 455	526	57 929	1 256 028	523 434	20 610 766
2001	1 443	527	60 532	1 426 340	599 783	24 700 071
2002	1 473	547	61 363	1 666 276	710 874	33 821 175
2003	2 238	650	58 593	2 011 256	877 139	44 548 747
2004	2 438	687	71 398	2 460 741	1 047 061	56 566 653
2005	3 110	769	72 897	2 927 774	1 241 655	69 888 051
2006	3 291	883	74 789	3 421 912	1 458 269	85 633 771
2007	3 453	967	69 415	3 881 999	1 656 307	104 496 339
2008	4 001	1 076	68 337	4 295 986	1 782 712	116 094 731
2009	4 516	1 214	76 000	4 754 806	1 979 215	109 908 156
2010	5 453	1 343	73 320	5 644 640	2 288 100	131 450 000
2011	5 532	1 422	79 990	6 360 240	2 544 020	146 320 000
2012	5 623	1 517	78 785	6 879 749	2 785 525	157 968 892
2013	5 675	1 607	77 802	7 561 285	3 056 865	169 677 161
2014	5 834	1 704	80 614	8 033 065	3 266 669	181 776 014
2015	5 899	1 807	81 634	8 147 279	3 300 603	189 068 908
2016	5 887	1 894	82 031	8 455 101	3 453 410	195 901 939
2017	5 830	1 948	86 691	9 056 985	3 654 870	210 993 289
2018	5 734	2 007	88 345	9 463 212	3 744 474	222 031 289
2019	5 562	2 076	82 058	9 187 738	3 855 254	230 921 240
2020	5 461	2 138	43 442	9 480 022	4 004 572	234 292 159

注：自 2010 年起，沿海、内河港口泊位及吞吐量统计范围由规模以上港口调整为全国所有港口。

附录 2-2　全国内河港口泊位及吞吐量

年　份	生产用泊位数（个）	万吨级	旅客吞吐量（千人）	货物吞吐量（千吨）	外贸	集装箱吞吐量（TEU）
1978	424			81 720		
1979	432			85 730		
1980	462			89 550		
1981	449	4		87 860	834	
1982	456	4		96 000	1 286	
1983	482	6		106 580	1 802	6 336
1984	464	7		109 550	2 781	14 319
1985	471	16		114 410	5 913	28 954
1986	1 436	20	44 380	165 920	6 483	39 534
1987	2 209	20	41 943	236 203	8 616	42 534
1988	1 880	25	73 642	238 466	8 498	63 943
1989	2 984	23	59 659	249 041	8 792	86 605
1990	3 690	28	48 308	232 888	9 363	115 044
1991	3 439	28	49 899	246 196	10 893	153 000
1992	3 311	30	58 367	273 064	13 695	193 754
1993	3 411	39	51 723	277 437	18 104	280 373
1994	4 551	42	43 415	295 172	15 596	359 726
1995	4 924	44	38 874	313 986	19 336	574 828
1996	5 142	44	63 210	422 711	22 484	555 807
1997	7 403	47	40 235	401 406	28 702	701 700
1998	8 493	47	45 765	388 165	28 993	1 023 558
1999	7 826	52	34 280	398 570	37 547	1 884 731
2000	6 184	55	27 600	444 516	43 968	2 021 689
2001	6 982	57	26 470	490 019	50 861	1 986 468
2002	6 593	62	23 364	567 008	59 530	2 361 163
2003	5 759	121	17 926	662 243	72 650	2 810 798
2004	6 792	150	16 369	864 139	84 577	3 625 749
2005	6 833	186	13 224	1 014 183	100 630	4 542 438
2006	6 880	225	11 056	1 175 102	120 597	6 356 928
2007	7 951	250	10 169	1 382 084	140 086	8 086 212
2008	8 772	259	8 794	1 594 806	142 882	9 641 322
2009	13 935	293	25 479	2 216 785	182 965	12 170 563
2010	26 181	318	103 600	3 287 590	212 580	14 680 000
2011	26 436	340	114 300	3 680 890	241 830	17 360 000
2012	26 239	369	115 266	3 896 292	270 778	19 500 817
2013	26 085	394	106 896	4 205 764	302 782	20 533 499
2014	25 871	406	102 381	4 419 086	323 412	20 659 156
2015	25 360	414	103 667	4 602 978	362 917	22 489 800
2016	24 501	423	102 724	4 745 686	397 989	24 145 194
2017	21 748	418	98 482	4 950 354	437 974	27 387 472
2018	18 185	437	88 924	4 887 622	444 851	29 090 263
2019	17 331	444	5 072	4 763 094	465 440	30 150 756
2020	16 681	454	746	5 069 892	490 964	30 009 459

注：自 2010 年起，沿海、内河港口泊位及吞吐量统计范围由规模以上港口调整为全国所有港口。

附录 3-1 交通固定资产投资（按使用方向分）

单位：亿元

年份	合计	公路建设	内河建设	沿海建设	其他建设
1978	24.85	5.76	0.69	4.31	14.09
1979	25.50	6.04	0.72	4.39	14.34
1980	24.39	5.19	0.70	6.11	12.38
1981	19.82	2.94	0.84	5.80	10.25
1982	25.74	3.67	0.76	9.41	11.91
1983	29.98	4.05	1.37	12.37	12.19
1984	52.42	16.36	1.95	16.17	17.94
1985	69.64	22.77	1.58	18.26	27.03
1986	106.46	42.45	3.68	22.81	37.51
1987	122.71	55.26	3.38	27.42	36.66
1988	138.57	74.05	5.07	23.12	36.33
1989	156.05	83.81	5.32	27.32	39.60
1990	180.53	89.19	7.13	32.05	52.17
1991	215.64	121.41	6.68	33.77	53.77
1992	360.24	236.34	9.39	43.83	70.68
1993	604.64	439.69	14.47	57.55	92.92
1994	791.43	584.66	22.51	63.06	121.20
1995	1 124.78	871.20	23.85	69.41	160.32
1996	1 287.25	1 044.41	29.35	80.33	133.16
1997	1 530.43	1 256.09	40.54	90.59	143.21
1998	2 460.41	2 168.23	53.93	89.80	148.45
1999	2 460.52	2 189.49	53.34	89.44	128.26
2000	2 571.73	2 315.82	54.46	81.62	119.83
2001	2 967.94	2 670.37	50.50	125.19	121.88
2002	3 491.47	3 211.73	39.95	138.43	101.36
2003	4 136.16	3 714.91	53.79	240.56	126.90
2004	5 314.07	4 702.28	71.39	336.42	203.98
2005	6 445.04	5 484.97	112.53	576.24	271.30
2006	7 383.82	6 231.05	161.22	707.97	283.58
2007	7 776.82	6 489.91	166.37	720.11	400.44
2008	8 335.42	6 880.64	193.85	793.49	467.44
2009	11 142.80	9 668.75	301.57	758.32	414.16
2010	13 212.78	11 482.28	334.53	836.87	559.10
2011	14 464.21	12 596.36	397.89	1 006.99	462.97
2012	14 512.49	12 713.95	489.68	1 004.14	304.71
2013	15 533.22	13 692.20	545.97	982.49	312.56
2014	17 171.51	15 460.94	508.12	951.86	250.59
2015	18 421.00	16 513.30	546.54	910.63	450.52
2016	19 887.63	17 975.81	552.15	865.23	494.45
2017	23 141.16	21 253.33	669.49	569.39	648.96
2018	23 350.15	21 335.18	627.90	563.40	823.67
2019	23 452.33	21 895.04	613.64	523.81	419.85
2020	25 882.86	24 311.57	704.29	626.17	240.83